高职交通运输与土建类专业系列教材 · 城市轨道交通类

城市轨道交通应急处理

第3版

李宇辉　主　编

胡孝四　邵海平　刘浩江　副主编

蒋玉琨　主　审

人民交通出版社股份有限公司

北　京

内 容 提 要

全书结合城市轨道交通运营企业的实际操作流程，以项目形式进行编写，内容包括：城市轨道交通应急处理体系概述、控制中心紧急疏散、信号设备故障的应急处理、列车故障（事故）的应急处理、供电设备故障的应急处理、大客流的应急处理、火灾的应急处理、恶劣天气与自然灾害的应急处理、路外伤亡和公共安全事件的应急处理九个项目。

本书是国家职业教育铁路交通运营管理专业教学资源库在线开放课程"城市轨道交通应急处理"的配套教材，读者可登录智慧教职平台搜索"城市轨道交通应急处理"进行在线学习，网址为：https://www.icve.com.cn/portal/courseinfo? courseid = k2saafoof7hkpnvnqyv0za。

本书适于高职高专院校城市轨道交通运营管理专业学生选作教材使用，亦可供相关工程人员参考使用。

图书在版编目(CIP)数据

城市轨道交通应急处理 / 李宇辉主编. — 3 版. — 北京：人民交通出版社股份有限公司，2022.12（2025.1重印）
ISBN 978-7-114-18400-0

Ⅰ.①城… Ⅱ.①李… Ⅲ.①城市铁路—交通运输事故—处理—高等职业教育—教材 Ⅳ.①U239.5

中国版本图书馆 CIP 数据核字(2022)第 252221 号

Chengshi Guidao Jiaotong Yingji Chuli

书　　名：城市轨道交通应急处理（第 3 版）
著 作 者：李宇辉
责任编辑：李　娜
责任校对：席少楠　刘　璇
责任印制：张　凯
出版发行：人民交通出版社股份有限公司
地　　址：(100011)北京市朝阳区安定门外外馆斜街 3 号
网　　址：http://www.ccpcl.com.cn
销售电话：(010)85285911
总 经 销：人民交通出版社股份有限公司发行部
经　　销：各地新华书店
印　　刷：北京市密东印刷有限公司
开　　本：787 × 1092　1/16
印　　张：16.5
字　　数：386 千
版　　次：2011 年 12 月　第 1 版
　　　　　2017 年 2 月　第 2 版
　　　　　2022 年 12 月　第 3 版
印　　次：2025 年 1 月　第 3 版　第 5 次印刷
书　　号：ISBN 978-7-114-18400-0
定　　价：49.00 元

第 3 版前言 Introduction

教育是国之大计、党之大计。培养什么人、怎样培养人、为谁培养人是教育的根本问题。我们要全面贯彻党的教育方针，落实立德树人根本任务，培养德智体美劳全面发展的社会主义建设者和接班人。此外，我国要加快交通强国建设，实施城市更新行动，加强城市基础设施建设，打造宜居、韧性、智慧城市，这也对行业人才的培养提出了更高的要求。

本教材第 2 版于 2017 年 2 月出版，自第 2 版出版以来的 6 年多时间里，国内各城轨公司在以全自动运行系统为代表的新技术装备的采用上发生了重大的进展，国内的全自动运行线路大量出现，本着理论与实际紧密结合的原则，编者对第 2 版的内容进行了修订，形成了第 3 版。

本教材第 3 版进行了以下修改：

(1) 增加了大量的思政元素；

(2) 补充了全自动运行系统在信号故障和列车救援时的应急处理方法；

(3) 补充了郑州地铁“7·20 事故”等最新发生的、具有代表性的运营事故；

(4) 增加了教学视频等数字化资源，可扫码观看。

为便于教学，此书配备教学资源包（含案例、教学设计、实训任务、学生作业、评分表、典型任务工作单、试题及答案、电子教案等），读者可扫描右侧二维码下载使用（如有问题可联系 E-mail：lina@ccpress.com.cn 电话：010-85285817）。

教学资源包

本书由李宇辉担任主编。具体编写和修订分工如下：南京铁道职业技术学院李宇辉负责项目三、项目四、项目五，南京地铁运营有限责任公司邵海平负责项目六、项目七、项目八，江苏省交通科学研究院刘浩江负责项目一、项目二、项目九。全书的思政元素由南京铁道职业技术学院胡孝四编写。北京地铁设计研究所教授级高工蒋玉琨为本书做了审阅工作。

本书编写和修订过程中得到了上海申通地铁集团有限公司、南京地铁集团有限公司、广州地铁集团有限公司等城市轨道交通运营企业的大力支持，在此一并表示衷心的感谢。

编　者

2022 年 6 月

第 2 版前言 Introduction

本教材第一版于 2011 年 12 月出版，自第一版出版以来的两年多时间里，国内各城轨公司在快速新建线路的同时，在运营过程中大量采用新的技术装备，并探索新的运营组织方法，个别城轨公司发生了一些较有代表性的运营事故，这些都为城轨列车驾驶员的培训提出了更高的要求。本着体现职业教育理论紧密联系实际工作、着重为生产实践服务的原则，编者对第一版的内容进行了修订，形成了第二版。

本教材第二版进行了以下修改：

（1）补充了联锁故障应急处理方法、牵引变电所和供电分区停电的应急处理方法，以及 CBTC 信号系统应急处理方法、1500V 接触轨供电系统介绍等近年来城轨公司采用的新设备、新方法。

（2）补充上海地铁“9・27 追尾事故”等最新发生的、具有代表性的运营事故。

（3）修改一些图表。

（4）为便于教学，此书配备教学资源包（含案例、教学设计、实训任务、学生作业、评分表、典型任务工作单、试题及答案、电子教案等），读者可扫描右侧二维码下载使用（如有问题可联系 E-mail：lina@ccpress.com.cn 电话：010-85285817）。

教学资源包

本书由李宇辉担任主编。具体编写和修订分工如下：南京铁道职业技术学院李宇辉负责项目三、项目四、项目五，南京地铁运营公司邵海平负责项目六、项目七、项目八，江苏省交通科学研究院刘浩江负责项目一、项目二、项目九。北京地铁设计研究所教授级高工蒋玉琨为本书做了审阅工作。

本书编写和修订过程中得到了上海申通地铁、南京地铁、广州地铁等城市轨道交通运营企业的大力支持，在此一并表示衷心的感谢。

编　者

2016 年 12 月

第 1 版前言 Introduction

我国城市轨道交通的快速发展，对城市轨道交通运营工作各岗位的人才产生大量需求。加快培养适应城市轨道交通运营生产岗位需要、具备各种突发事件应急处理技能的应用型人才是各地城市轨道交通运营企业面临的紧迫课题。

南京铁道职业技术学院城市轨道交通运营管理专业在开展城市轨道交通运营岗位人才培养方面进行了长期的探索和实践，并取得了一定的经验。本书是南京铁道职业技术学院城市轨道交通运营管理专业开发的精品课程《城市轨道交通应急处理》的配套教材，主要用于对高等职业院校城市轨道交通运营管理专业学生的教学，同时也可用于城市轨道交通运营企业对员工的业务培训。

从某种意义上说，城市轨道交通线路的运营工作就是一个出现突发情况后应急处理的过程。城市轨道交通具有列车运行可以依靠自动驾驶、线路运营调度可以采取自动监控自动调整、车站客运服务可以通过乘客自助的形式完成等特点，即在设备正常的情况下基本不需要人工干预。而一旦进行人工干预，运营指挥人员就可能面临一系列棘手的问题需要迅速解决。因此，城市轨道交通运营岗位员工应急处理能力的高低直接决定了客运服务质量的好坏，也对维护城市轨道交通运营企业的社会形象和服务信誉至关重要。

对于城市轨道交通运营岗位的员工来说，按照应急预案的要求迅速、合理地处理各种突发事件，保障乘客的人身安全和列车运行的安全是其核心和关键的职业技能，这种技能的培养不但需要具有扎实的专业知识，更需要将理论知识和实践技能紧密结合，力争做到“理论知识够用，实践技能熟练”。本书在这方面进行了 定的探索和尝试，在强化基本理论知识教学的前提下，设计了大量与城市轨道交通运营生产实践密切相关的单项演练和综合演练，供教师在实践性教学中使用。

需要说明的是，由于没有统一的国家标准，我国各城市的城市轨道交通技术设备不尽相同，各城市轨道交通运营企业制定的《行车组织规则》等技术规范也有较大差别。为了使本教材具有较强的适用性，我们在各项目的编写中尽量从突发事件应急处理的基本思路和基本原理入手并加以阐述，避免过多涉及设备的不同操作方法。

城市轨道交通的突发事件应急处理是一个复杂的体系，包含运营生产类、自然灾害类、公共安全类等大量不同事件的处理方法，本书从其中选取了发生概率较高、对行车安全和客运服务影响较大的事件加以阐述。包括：调度中心紧急疏散、信号设备故障、列车故障或事故、供电设备故障、大客流、车站或列车火灾、恶劣天气、路外伤亡和公共安全事件等。其中很多项目又分为不同的模块，每个模块重点讲解一种突发事件的应急处理方法，同时介绍了与之相关的事故案例和演练方案。

本书由李宇辉担任主编，负责对全书框架和编写思路的设计及全书的统稿、校对工作。具体编写分工如下：南京铁道职业技术学院李宇辉编写项目三、项目四、项目五，上海轨道交通培训中心吴玲英编写项目六、项目八，上海轨道交通培训中心姚军编写项目七、项目九，江苏省交通科学研究院刘浩江编写项目一、项目二。

北京地铁设计研究所蒋玉琨教授级高工为本书做了审阅工作，蒋玉琨同志对本书的编写思路、整体结构和相关内容都提出了许多中肯的意见，在此深表感谢。

本书编写过程中得到了上海地铁、南京地铁、广州地铁等城市轨道交通运营企业的大力支持，在此一并表示衷心的感谢。

编　者

2011 年 8 月

目录 Contents

项目一　城市轨道交通应急处理体系概述

【能力目标】

了解城市轨道交通应急处理体系的构成和特点。

【素质目标】

通过学习,使学生认识到城市轨道交通平稳有序运行的背后,运营企业有着一整套发生突发事件后的应急处理体系作为运营安全的坚强保证,没有应急处理体系的保证,就没有城市轨道交通的安全运营。加深学生对城市轨道交通应急处理工作重要性的认识,帮助学生树立"安全无小事、责任大于天"的理念,使学生增强大局观念和团结协作意识。

【学习任务】

掌握城市轨道交通应急处理体系的相关知识。

【任务书】

1. 掌握城市轨道交通常见突发事件的种类和应急处理的原则。
2. 了解应急处理指挥机构的构成及其职责。
3. 了解应急处理中的工作组织和设备保障方法。
4. 了解应急处理预案的制订和应急演练的开展情况。

一　相关理论知识

城市轨道交通线路的运营工作是一个复杂的组织系统,既涉及城市轨道交通运营企业中的列车、线路、信号、供电、调度指挥、客运服务、设备维护等各个部门,又与天气、乘客等外部环境密切相关。在这个系统中的任何环节发生故障或事故,都会给运营工作带来不利的影响。对于城市轨道交通运营企业员工来说,遇到各种突发事件时的应急处理能力是其核心的职业能力,需要认真学习、反复演练和牢固掌握。

在本项目中,我们将从事件分类、处理原则、指挥机构构成及职责、工作组织和设备保障等方面,对城市轨道交通应急处理体系进行全面的介绍。

(一)城市轨道交通常见突发事件的种类

城市轨道交通运营过程中常见的突发事件一般可以分为三类:运营生产类、公共安全类、自然灾害类。

运营生产类突发事件包括各级行车事故和各类影响城市轨道交通运营的设备、设施故障;公共安全类突发事件包括在城市轨道交通运营范围内发生恐怖袭击(或收到恐怖袭击威胁)、火灾、聚众闹事等影响城市轨道交通运营的事件;自然灾害类突发事件包括突发地震、水灾等在内的各种危害城市轨道交通列车运行安全的恶劣天气事件。

根据突发事件对城市轨道交通正常运营的影响程度和造成损失的大小,可将其分为两级:重大级、一般级。

重大级突发事件:运营生产类是指行车大事故及以上的事故;公共安全类是指在运营范围内发生爆炸、毒气、恐怖袭击、火势较大需公安消防出动灭火的火灾、5 人以上聚众闹事等严重影响运营的事件;自然灾害类是指发生地震、水灾或气象台发布的红色气象预警等严重影响运营的事件。

一般级突发事件:运营生产类是指行车危险性及以下事故或严重影响运营的设备、设施故障;公共安全类是指在运营范围内收到爆炸、毒气、恐怖袭击等恐吓信息,火势较小依靠自身力量可灭火的火灾,5 人以下聚众闹事等对运营影响较小的事件;自然灾害类是指气象台发布的橙色、黄色、蓝色气象预警等影响运营的事件。

本书所介绍的突发事件以运营生产类为主,兼顾公共安全类和自然灾害类。

(二)城市轨道交通突发事件应急处理的原则

城市轨道交通运营企业的各相关部门必须在日常运营生产过程中贯彻“预防为主、常备不懈”的方针,在各种故障(事故)的应急处理和抢险救援工作中牢固树立“安全第一”的思想,遵循“高度集中、统一指挥、逐级负责、先通后复”的原则,确保各种突发事件的应急处理反应及时、措施果断、有序可控、快速及时,减少故障(事故)的不利影响,尽快恢复运营生产。

各相关部门对突发事件的应急处理要力争做到早发现、早报告、早开通、早修复,在抢险救援中应采取有效措施控制事态发展,尽一切可能减少损失,防止事件影响的进一步扩大。

(三)应急处理指挥机构的构成及其职责

当城市轨道交通运营中发生重大级突发事件后,需要立即成立抢险领导小组和现场指挥小组两个应急领导机构。一般级突发事件发生后,由于事件的影响和应急处理的难度都较为有限,只需成立负责事件处理的现场指挥小组。

1. 抢险领导小组的组成及职责

抢险领导小组组长由城市轨道交通运营企业总经理担任,组员由副总经理、总工程师、城市轨道交通公安部门领导、各相关专业部门负责人、控制中心主任、公司新闻发言人等组成。

抢险领导小组主要负责整个突发事件抢险救援的组织、指挥和决策,指挥各专业部门和外援单位参加抢险救援,代表城市轨道交通运营企业对外进行信息发布等。

2. 现场指挥小组的组成及职责

现场指挥小组组长由突发事件直接相关专业部门的负责人担任,组员由组长指定其他各相关专业部门负责人组成。现场指挥小组组长未到达前,现场指挥在车站由值班站长担任、在车辆基地由信号楼值班员担任、在区间由司机担任,当现场指挥小组组长到达后即由其担任。

现场指挥小组的职责包括及时向领导小组反映现场情况,正确执行领导小组的决策,调动城市轨道交通运营企业各种资源支援抢险救援工作,指挥在封锁范围内的各专业抢险队开展工作,负责现场技术支持及信息的沟通与传递,采取各种措施控制事态发展,减少人员伤亡和财产损失,尽快恢复城市轨道交通运营服务。

(四)应急处理中的工作组织

1. 现场处理组织

(1)现场指挥小组组长到达事故现场后应迅速查看事故现场,确定影响范围,根据预案的规定,开展抢险救援工作。在不能即时恢复正常运营时,由相关专业负责人立即对现场情况进行评估,迅速向控制中心提出停止运营、限制速度、改变驾驶模式等行车限制要求及安全注意事项。如发生的事件在预案之外,由现场指挥小组组长根据现场情况组织、制订抢险方案并实施。

(2)抢险方案确定前,各部门抢险队到达现场后要在指定位置待命,抢险队负责人尽快掌握现场并领受任务。公安人员和车站员工负责维护现场秩序,组织无关人员离开事故现场。抢险救援工作方案的实施由专业抢险队伍负责,救援组织由抢险队负责人负责,其他人不得向正在进行救援的人员下达命令。重大级突发事件抢险救援实施方案的变更,须经抢险领导小组批准;一般级突发事件由现场指挥小组批准即可。

2. 运营组织

(1)控制中心值班主任应与现场指挥加强联系,随时了解现场情况,组织具备运行条件的区段维持运营。

(2)行车调度员应尽快了解现场情况并迅速上报,现场情况一时无法判明时,也应将所能了解到的情况先行报告,详细了解后再行续报。行车调度员还要根据现场情况,正确及时地发布抢险救援命令。其他区段具备运行条件时,应组织列车分段运行。

(3)电力调度员应根据现场情况,正确、及时地发布停、送电命令,同时保证其他具备供电条件区段的正常供电。

(4)车站应与控制中心加强联系,及时执行行车调度员命令,组织本站工作人员做好本站客运组织、票务组织和乘客服务,利用广播加强宣传,稳定乘客情绪。

(5)公安人员要维护车站秩序,保护事故现场,并对事故进行必要的调查取证。公安人员还要密切注意可疑动态,严防不法分子乘机破坏和捣乱。

3. 乘客疏散组织

发生各类突发事件时需要疏散乘客,列车司机、站务员、公安干警等相关人员应在车站值班站长的统一指挥下,密切配合、协调动作,根据调度命令进行疏散乘客作业。疏散乘客时,车站应加强广播,做好乘客引导工作。如果在区间疏散乘客,行车调度员应扣停后续列车及区间邻线列车。

(五)应急处理中的设备保障

1. 照明保障

当列车在隧道内发生故障或突发其他设备故障、要求必须在现场进行抢修时,相关部门应立即组织有关人员携带好专用电源、抢修灯进入现场,并在了解需要特殊照明的重点位置后,迅速从最近的隧道电源箱接取电源,提供现场照明。抢修作业完成后,有关人员还要负责及时拆除临时照明,并检查其他机电设备,确认无行车的隐患后,撤离现场。

2. 通风保障

火灾发生时,通风设备要根据火灾的位置、乘客的疏散方向和灭火进攻的方向,适时

确定某通风排烟机启动。具体原则是:

(1)行车隧道或列车在隧道内失火时,应向起火点迎着疏散人员送风。

(2)火情不明时严禁盲目启动通风排烟机,以免扩大火势。

(3)经确认明火扑灭并没有复燃可能时,应立即在近起火点处启动通风机排烟,在远起火点处启动通风排烟机送风,防止烟气扩散。

(4)指挥人员必须根据起火的具体情况,以尽快疏散人员、减少火灾损失为准,确定送风排烟方式。

3. 通信保障

当接到现场指挥小组发布的为事故现场提供通信设备的通知后,相关部门应立即组织有关人员携带通信设备赶赴事故现场;提供救援抢险使用的无线电对讲机(应使用专用频道),供抢险领导小组与现场指挥小组及时取得联系。事故处理完毕后,有关人员还要负责拆除临时电话及线路,恢复现场设备原有的运行状态,并整理、清点、收回抢修现场使用的临时通信设备,妥善保管,以备再次使用。

(六)应急处理预案的制订和应急演练

为了确保各种突发事件能够得到快速、及时的处理,以及城市轨道交通运营管理人员能够熟练掌握各自岗位的应急处理方法,城市轨道交通运营企业针对各级、各类突发事件的特点制定了相应的应急处理预案,并根据预案的要求对员工进行全面系统的培训,定期组织应急演练,切实增强员工对突发事件的防范意识和应对能力。同时,各种应急预案也要根据技术进步和实施过程中发现的问题、积累的经验进行不断的修订完善。

二 本书特色

突出应急预案的理论知识和应急演练的实践性知识是本书编写的主要特色。本书在不同项目的应急处理方法介绍中,列举了西门子计算机辅助信号联锁系统(Siemens Computer Aided Signalling,SICAS)和列车自动监视(Automatic Train Supervision,ATS)信号故障应急预案、列车事故(故障)应急预案、突发性大客流应急预案等城市轨道交通运营企业实际应用的应急预案。同时,在实践性知识部分,编者也编写了列车车门故障的应急处理单项演练方案、联锁系统故障的应急处理综合演练方案、区间列车故障应急处理综合演练方案等大量的单项演练和综合演练方案,使学生能够通过应急演练牢固掌握处理各种突发事件的技能。

项目二　控制中心紧急疏散

【能力目标】

1. 了解控制中心紧急疏散的重要意义。

2. 掌握控制中心紧急疏散的应急处理程序。

【素质目标】

通过学习，使学生深刻认识到城市轨道交通运营具备高度自动化的特征和严格的安全保障体系，即使在控制中心发生突发事件调度员需要疏散的情况下，也能保证列车的正常运行和乘客的人身安全。帮助学生树立严格按照调度中心指挥、严格按工作程序处理突发事件的组织观念和纪律意识。

【学习任务】

掌握城市轨道交通控制中心紧急疏散的工作程序和各调度指挥岗位的应急指挥方法。

【任务书】

1. 了解需要控制中心紧急疏散的突发事件的种类。

2. 了解控制中心紧急疏散的信息汇报流程。

3. 掌握各种突发事件先期处理的方法。

4. 掌握控制中心紧急疏散时各调度指挥岗位的疏散地点。

5. 掌握各调度指挥岗位在疏散过程中和返回控制中心后的工作程序。

相关理论知识

城市轨道交通的控制中心(Operating Control Center,OCC)是整个城市轨道交通线路的运营指挥中枢，在城市轨道交通线路运营过程中发生的所有突发情况，无论是行车设备故障、客运服务设备故障或者是火灾、大客流、自然灾害等事件，各部门有针对性的应急处理工作都必须在控制中心的指挥下进行，即使在很多事故的现场处理机构已经成立并负责事故的全权处置时，也仍然需要控制中心的积极配合才能使事故处理工作圆满完成。

一般说来，在各种突发情况的应急处理过程中，OCC 值班主任负责组织、指挥各专业调度员通过分工协作完成任务，保证城市轨道交通运营服务的安全有序；行车调度员负责列车运行秩序的调整和具体指挥；电力调度员负责供电设备的故障抢修和运行方式的调整；环控调度员负责指挥车站和区间通风、空调、消防、给排水等系统在应急处理中的配合运行；设备维修调度员负责所有行车、客运设备的抢修指挥。本书后文各项目涉及的各种不同情况的应急处理过程都是紧紧围绕着 OCC 各专业调度员的职责进行阐述，而本项目主要说明一种极为特殊的情况——需要 OCC 进行紧急疏散时，各专业调度员在疏散前和疏散后的工作程序和职责。

(一)需要 OCC 紧急疏散的突发事件种类

由于 OCC 在整个城市轨道交通线路的运营工作中担负着极为重要的作用,因此,即使面对 OCC 调度大厅发生火灾或受到炸弹、毒气的恐吓等情况时,OCC 当班人员也要忠于职守,尽可能维持城市轨道交通线路的运营,保证乘客和设备运行的安全。

按照突发事件造成的影响程度,将突发事件分为一级和二级。

一级是指突发事件发生后,城市轨道交通公安部门或相关人员无法判定其影响的时间及造成的后果。

二级是指突发事件发生后,城市轨道交通公安部门或相关人员经过处理,判定其影响的时间在 20min 以内,且系统设备能满足运营的需要,突发事件本身对运营的影响不大。

(二)OCC 紧急疏散的信息汇报流程

突发事件发生后,发现人(接报人)第一时间汇报 OCC 当班值班主任,值班主任立即报告公安部门,请示城市轨道交通运营企业领导批准后,控制中心进行紧急疏散。情况紧急的可先组织人员疏散,在疏散的过程中再进行信息通报。汇报流程如图 2-1 所示。

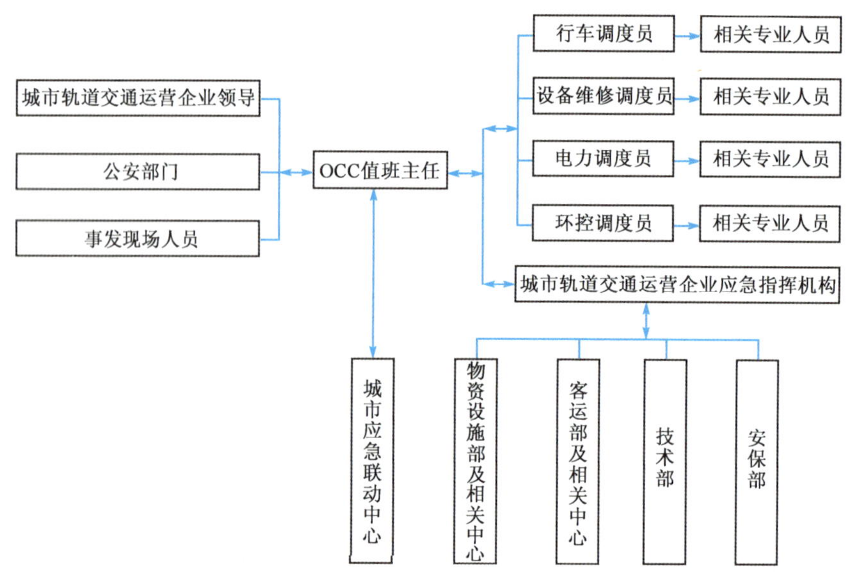

图 2-1 控制中心紧急疏散汇报流程图

(三)OCC 紧急疏散的现场处置机构及职责

1.发生一级突发事件的现场处置机构

当发生一级突发事件时,由城市轨道交通运营企业主管客运的副总经理担任指挥,客运部部长、物资设施部部长、安保部部长、票务中心主任、站务中心主任、乘务中心主任、通号中心主任及其他相关中心主任担任副指挥。

2.发生二级突发事件的现场处置机构

当发生二级突发事件时,由客运部部长担任指挥,物资设施部部长、安保部部长、票务中心主任、站务中心主任、乘务中心主任、通号中心主任及其他相关中心主任担任副指挥。

3. 现场处置机构的职责

当发生需要紧急疏散的突发事件时，现场处置机构的职责是组织现场紧急疏散，指导疏散的当班人员迅速到达指定地点，维持最大限度的运营和服务。

（四）各种突发事件先期处置的方法

突发事件发生后，接报人或具备应急处理能力的发现人要立即采取措施控制事态发展，开展应急救援工作，并及时向 OCC 当班值班主任以及相关部门、中心领导报告。

1. OCC 调度大厅发生火灾的先期处置方法

OCC 调度大厅发现火情时，值班主任应组织自身力量使用灭火器材对初起火情进行扑救，必要时进行人员疏散，疏散应走消防通道，防止人员被困电梯，同时迅速按信息通报流程进行通报。

2. OCC 接到调度大厅所在建筑其他地点发生火灾的先期处置方法

当 OCC 接到调度大厅所在建筑其他地点发生火灾的信息后，值班主任立刻告知设备维修调度员通知物业管理单位播放广播，同时迅速按信息通报流程进行通报。

3. OCC 接到调度大厅所在建筑其他地点炸弹恐吓的先期处置方法

当 OCC 接到炸弹恐吓的信息后，值班主任立刻告知设备维修调度员通知物业管理单位播放广播，同时迅速按信息通报流程进行通报。

4. OCC 接到调度大厅所在建筑其他地点毒气恐吓的先期处置方法

当 OCC 接到毒气恐吓的信息后，值班主任立刻告知设备维修调度员通知物业管理单位将建筑通风系统关闭，同时要求其播放广播，值班主任迅速按照信息通报流程进行通报。

因突发事件造成涉及运营的设备、设施及系统重大故障需停止运营、关站时，必须得到应急总指挥的同意。当突发事件发生后，在系统设备正常的前提下，原则上运营维持在线的列车数。如系统设备不正常且条件许可的前提下，可灵活组织个别列车在两端站下线，以减小运营风险。

（五）指挥机构的工作程序

OCC 接报后，立即报总经理、副总经理及相关部门领导、相关中心负责人，应急指挥机构和现场处置机构自然成立。启动应急预案时，应急指挥机构设在邻近车站的车控室（或车辆基地信号楼），现场处置机构设在控制中心；客运部部长和控制中心主任在邻近车站车控室（或车辆基地信号楼）帮助行车调度员进行行车指挥工作，安保部部长和物资设施部部长在 OCC 帮助现场处置和协调工作。

当启动一级预案时，OCC 值班主任命令行车调度员 1 到邻近车站车控室接收全线的行车调度指挥权，值班主任和行车调度员 2 赶往车辆基地信号楼，确认无线电话及人机接口（Man Machine Interface，MMI）正常后，接收行车调度员 1 的调度指挥权，行车调度员 1 再赶到车辆基地信号楼汇合。紧急情况下，上述岗位人员可同时进行疏散，具体分工不变。当启动二级预案时，原则上 OCC 值班主任和行车调度员在邻近车站车控室进行调度指挥。

当启动预案时,原则上环控调度员都在邻近车站的相关岗点。当启动一级预案时,原则上电力调度员在车辆基地供电中心的相关岗点;启动二级预案时,原则上电力调度员在邻近车站的相关岗点。

(六)发生突发事件时各运营相关部门的工作程序

1. OCC 值班主任工作程序

(1)与 OCC 所在建筑物业管理单位(或公安部门)确认信息,并在得到总经理同意后,向当值的所有调度员宣布:现在执行《发生、发现火灾、炸弹、毒气情况下 OCC 的应急预案》。要求设备维修调度员联系物业管理单位使用中央广播发布紧急疏散信息。

(2)要求行车调度员通知全线列车司机、各站及车辆基地信号楼:现在执行《发生、发现火灾、炸弹、毒气情况下 OCC 的应急预案》。

(3)要求行车调度员到邻近车站车控室(或车辆基地信号楼)继续指挥行车。

(4)与各调度加强沟通联系。

2. 行车调度员工作程序

(1)通知全线列车司机:现在执行《发生、发现火灾、炸弹、毒气情况下 OCC 的应急预案》。要求司机若有运营信息,通过车站车控室(或车站基地信号楼)转达。调度人员疏散期间,全线列车改按列车自动保护(ATP)系统监督下的人工驾驶(Supervised Manual, SM)模式行车。

(2)通知全线各站:现在执行《发生、发现火灾、炸弹、毒气情况下 OCC 的应急预案》。要求各联锁站的行车值班员密切监视信号等设备、设施的运行状态,发现问题及时通知行车调度员所在车站车控室(或车辆基地信号楼)。

(3)实施中央联锁工作站“锁屏”,把行车无线电“离线”。

(4)行车调度员及时整理《列车时刻表》《调度命令登记簿》及《行车日志》,到邻近车站车控室(或车辆基地信号楼)继续工作。

(5)通过内线电话通知全线各站行车值班员:在 OCC 邻近车站车控室(或车辆基地信号楼)设立临时行车调度指挥中心,各站使用内线电话与行车调度员直接联络。

(6)与 OCC 值班主任加强联系和沟通。

3. 电力调度员工作程序

(1)通知全线有人值班的变电所、高压供电工班工长及供电中心:现在执行《发生、发现火灾、炸弹、毒气情况下 OCC 的应急预案》。要求供电中心相关专业人员接收供电管理自动化(Supervisory Control and Data Acquisition, SCADA)系统的监控权,等电力调度员赶到后配合电力调度员进行监控。电力调度员向相关人员进行通报,要求各变电所值班人员加强设备监控,若有异常及时通知有供电设备复视系统所在地点的人员。

(2)要求高压供电工班派人员到各无人值班变电所值班。

(3)将 OCC 供电 SCADA 系统退出到不可操作状态。

(4)电力调度员整理《调度值班日志》《调度命令记录》《接触网倒闸作业命令》《倒闸操作票》,到有供电复视系统所在地点继续工作。

(5)通过内线电话通知全线各站值班员:在有供电复视系统所在地点设立临时电力

控制中心,各站使用内线电话与电力调度员直接联系。

(6)与 OCC 值班主任加强联系沟通。

4. 环控调度员工作程序

(1)通知全线各站、机电工班:现在执行《发生、发现火灾、炸弹、毒气情况下 OCC 的应急预案》。要求各站加强设备的监控,若有异常,请通知 OCC 邻近车站的环控调度员。

(2)退出 OCC 的环境与设备监控系统(Building Automation System,BAS)和火灾报警系统(Fire Alarm System,FAS)。

(3)整理《调度值班日志》《调度命令记录》《环控调度员设备故障记录表》等到邻近车站继续工作。

(4)通过内线电话通知全线各站值班员:OCC 邻近车站已设立临时环控调度员值班点,各站使用内线电话与环控调度员直接联系。

(5)与 OCC 值班主任加强联系沟通。

5. 设备维修调度员工作程序

(1)通知相关专业人员、OCC 所在建筑物业管理单位、其他相关专业人员进行疏散,同时派车接 OCC 值班主任、调度员以及相关人员到车辆基地的相关岗点。

(2)将相关计算机数据备份后,退出操作并关机。

(3)整理备品、备件到邻近车站继续工作。

(4)通过内线电话通知相关专业人员:OCC 邻近车站已设立临时设备维修调度员值班点,相关人员使用内线电话与设备维修调度员直接联系。

(5)与 OCC 值班主任加强联系和沟通。

6. 供电中心工作程序

(1)接到 OCC 电力调度员疏散指令后,在车辆基地负责起全线电力系统后台复视监控及变电所监控职能。当出现故障时按授权实施应急调度,直至电力调度员到达时止。

(2)在 OCC 电力调度员疏散撤离的同时,供电中心及时安排高压供电人员到各站变电所实施值班、设备监护职责。

(3)在 OCC 负责值班工作的 SCADA 工程师疏散撤离的同时,及时携带有关重要资料,撤离到车辆基地相关岗点,配合电力调度员及中心工作。

7. 通号中心工作程序

(1)接到 OCC 设备维修调度员疏散指令后,在 OCC 负责值班工作的 ATS 工程师及时携带有关重要资料撤离,其中 1 人跟随行车调度员撤离至邻近车站车控室(或车辆基地信号楼),其他 ATS 工程师撤至其他信号联锁车站,随时监控 ATS 设备的工作状况,发现问题及时通知设备维修调度员。

(2)接到 OCC 设备维修调度员疏散指令后,在 OCC 负责值班工作的通信巡检员及时携带有关重要资料撤离至邻近车站通信设备房,其中传输工班巡检员应携带笔记本电脑(含电源)从邻近车站通信设备房开放的传输网(Optical Transport Network,OTN)节点箱接入,随时监控全线通信传输网络的工作状况,发现问题及时通知设备维修调度员。

(3)通号中心及时安排通信、信号人员到各站通信、信号设备房,履行值班、设备监护职责。

(七)返回控制中心后各运营部门的工作程序

应急指挥机构总指挥通过现场处置机构指挥确认突发事件已得到控制或已被排除(必要时由公安部门确认)后,宣布应急终止。OCC 值班主任接到命令后通知设备维修调度员组织相关专业人员对控制中心所有与行车有关的设备进行测试。一切设备测试正常后,由设备维修调度员通知值班主任。

1. OCC 值班主任工作程序

OCC 当班值班主任迅速返回控制中心,与相关专业人员确认行车设备正常后,通知各调度员返回控制中心。

2. 行车调度员工作程序

(1)最后一名当班行车调度员退出邻近车站车控室(或车辆基地信号楼)前,使用内线电话通知全线各站:指挥权和联络办法现转回 OCC。

(2)整理相关物品,分批次返回 OCC 接管,恢复正常工作。

3. 电力调度员工作程序

(1)退出有供电复视系统所在地点前,使用内线电话通知全线各站:指挥权和联络办法现转回 OCC。

(2)整理相关物件,返回 OCC 接管,在返回途中的供电复视系统由供电中心相关专业人员负责监督,返回后接管,恢复正常工作。

4. 环控调度员工作程序

(1)使用内线电话通知全线各站:指挥权和联络办法现转回 OCC。

(2)整理相关物件,返回 OCC 接管,恢复正常工作。

5. 设备维修调度员工作程序

(1)通知相关专业和中心人员尽快配合恢复控制大厅里的设备和 OCC 的相关设备。

(2)通知小车班派车到车辆基地的相关岗点接 OCC 值班主任、调度员及相关人员到控制中心。

(3)使用内线电话通知全线各站:指挥权和联络办法现转回 OCC。

(4)整理相关物件,返回 OCC 接管,恢复正常工作。

6. 通号中心工作程序

(1)ATS 工程师和通信值班人员按照设备维修调度员的通知立即返回 OCC 信号、通信设备房,通过网管设备检查所有设备是否工作正常,发现问题及时通知设备维修调度员。

(2)负责控制中心相关通信、信号设备的恢复工作。

7. 供电中心工作程序

(1)负责电力调度员未返回 OCC 期间供电复视系统的监督工作。

(2)临时在各变电所实施值班、设备监护的人员继续负责电力调度员未返回 OCC 期间的监护工作,待电力调度员在 OCC 接管后,恢复正常的工作。

(3)在 OCC 工作的 SCADA 工程师携带有关重要资料,返回 OCC 工作。

(4)负责控制中心供电系统相关设备的恢复工作。

（八）发生控制中心紧急疏散时的救援工作

1. 救援队伍的组织

相关中心、专业当值班组，接到抢修指令后，立即组织救援人员带齐相应救援设备（工器具）赶赴事故现场，所有抢修人员必须在 10min 内出发赶赴事故现场。

OCC 接报并确认事故后，通过短信群发和电话告知方式立即报告指挥机构和现场处置机构的领导及成员。OCC 接到指挥机构领导指令后立即启动应急预案。指挥机构和现场处置机构成员须在 10min 内出发赶赴相应岗位。

2. 救援过程中的指挥与协调

OCC 当班值班主任是事件前期处置责任人，第一时间负责现场指挥。指挥机构与现场处置机构要依据事件严重程度，做好决策指挥，开展抢修救援工作。

城市轨道交通运营企业相关负责人到达现场后，由到达现场的相关专业归口管理部门职位最高的领导担任现场应急处理负责人（必要时由应急指挥机构指定），要充分了解事发现场情况；被接替者要主动汇报事态发展情况，并接受现场指挥的领导。

3. 救援过程中的安全防护

OCC 紧急情况下人员疏散时，一律走安全消防通道。指挥机构要指定有关负责人协调所需的外部力量及多支救援队伍之间的关系，以防止衍生事故发生。疏散人员要根据事故的性质和特点，采取措施保障自身的安全。同时，救援现场要由熟悉环境的人员负责组织做好相应的安全防护工作，参与现场救援人员一律按规定配用防护用具，以确保自身安全。现场指挥要负责做好与公安及相关部门的协调与配合工作。

项目三　信号设备故障的应急处理

【能力目标】

1. 掌握各种信号设备故障的应急处理程序。

2. 能进行各种信号设备故障应急处理的演练。

【素质目标】

1. 通过学习各种信号故障的应急处理方法,使学生感受到城市轨道交通信号系统“故障导向安全”的设计思想,和“乘客第一,安全至上”的企业文化。

2. 通过对上海地铁“12·22”事故和“9·27”事故发生经过和经验教训的学习,使学生体会到城市轨道交通的运营事故给乘客人身安全带来的巨大危害,促使其产生强烈的使命感和责任感。

3. 通过学习联锁系统故障综合演练方案,使学生了解到信号故障的处理是一个严谨而复杂的过程,行车调度员等运营指挥人员在应急处理过程中必须做到思维敏捷、条理清晰、考虑周全、一丝不苟,促使其对将来从事的工作产生荣誉感和自豪感。

【学习任务】

1. 了解城市轨道交通信号系统的基本结构和作用。

2. 按应急处理程序处理各种信号设备故障。

3. 按各种信号设备故障应急处理演练方案分组进行模拟演练。

模块一　城市轨道交通信号系统的基本构成和功能

城市轨道交通运输系统是以机车车辆等移动设备和线路、站场等固定设备为基本设施,以车站作为旅客运输的重要环节。在这个系统中,除了要有基本设备的管理和维护外,必须要有一个行车组织系统,根据运输需要制订行车计划并组织行车。另外,还必须要有一套指挥联络系统,保证各个运营部门的协调工作。指挥系统的主要技术装备就是城市轨道交通信号系统。

任务一　了解城市轨道交通信号系统的基本构成和功能

【任务书】

1. 了解城市轨道交通信号系统的基本组成。

2. 掌握列车自动控制系统各子系统的基本功能。

相关理论知识

(一)城市轨道交通信号系统的特点

1. 城市轨道交通对信号系统的要求

城市轨道交通和传统铁路交通相比,因其固有的特点,对其信号系统提出以下特殊要求。

(1)安全性要求高

因城市轨道交通,尤其是地下部分具有隧道空间小、行车密度大、故障排除难度大的特点,如果发生事故,难以救援,损失将非常严重。所以为保证行车安全,必须对信号系统提出较高的安全性能要求。

(2)通过能力大

城市轨道交通线路一般不设站线,进站列车均停在正线上,先行列车停站时间直接影响后续列车接近车站,所以要求信号设备必须满足通过能力的要求。另一方面,不设站线使列车正常运行的顺序是固定的,有利于实现行车调度自动化。

(3)保证信号显示

虽然城市轨道交通地面信号机少,地下部分背景暗,且不受天气影响,直线地段瞭望条件好;但曲线地段受隧道壁的遮挡,信号显示距离受到限制。因此保证信号显示是非常重要的。

(4)抗干扰能力强

城市轨道交通均为直流电力牵引,要求信号设备对其有较强的抗电磁干扰能力。

(5)可靠性高

由于城市轨道交通隧道净空小,且装有带电的牵引接触轨或接触网,行车时不便下洞维修和排除设备故障。所以要求信号设备具有高可靠性,应尽量做到平时不维修或少维修。

(6)自动化程度高

城市轨道交通站间距短、列车密度大、行车工作十分频繁,而且地下部分环境潮湿、空气不佳、没有阳光、工作条件差。所以要求信号系统尽量采用自动化程度高的先进技术设备,以减少工作人员的配备,减轻工作人员的劳动强度。

(7)限制条件苛刻

城市轨道交通的室外及车载信号设备,受土地限界的制约。所以要求设备体积小,同时必须兼顾施工和维修作业空间。

2. 城市轨道交通信号系统的特点

城市轨道交通信号系统沿袭铁路的制式,但由于其自身的特点,与铁路的信号系统仍有一定的区别。城市轨道交通信号系统的特点表现为以下四个方面。

(1)具有完善的列车速度监控功能

城市轨道交通所承担的客运量巨大,对行车间隔的要求远高于一般铁路,最小行车间隔能达到90s,甚至更小。因此,对列车运行速度监控的要求极高。

(2)数据传输速率较低

城市轨道交通的列车运行速度远低于铁路干线的列车运行速度，最高运行速度通常为80km/h，信号系统可以采用速率较低的数据传输系统。但是，随着城市轨道交通信号自动化技术的不断发展，对信息需求越来越多，信号系统也逐步采用速率较高且独立的数据传输系统。

(3)联锁关系较简单但技术要求高

城市轨道交通的大多数车站没有配线，不设道岔，甚至也不设地面信号机，仅在少数有岔联锁站及车辆基地才设置道岔和地面信号机，故联锁设备的监控对象远少于铁路车站的监控对象，联锁关系远没有铁路复杂。城市轨道交通线路除折返线外，全部作业仅为旅客乘降，非常简单，通常一个控制中心即可实现全线的联锁功能。

城市轨道交通信号系统自动控制功能最大的特点是把联锁关系和ATP编/发码功能结合在一起，且包含一些特殊的功能，如自动折返、自动进路、紧急关闭、扣车等，增加了技术难度。

(4)车辆基地采用独立的联锁设备

城市轨道交通的车辆基地具有类似于铁路区段站的功能，办理的作业远较正线复杂，其中主要有列车的编解、接发和试车等，为适应各种作业的需要，车辆基地必须具有较多的线路、道岔和信号设备。因此，城市轨道交通车辆基地的信号设备不需要实现高度的自动控制功能，一般采用独立的联锁设备。

(二)城市轨道交通信号系统的组成

自城市轨道交通问世以来，其安全程度和载客能力不断提高，信号系统也得到不断完善和发展。随着城市人口的急剧膨胀，世界各国对城市轨道交通载客能力的要求越来越高，为应对这种要求而采取的最重要的措施就是缩短列车的运行间隔。在这种情况下，随着计算机技术的飞速发展，城市轨道交通信号技术日趋成熟，已成为现代城市轨道交通系统的重要组成部分。

城市轨道交通信号系统通常由列车运行自动控制(Automatic Train Control，ATC)系统和车辆基地信号控制系统两大部分组成，用于列车进路控制、间隔控制、调度指挥、信息管理、设备工况监测及维护管理，由此构成了一个高效的综合自动化系统，如图3-1所示。

1.列车运行自动控制(ATC)系统

列车运行自动控制(ATC)系统包括列车自动防护(Automatic Train Protection，ATP)、列车自动运行(Automatic Train Operation，ATO)及列车自动监控(Automatic Train Supervision，ATS)3个子系统，简称“3A系统”。系统需设置行车控制中心，沿线各车站设计为区域性联锁，其设备放在控制站(一般为有岔站)，列车上安装有车载控制设备。OCC与控制站通过有线数据通信网连接，OCC与列车之间可采用无线通信进行信息交换。ATC系统直接关系列车运行的安危，因此ATC系统中的数据传输要求具有比一般通信系统更高的安全性、可靠性、实时性。

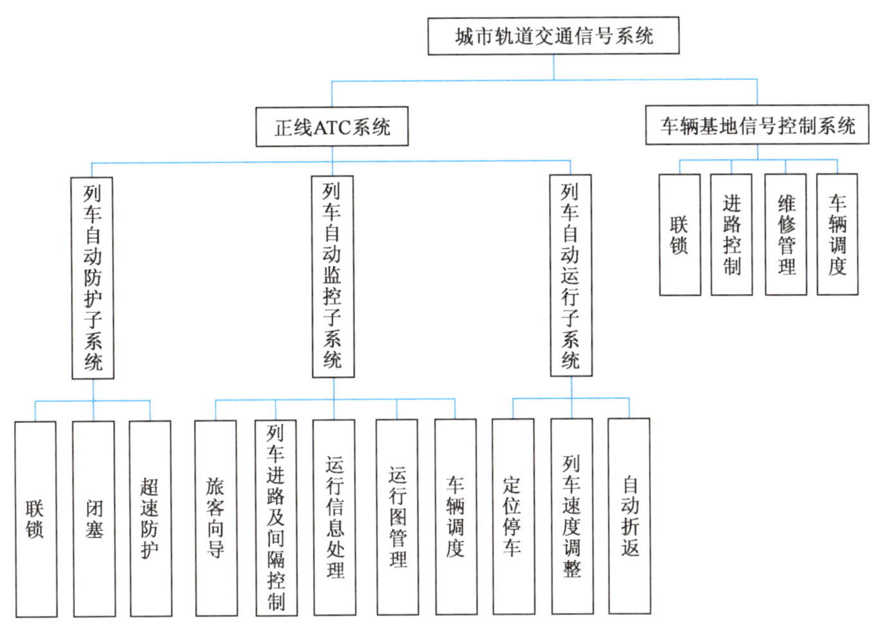

图 3-1　城市轨道交通信号系统框图

(1)ATP 子系统

ATP 子系统的功能是对列车运行进行超速防护,对与安全有关的设备实行监控,实施列车位置监测,保证列车间的安全间隔,保证列车在安全速度下运行,完成信号显示、故障报警、降级提示、列车参数和线路参数的输入,与 ATS、ATO 及车辆系统连接并进行信息交换。

ATP 子系统将从地面获得的前行列车位置信息、线路信息、前方目标点的距离和允许速度等信息,通过轨道电路等不断地传至车上,由车载设备计算得到当前所允许的速度,或由行车控制中心计算出目标速度传至车上,并和车载设备测得实际运行速度,依此来对列车速度实行监督,使之始终在安全速度下运行,以缩短列车运行间隔,保证行车安全。

采用轨道电路传送 ATP 信息时,ATP 子系统由设于控制站的轨旁单元、设于线路上各轨道电路分界点的调谐单元和车载 ATP 设备组成,并包括与 ATS、ATO、联锁设备的接口设备。

(2)ATO 子系统

ATO 子系统主要实现"地对车控制",即用地面信息实现对列车驱动、制动的控制,包括列车自动折返,根据控制中心的指令使列车按最佳工况正点、安全、平稳地运行,自动完成对列车的启动、牵引、惰行和制动,传送车门和屏蔽门同步开关信号。

使用 ATO 后,可使列车经常处于最佳运行状态,避免了不必要的、过于剧烈的加速和减速,因此明显提高了乘客的舒适度,提高了列车正点率并减少了能量消耗和轮轨磨损。

ATO 子系统包括车载 ATO 单元和地面设备两部分。地面设备有站台电缆环路、车地通信设备(Train Wayside Communication,TWC)以及与 ATP、联锁系统的接口设备。

(3)ATS 子系统

ATS 子系统主要实现对列车运行的监督和控制,辅助调度人员对全线列车进行管理,其功能包括:调度区段内列车运行情况的集中监督与控制,监测进路控制、列车间隔控制设备的工作,按行车计划自动控制轨旁信号设备以接发列车,列车运行实迹的自动记录,时刻表自动生成、显示、修改和优化,运行数据统计及报表自动生成,设备运行状态监测,设备状态及调度员操作记录,运输计划管理等,还具有列车车次号自动传递等功能。

ATS 子系统包括控制中心设备和 ATS 车站、车辆基地分机。控制中心 ATS 设备有中心计算机系统、工作站、显示屏、绘图仪、打印机、UPS 等。每个控制站设一台 ATS 分机,用于采集车站设备的信息和传送控制命令,并实现车站进路自动控制功能。车辆基地 ATS 分机用于采集车辆基地内库线的列车占用情况及进/出车辆基地的列车信号机的状态。

此外,在 ATC 范围内的各正线控制站各设一套联锁设备,用以实现车站进路控制。联锁设备接收车站值班员和 ATS 控制。考虑到运行的灵活性,正线有岔站原则上独立设置联锁设备,当然也可以采用区域控制方法。

2. 车辆基地联锁设备

车辆基地设一套联锁设备,用以实现车辆基地的进路控制,并通过 ATS 车辆基地分机与行车控制中心交换信息。

车辆基地联锁设备前期采用 6502 电气集中联锁,近来均采用计算机联锁。

先进的车辆基地信号控制系统的特点是信号一体化,包括联锁系统、进路控制设备、接近通知、终端过走防护和车次号传输设备,由局域网连接并经过光缆与 OCC 相通。列车的整备、维修与运行相互衔接成一个整体,保证了城市轨道交通的高效率和低成本。

车辆基地内试车线设若干段与正线相同的 ATP 轨道电路和 ATO 地面设备,用于对车载 ATC 设备进行静、动态试验。

在车辆基地停车库,一般还设有日检/月检设备,用来对列车进行上线前的常规检测。

由于不同制式的城市轨道交通信号设备组成不尽相同,在本项目中将以西门子公司的 ATC 系统和作为其基础的 SICAS 为例来阐述各种城市轨道交通信号系统故障的应急处理方法。

任务二　分析典型信号设备故障案例

【任务书】

1. 了解城市轨道交通信号设备故障的基本特点。
2. 了解城市轨道交通信号设备故障给运营工作带来的影响。
3. 收集其他典型城市轨道交通信号故障案例并加以分析。

一　典型城市轨道交通信号设备故障案例

2009 年 12 月 22 日,上海地铁 1 号线发生了一起由于信号系统故障导致的列车侧面严重冲撞事故,造成徐家汇至上海火车站双线中断运营 3h、徐家汇至上海火车站单线运营中断 5h、大量乘客长时间被困隧道的严重后果。

12 月 22 日 5:40,上海地铁 1 号线陕西南路站—人民广场站区段上行线接触网失电,10312 次、0147 次列车停在故障区段上行区间,接到事故报告后,调度员立即命令维保人员进行设备抢修,并于 6:20 命令人民广场站人员下区间疏散 0147 次列车的乘客。同时行车调度员对运行方案进行调整,莘庄至徐家汇、富锦路至火车站开行小交路,上海南至火车站启动公交预案。调整方案如图 3-2 所示。

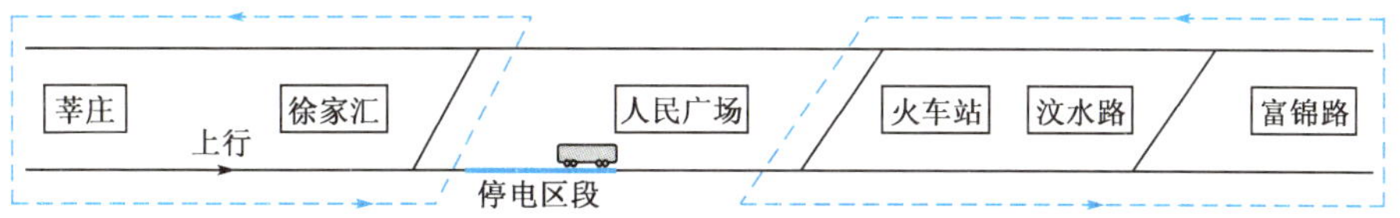

图 3-2　运营调整方案示意图

正当调度员全力处理接触网失电事故时，执行富锦路至火车站小交路运行任务的 12696 次 0117 次列车在上海火车站下行站台停站清客后，火车站值班员手动排列折 4 线进路，司机掉头后以人工驾驶模式动车准备进入折返线。此时后续 12896 次 0150 次列车以 ATO 方式从中山北路开往火车站，速度为 60km/h。由于中山北路至火车站区间是弯道，0150 次列车通过弯道后司机发现火车站防护信号机为红灯，而此时列车无明显减速现象，0150 次列车司机立即紧急制动，在惯性作用下 0150 次列车左侧车头以 10km/h 的速度与 0117 次列车第 4 节车厢发生碰撞。事故发生时的情况如图 3-3 所示。

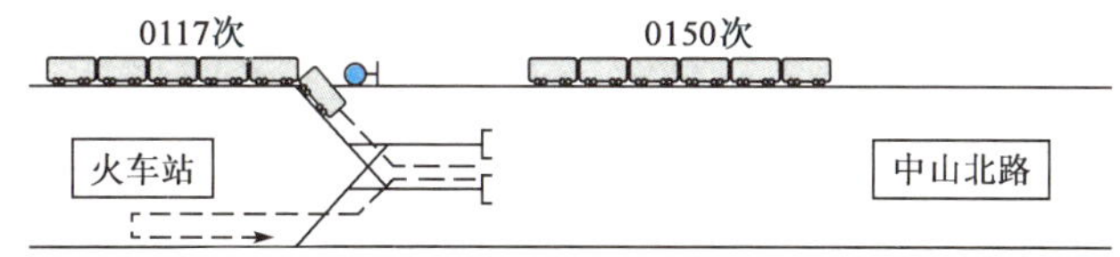

图 3-3　侧面冲撞事故示意图

碰撞事故发生后，行调立即通知全线车站，将本线运营调整为莘庄至徐家汇、富锦路至汶水路小交路运行，并申请启动徐家汇至汶水路公交应急预案。同时安排在 0150 次列车后运行的 0140 次列车清客到事故区间转运 0150 次列车上的受困乘客。到 11:00，救援和乘客转运工作基本完成，行车秩序逐步恢复。

在这起信号设备故障引起的碰撞事故中，上海地铁的运营人员表现出高度的工作责任心和高超的指挥水平，尤其是调度员和列车司机在事故中表现突出、反应迅速、措施采取得当，调度员临场指挥镇定、命令清晰准确，故障处置的程序符合预案要求，最大限度地减小了事故给运营工作带来的影响。在事后的事故原因分析中，事故调查组也对 1 号线当班职工在事故发生后应急处理的表现给予充分肯定。

事故调查组在事后调阅了列车事故记录、信号数据、视频监控图像等相关资料，并于当日运营结束后组织了事故现场动车复测和验证，最后得出一致的结论：碰撞事故的发生是由于信号系统向列车发出了错误的速度码，导致列车制动距离不足，两列车发生侧面冲撞。事故调查组认定：该项目的总承包方卡斯柯信号公司承担事故责任。

12・22 事故讨论
（视频来源于网络）

二 媒体报道

（一）美国地铁列车发生追尾惨剧

据美国媒体报道：2009 年 6 月 22 日，美国首都华盛顿两列地铁列车发生相撞事故（图 3-4），造成至少 9 人丧生，另有 76 人受伤。事故原因尚在调查之中。这是迄今为止华盛顿地铁交通史上最严重的一次事故。

1. 死者中包括脱轨列车的司机

6 月 22 日两辆地铁列车在美国首都华盛顿东北部的地面路段托滕堡站相撞，两列列

图 3-4　列车追尾事故现场

车多节车厢发生严重变形扭曲。

事故发生在华盛顿哥伦比亚特区和马里兰州交界处附近,当时正值下班晚高峰时间。地铁运营方总经理卡托伊说:“一辆列车当时停着等待通行命令,它后面的车不知道什么原因撞到了它的尾部。”

华盛顿市市长芬蒂证实,当时已经有 9 人在事故中死亡。据一名地铁工作人员说,死者中包括脱轨列车的司机。

受轻伤的乘客在现场接受简单护理后离开,一些伤势严重的乘客则被送往当地医院,其中 6 人情况危急。记者在其中一家医院的特护病房里了解到,一名 14 岁的女孩在事故中双腿骨折,另一名受伤的 20 岁男士从头到脚都是擦伤。

统计部门称,随着搜救工作的继续,死伤人数可能会进一步上升。另据地铁运营方介绍,两辆列车都各有 6 节车厢,总计可以容纳 1200 人左右,但因为是驶往郊区,所以不太可能满载。

当时已被封锁的事故现场附近停满了消防车、救护车和警车。来自华盛顿特区、马里兰州和弗吉尼亚州的 200 多名消防人员在现场进行紧急营救。

2. 联邦机构排除恐怖袭击原因

哥伦比亚特区消防局发言人埃特表示,消防队员不得不将部分车身锯开才能将里面的乘客救出,还有的救援人员搭起梯子帮助乘客从车厢中出来(图 3-5)。记者在现场看到,前面一辆列车的尾巴被顶到后面列车的头上,两列列车部分车厢严重变形,一些椅子甚至被甩出车外。

图 3-5　消防队员救援现场

住在事故现场附近的居民布朗女士说，她当时听到一声巨响，就像“晴天霹雳”。事故列车乘客维科特在接受媒体采访时回忆说“当时我正坐在座位上发短信，突然感觉列车猛地撞上了什么东西，我被甩出了座位，而且撞到了头”。她说，“很多人都十分难过，有的在哭泣，但没人尖叫，也没有出现恐慌的局面”。

华盛顿地区地铁管理局发表声明说，目前联邦交通和安全部门已派出一个调查小组前往事故现场，当地警方和联邦调查局也介入事故原因调查，并初步排除恐怖袭击的原因。国土安全部发言人说，在事故发生后近 2h 内，联邦机构没有发出有关恐怖袭击的信号。

地铁运营机构一名发言人说，相关人员正在寻找关键仪表的残骸，它上面记录着当时列车的运行速度以及列车员所发出的命令。“完全不知道事故原因在哪里，”这名发言人表示，“我觉得系统应该不存在安全隐患。”

据报道，此次事故中的地铁列车应该是自动驾驶。在自动驾驶过程中，司机唯一需要做的就是在列车离站后关上车门。列车上设计有自动防故障电脑信号系统，用来防止列车相撞。此外有一套电子系统用来检测列车的位置并确保列车之间保持安全距离。如果列车间距太近，电脑系统会自动实施制动，将列车停住。拥有这些系统，按理说可以避免这次相撞事故发生。即便信号系统出现故障，司机也可手动实施紧急制动。

一些安全专家表示，司机可能在自动驾驶过程中“走神了”。在 22 日的事故中，发生碰撞的列车的司机看起来并没有使用紧急制动装置。有专家说，事发前这辆列车像是在快速运行，因为该列车的第一节车厢冲到了前面一辆列车的顶部。报道认为，没有理由相信该列车的司机没有看到前面有车，因为当时天气晴朗，而且两辆车都没有处于隧道内。

3. 奥巴马向遇难者家属表示哀悼

时任美国总统奥巴马在当天晚些时候对事故遇难者表示哀悼。“今天，米歇尔（奥巴马夫人）和我为华盛顿哥伦比亚特区东北部发生的交通事故感到痛心，”他发表声明说，“我们向遇难者的家属和朋友表示哀悼，并为他们祈祷。”奥巴马同时感谢赶赴现场的搜救人员，并表示政府将继续与华盛顿市长办公室保持联系，以了解最新动态。

美国是一个地铁网络相当庞大的国家。纽约、芝加哥、费城、华盛顿等 10 座城市的地铁总长度达 1200km。在纽约，地铁的悠久历史甚至超过百年。华盛顿地铁系统自 1976 年开始运营，每天的客运量大约为 80 万人。

美联社 23 日说，9 个月来美国大城市连续发生 3 起重大铁路交通事故，改写自 1990 年至 2008 年铁路交通安全性逐年提高的趋势。1990 年全美每百万英里铁路里程平均事故数为 4.7 起，而 2008 年已降至 3.2 起。

2008 年 9 月，两列列车在洛杉矶市西北约 50km 处相撞，导致 25 人死亡，130 多人受伤。而就在上月，波士顿市地铁列车也发生追尾事故，造成 49 人受伤，大约 100 人被疏散。列车司机后来承认，追尾发生时自己正在发送手机短信。

尽管 22 日华盛顿地铁相撞事故的原因尚未查明，美国国家运输安全委员会前调查员巴里·斯威德勒依旧认为相关人员的“责任心”值得关注。

在接受美联社记者采访时斯威德勒说：“我不确定，是否安全系统中的每一个人都付出了应当付出的责任心和注意力……这类事故不该发生。”

斯威德勒说，现今的铁路技术和施工质量已经相当安全，安全系数与 30 年前有着天壤之别。

分析思考:美国地铁列车追尾惨剧对我们有什么启示?

(二)上海地铁事故纯属意外 南京地铁很安全

2009 年 6 月 22 日,美国华盛顿两列地铁列车发生追尾事故,最终造成 9 人死亡,80 人受伤;2009 年 12 月 22 日,上海地铁发生相撞事故。这让南京不少市民有点担心:南京的地铁安全吗?是否也存在这种相撞的隐患?

当时,南京地铁相关人员表示,这种列车相撞的概率是微乎其微的,尤其国内地铁都比较新,而且全有"ATP 保护系统",即两辆列车相距一定距离时,列车会自动停下。至于上海地铁的这起意外,地铁专家称很可能是人为原因造成。

1."小交路"时易发生意外

据介绍,我国的地铁线路设计,在运载乘客过程中,来往地铁列车所行驶的轨道大多都是错开的。发生对撞的可能性只会发生在地铁终点站,就是地铁列车需要折返行驶的时候。但这个时间段由于没有载客,不会发生大规模的伤亡事件,而且进入终点站后折返行驶的列车速度都比较缓慢,很容易规避事故的发生。其次就是非正常运营的"小交路",上海地铁事故就是这样的例子。

所谓"小交路",即地铁列车在某一区间发生故障后,为了尽快疏散市民,采取的一种常见的运营方式,南京地铁也多次采用这个模式,比如,地铁三山街站突然出现供电触网跳闸故障,地铁选择在新街口站与迈皋桥站"小交路",来回折返跑,利用奥体中心站到迈皋桥方向正常运营列车进行快速疏散客流。相关人员表示:"这种情况下,可能会出现地铁列车相撞的事故,有一定风险,假如列车在折返,又有救援列车过来,就容易发生相撞事故。"

2.列车相撞,是否人为原因造成

上海地铁列车相撞,虽然原因尚没有公布,但是上海官方解释中有一句话:上海地铁 150 次列车冒进信号。记者获悉,冒进信号,其实就相当于汽车闯了红灯,在地铁非正常运营的情况下司机犯了大忌。

事实上,国内地铁列车都有 ATP 保护系统,这个系统在很大程度上避免了追尾或相撞的发生。例如当一列地铁列车在运行时,如果前方 1km 处有另一列地铁列车在运行,系统就会提示司机"注意控制车速、保持间隔",即便是司机因为驾驶失误忽略了这一点。当两列地铁列车相距一定的距离时,"ATP 保护系统"也会自动切断地铁列车行驶动力,并采取紧急制动,使地铁列车停止运行。

记者了解到,这起"意外"是几起失误叠加到一起的结果。首先可以肯定的是涉事地铁 150 次列车的 ATP 保护系统没有启动,有可能是 ATP 失灵或者处于救援状态下的临时运营切断了这个保护系统;在这一道保护没有的情况下,司机又没有注意信号,闯了红灯。

3."小交路"时怎么做:南京地铁司机的必修课

据介绍,美国的地铁运行多采用自动控制系统,由电脑代替人操作。而南京的地铁其实都是由人来控制车速以及车门开启、关闭的时间。人为控制机动性很强,比自动控制系统的安全性更高。

"我们对司机要求比较严,经常就非正常运营做演练,锻炼司机在正常运营及非正常运营下的处理能力,比如在小交路时,司机至关重要的就是关注信号,等待行车调度员命令。"据了解,这是南京地铁司机的必修课。而且地铁"ATP 保护系统"也不是随随便便可以切断,尤其是在非正常情况下,以保证市民的乘车安全。

分析思考:上海列车侧面冲撞事故纯属意外吗?作为地铁司机怎样尽可能避免发生这样的事故?

模块二 轨道电路故障的应急处理

任务一 分析并理解轨道电路故障的应急处理程序

【任务书】

1. 了解城市轨道交通信号系统中轨道电路的作用。
2. 掌握轨道电路故障的应急处理方法。

一 相关理论知识

(一)轨道电路的基本作用

轨道电路是城市轨道交通 ATC 系统中的基础设备[通信式列车控制(Communication Based Train Control,CBTC)系统除外],它的主要作用是监督线路的占用情况,以及将列车运行与信号显示等联系起来,其性能直接影响行车安全和运输效率。

轨道电路操作原理图如图 3-6 和图 3-7 所示,当钢轨线路无列车占用时,轨道继电器被吸起;当有列车占用(或其他原因导致两条钢轨导通)时,轨道继电器落下,在相应的人机对话界面上相应的轨道电路显示红色,表示物理占用。

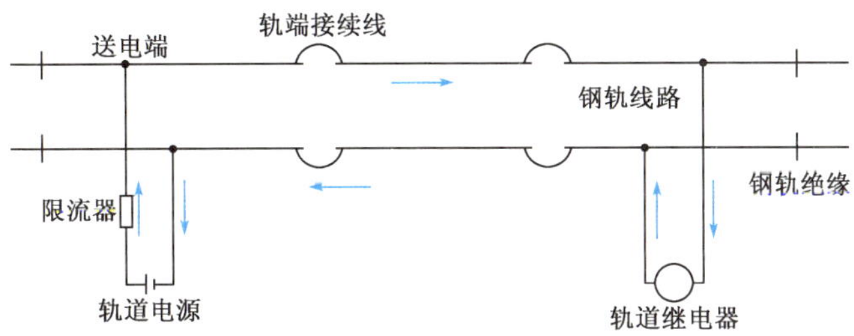

图 3-6 无列车占用时的轨道电路示意图

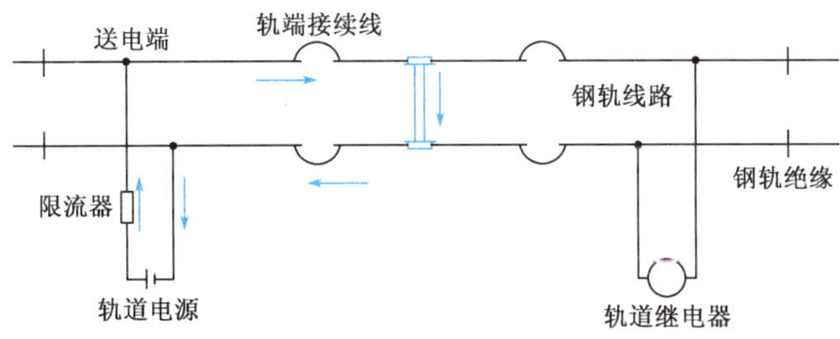

图 3-7 有列车占用时的轨道电路示意图

对于城市轨道交通来说,轨道电路不仅用来检测列车是否占用线路,更重要的是要传输 ATP 信息。所以除车辆基地内可采用传统的 50Hz 相敏轨道电路外,正线多采用高可靠性、多信息量的数字编码式音频轨道电路。为便于牵引电流流通,提高线路性能并方便维修,音频轨道电路是无绝缘的。

轨道电路的第一个作用是监督列车的占用。利用轨道电路监督列车在区间或站内的占用,是最常用的方法,由轨道电路反映该段线路是否空闲,为开放信号、建立进路或构成闭塞提供依据。

轨道电路的第二个作用是传递行车信息。例如音频数字编码轨道电路中传送的行车信息,为 ATC 系统提供控制列车运行所需要的前行列车位置、运行前方信号机状态和线路条件等有关信息,以决定列车运行的目标速度,控制列车在当前运行速度下是否减速或停车。对于 ATC 系统来说,带有编码信息的轨道电路是其车—地之间传输信息的通道之一。

任何一个轨道电路区段都是由一套轨道电路设备构成,一般轨道电路区段为无道岔的轨道电路区段,而道岔轨道电路区段是一个带有道岔的轨道电路区段。任何一个轨道电路发生故障,都会直接影响列车的正常运行。

(二)轨道电路故障的应急处理方法

西门子公司的 SICAS 型计算机联锁系统的结构分成 5 层,分别为操作显示层、联锁逻辑层、执行表示层、设备驱动层和现场设备层,它们分别对应的联锁设备为微机联锁区操作员工作站(Local Operation Workstation,LOW)、联锁计算机(SICAS)、现场接口计算机(STEKOP)、接口控制模块(DSTT)和现场的道岔、轨道电路与信号机。

在控制中心的 MMI 或车站 LOW 上对每一轨道电路设备状态都有相关的显示,遇到轨道电路故障时也会及时显示设备故障报警提示。

轨道电路区段(含道岔轨道电路区段)根据不同的工作状态可以显示 7 种颜色,从高到低分别为灰色、深蓝色、红色、粉红色、绿色、淡绿色、黄色,各种颜色在行车工作中的含义如下:

灰色——无数据(轨道电路设备与 SICAS 计算机连接中断)。

轨道中部深蓝色——表示该区段已被封锁,拒绝通过该区段排列进路。如果轨道中部深蓝色闪烁,表示该区段已进行封锁操作,但对下一条进路才有效。

红色——物理占用。

粉红色——逻辑占用。

绿色——空闲、被进路征用。

淡绿色——空闲、被进路征用为保护区段。

黄色——常态、空闲、没有被进路征用。

在以上这些轨道电路区段的颜色中,黄色、绿色、淡绿色、深蓝色和红色是列车运行时从排列进路到列车占用再到进路出清的过程中正常显示的颜色。当轨道电路区段显示粉红色表示“逻辑占用”,即操作员发出的指令只到达联锁逻辑层,是计算机联锁逻辑计算故障所致,操作员一般可以通过“轨区逻空”(或“岔区逻空”)命令将故障清除。在没有列车占用时如果轨道电路区段显示红光带则表示“物理占用”,这种情况和轨道电路区段出现粉红光带不同,一般是操作员的指令到达现场设备层后出现电路故障所致,也有可能是钢轨出现水淹、断轨等突发情况,需要立即派人到现场检修。本模块将主要讨论轨道电路区段非正常显示红光带和粉红光带的处理方法。轨道电路显示灰色时一般是联锁系统发生故障,关于此时的应急处理方法将在模块四“联锁系统故障的应急处理”中具体阐述。

导致轨道电路区段出现红光带的原因有很多种,但对于行车岗位的人员来说,可以简单地归为以下两大类:一是导体将两根钢轨接通(如列车轮对占用、水淹等);二是轨道电路电气回路中的设备故障(包括断轨)。因此,当轨道电路区段出现非正常红光带时,行车指挥人员最关心的就是现场钢轨的状态是否有问题、有无异物搭在钢轨上、有无断轨、有无水淹,如果查明现场情况正常,即可初步判断造成红光带的原因为电路故障。

当轨道电路区段出现红(粉红)光带时,进路监控区段的信号机无法开放,以 ATO 或 SM 模式运行的接近列车将自动停车或产生紧急制动,故障区内列车收不到速度码。但一般来说,单个轨道电路区段出现红(粉红)光带不会对行车造成大的影响,出现粉红光带时,行车调度员可以通过指令车站执行轨区逻空命令清除,出现非正常红光带时,行车调度员可以在初步查明原因后命令司机以限制人工驾驶(Restricted Manual,RM)模式谨慎驾驶通过故障区段。

但如果整个联锁区的轨道电路区段出现红(粉红)光带,由于列车在整个联锁区都无法收到速度码,命令司机以 RM 模式驾驶又会使行车速度大为降低,有时还必须改用站间电话联系法(或电话闭塞法)组织行车,这样就会对行车工作产生较大影响。轨道电路区段出现红(粉红)光带的应急处理方法如表 3-1 所示。

轨道电路区段出现红(粉红)光带的应急处理方法 表 3-1

故障现象	单个轨道区段粉红光带	单个轨道区段红光带	整个联锁区粉红光带	整个联锁区红光带
故障影响	若在进路监控区段,则影响信号机信号不能正常开放;若在非监控区段,则不会影响信号机开放信号		影响信号机信号不能正常开放	
	以 ATO 或 SM 模式运行的接近列车将自动停车或产生紧急制动		以 ATO 或 SM 模式运行的接近列车将自动停车或产生紧急制动,故障区内列车收不到速度码	
故障应急处理	指令车站执行轨区逻空命令后可恢复正常	提前通知司机以 RM 模式通过故障区段	指令车站执行全区逻空命令后可恢复正常;若不能恢复,按轨旁 ATP 故障处理	指令司机和车站按站间电话联系法(或电话闭塞法)组织行车,不用锁道岔,车站在 LOW 上执行强行转岔命令办理进路

需要强调的是,当整个联锁区粉红光带故障时,由于列车的占用轨道电路区段正常显示红光带,因此列车的位置是可见的,在车站执行“全区逻空”命令后一般能恢复正常。若短时间不能恢复,行车调度员则需按轨旁 ATP 故障处理程序进行处理,即在行车指挥人员的监督下,司机以 RM 模式谨慎驾驶列车通过故障联锁区。

当整个联锁区红光带故障时,道岔可以由车站的行车值班员在 LOW 上通过执行“强行转岔”进行转换,但列车位置不可见,行车指挥人员无法对列车的运行进行监控,仅仅命令司机以 RM 模式行车,这存在不安全因素,因此必须按联锁系统故障时的应急处理采用站间电话联系法(或电话闭塞法)组织行车,对正线道岔则无须钩锁器钩锁,车站在 LOW 上人工办理进路。

二 相关案例——某城市轨道交通线路联锁区红光带故障

（一）事件经过

某城市轨道交通线路H站联锁区在上午8:30出现轨旁ATP故障，行车调度员指令司机在故障区以RM模式运行。8:42H站联锁区出现全区红光带故障，4min后变为全区粉红光带；8:52粉红光带消失，ATP故障仍存在；8:54再次出现全区红光带故障；9:04红光带故障消失，ATP故障仍存在；9:06再次出现全区红光带故障，至9:46红光带故障消失；9:47ATP故障恢复正常。故障发生一个多小时才恢复正常，期间行车调度员组织了5列列车中途折返进行小交路运行，但清客次数过多影响到乘客的出行，增加了清客的难度。该城市轨道交通线路红光带故障情况如图3-8所示。

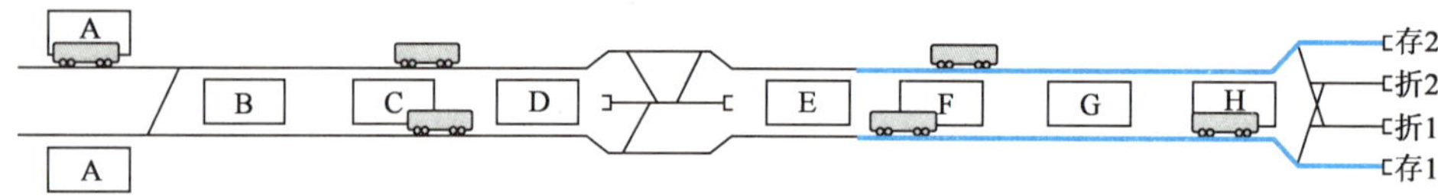

图3-8 该城市轨道交通线路红光带故障情况示意图

（二）应急处理方法的使用

H站联锁区发生全区红光带时，行车调度员第一时间记录发生故障时间，同时报值班主任、设备维修调度员，确认故障区内列车的位置、通知相应车站列车位置，如果列车在区间紧急制动而前方车站站台空闲，则命令列车司机确认前方进路安全后以RM模式运行到前方车站待令。

行车调度员要求H站、D站、A站三个联锁站强行站控：H站监控好本联锁区内列车运行间隔及H站列车的折返，E站—H站采用站间电话闭塞法组织行车，车站不用到现场用钩锁器锁道岔，把H站折返线的道岔单操到需要的位置并锁闭。H站负责列车进出折返线的进路并向行车调度员报告列车到发点，F站、G站确认列车到发点并上报。

A站、D站取消道岔单独锁定，两个站做好列车小交路折返的准备。行车调度员控制好开往H站方向的列车，并在A站和D站小交路折返，在列车折返时行车调度员要先通知车站及司机做好乘客服务，如图3-9所示。

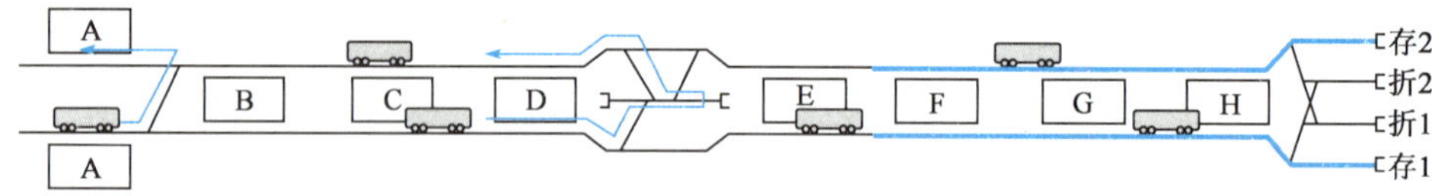

图3-9 应急处理方法示意图

行车调度员通知全线列车司机H站联锁区红光带及在该联锁区列车运行模式为RM模式，采用站间电话闭塞法组织行车。同时行车调度员控制好列车间隔，必要时可抽线运营，减少上线列车数量，控制好列车间隔，维持有度运营。

在安排列车在A站和D站折返时，行车调度员注意先通知司机和车站，可尽量避免对乘客造成太大的影响，而且，在A站折返后，下一趟列车就尽量不要在A站或D站折返，避免造成二次清客。前一趟列车在A站或D站折返时，行车调度员注意要将后续列车扣在后方站台，避免列车进入区间被迫停车。

三 媒体报道——地铁1号线“慢跑”1h

2006年7月12日上午9:00左右，广州地铁1号线出现延误现象，导致许多乘客滞留在车站，有些乘客还改乘了其他交通工具前往目的地。地铁公司在随后的说明中称，列车延误是广州东联锁区轨道电路故障所致。广州地铁1号线发生故障后改为人工限速运行。

（一）地铁车站迅速启动退票机制

记者来到体育西路地铁站时，听到广播里不断重复着“本站开行的前往西朗、广州东站方向的列车将有延误，请有急事的乘客换乘其他交通工具”的通知。

出现列车延误后，车站随即启动退票机制，对使用“羊城通”的乘客实施磁卡更新，而对使用一次性车票的乘客，车站开出了7天内有效的《地铁免费乘车/退款凭证》。记者看到，在地铁站的退票窗口前排起了长队，许多手持单程票的乘客正在退票。

（二）列车走走停停，乘客只好转乘其他交通工具

据乘客吴先生介绍，他是上午8:40左右在海珠广场站上车的，准备去天河办事，在公园前站准备换乘地铁1号线时，刚好有一辆列车驶来。但奇怪的是，该车上所有乘客都下了车，却不让等车的乘客上车。吴先生只好等下一趟车。不一会儿，下一趟车进站，吴先生和其他乘客一起上了车。“到了农讲所站，列车却停住不走了。”吴先生描述，当时将近上午9:00，列车停至农讲所站，却迟迟不发车，并不时有广播称列车晚点，劝有急事的乘客转乘其他交通工具。“过了15min左右，列车才启动。但到了烈士陵园站，列车又停下不走了。”吴先生说，他因为要赶时间就下了地铁列车，出站打的去天河了。

（三）广州东信号故障致列车延误

据了解，地铁1号线出现延误的原因是信号故障影响了运营，1号线降级运行，平常时速45km的列车减慢为25km，部分站点晚点5～6min，地铁公司对此次1号线的突发故障给乘客造成的不便深表歉意。

据地铁公司介绍，2006年7月12日上午8:45，广州地铁1号线广州东联锁区轨道旁列车自动保护系统突发故障，致使列车进路无法排列。地铁控制中心立即采取人工介入模式，采用限速25km时速人工驾驶行车，并对进路强行转岔排列，组织列车运行和折返。故障已于当天上午9:47排除，据查，初步原因为广州东联锁区轨道电路故障。

受此故障影响，其间往广州东站方向的列车最大晚点为323s，往西朗方向最大晚点为395s。

任务二 进行轨道电路故障应急处理演练

【任务书】

1.理解下列“轨道电路故障的应急处理程序”编制的原则和基本思路。

2.根据下列“轨道电路故障的应急处理程序”，编写轨道电路故障应急处理的单项演练方案，并采用角色扮演法分组进行模拟演练。

单项演练方案的情景如图 3-10 所示:C 站—D 站区段的轨道电路突发故障,C 站是 LOW 区域联锁工作站所在车站,该区域有上行列车 3 列。

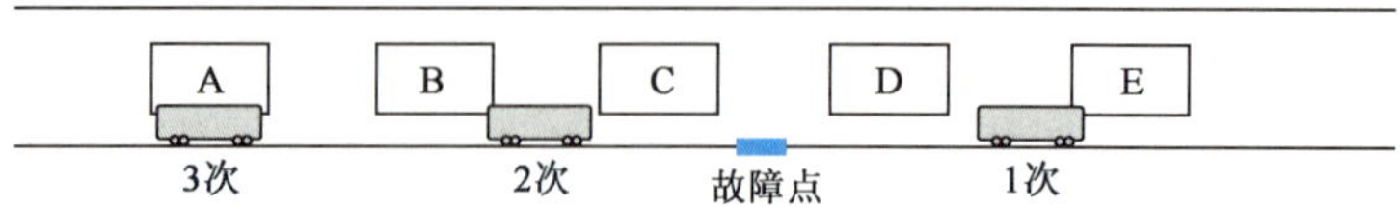

图 3-10　单项演练方案示意图

轨道电路故障的应急处理程序

当轨道电路故障时,各运营相关岗位的人员一般应按照以下程序进行应急处理。

(一)确认故障并下放 LOW 控制权

1. 司机

当列车在区间自动停止运行后,向行车调度员报告:列车车次号、未收到速度码、列车停车位置、列车状态正常、没有显示故障情况。

2. 行车调度员

接到列车司机的故障报告,同时从控制中心显示屏 MMI 上确定:

(1)该列车所停位置的前方区段还有另外红光带的"占用(或发生故障)"状态。

(2)在该"占用(或发生故障)"的轨道电路区段确实没有任何列车占用。

(3)该区段红光带是故障状态。

3. 行车调度员

报告值班主任,并经其同意采取以下步骤:

(1)通知车辆检修调度员严密监视故障事态的进展;下放控制权给该故障区段的 LOW,并继续监督。

(2)指示列车司机必须用 RM 模式,慢速小心进入故障区段,以便遇到危险情况时能随时停车。

(3)指示所有列车司机和行车值班员用广播向乘客及时通报运营调整信息。

4. 值班主任

接获设备故障状态,同意行车调度员采取措施进行处理。

5. 司机

执行行车调度员的指示,用 RM 模式小心进入故障的轨道区段运行,注意周围情况,谨慎驾驶。

6. 行车值班员

(1)接受下放给该故障区段 LOW 的控制权。

(2)向车站乘客通报运营调整信息。

(二)谨慎驾驶通过故障区段

1. 司机

(1)当列车已驶出故障区段,司机未发现任何异常情况后,报告行车调度员,列车过该轨道区段未发现任何异常情况。

(2)再经前方2个轨道区段,列车收到速度码,自动(或手动)转换为SM/ATO模式,恢复正常运行。

2. 行车调度员

(1)接到列车已通过故障区段、未发现轨道有重大异常情况报告后,指示所有后续列车用RM模式通过该故障区段。

(2)若进路较长,且距离故障地点较远时,司机可用ATO模式或SM模式驾驶到靠近故障地点,再用RM模式运行。

(3)在收到速度码后,按正常模式运行。

(三)故障抢修

1. 行车调度员

(1)在确定故障性质后,立即通知维修调度员派维修人员进行抢修。

(2)指示有关行车值班员配合维修人员进行抢修。

2. 维修人员

接到车辆检修调度员通知后在有关车站办理维修登记手续,到相应设备室检查判断故障:

(1)如果是室内故障,则快速查找并排除。如需短时间影响运行,必须经行车值班员报行车调度员同意后才能抢修。

(2)若是室外故障,请设备维修调度员安排进入轨道抢修时间及办理进入区间工作的手续。

(四)设备修复并收回LOW控制权

1. 维修人员

排除轨道电路设备故障后,并经与行车值班员试验确认设备正常后,报告设备维修调度员,然后在有关车站办理维修登记手续、维修销点手续。

2. 行车调度员

收到设备维修调度员通报,控制中心MMI上红光带已变为粉红光带,确认已排除轨道电路的故障。

(1)通知该站行车值班员,在LOW进行“轨区逻空”(或“岔区逻空”)操作。

(2)报告值班主任设备故障已排除。

3. 行车值班员

在LOW进行“轨区逻空”(或“岔区逻空”)操作后,报告行车调度员。

4. 值班主任

收到行车调度员已排除故障的汇报并予以确认。

5. 行车调度员

通知行车值班员,收回该LOW控制权。

6. 行车值班员

按程序办理,交回该LOW控制权。

(五)恢复正常运行

1. 行车调度员

收回LOW控制权后进行规定的工作程序,这些程序包括:

(1)排列有关进路。

(2)指示第一列后继列车司机用SM模式通过该区段。

(3)要求第一列后继列车司机及时反馈列车在原故障区段的运行情况。

2. 第一列后继列车司机

执行行车调度员指示,第一列后继列车司机用SM模式驾驶通过该区段后,报告行车调度员:情况正常。

3. 行车调度员

收到第一列后继列车司机的报告后报告值班主任系统已恢复正常。

4. 行车调度员

通知所有列车司机和行车值班员:

(1)故障已经排除,系统恢复正常操作。

(2)向乘客广播运营恢复正常信息。

5. 司机

所有列车司机向列车乘客通报运营恢复正常信息。

6. 行车值班员

所有行车值班员向本站乘客通报运营恢复正常信息。

模块三　道岔故障的应急处理

任务一　分析并理解道岔故障的应急处理程序

【任务书】

1. 了解城市轨道交通线路中转辙机的作用和基本要求。

2. 掌握道岔故障的应急处理方法。

一　相关理论知识

(一)转辙机的作用和基本要求

列车在车站内运行的路径,叫作进路。进路由道岔位置决定。道岔是直接关系行车安全的关键设备。道岔由多种类型的转辙机转换。转辙机是重要的信号基础设备,对于保证行车安全、提高运输效率、改善行车人员的劳动强度,起着非常重要的作用。

转辙机是转辙装置的核心和主体，除转辙机本身外，转辙装置还包括外锁闭装置和各类杆件、安装装置，它们共同完成道岔的转换和锁闭。

转辙机的作用是：

(1)转换道岔的位置，根据需要转换至定位或反位(部分城市轨道交通运营企业称左位或右位)。

(2)道岔转至所需位置而且密贴后，实现锁闭，防止外力转换道岔。

(3)正确地反映道岔的实际位置，道岔的尖轨密贴于基本轨后，给出相应的表示。

(4)道岔被挤或因故处于“四开”(两侧尖轨均不密贴)位置时，及时给出报警及表示。

对转辙机的基本要求是：

(1)作为转换装置，应具有足够大的拉力，以带动尖轨作直线往返运动；当尖轨受阻不能运动到底时，应随时通过操纵使尖轨回复原位。

(2)作为锁闭装置，当尖轨和基本轨不密贴时，不应进行锁闭；一旦锁闭，应保证不致因列车通过道岔时的振动而错误解锁。

(3)作为监督装置，应能正确地反映道岔的状态。

(4)道岔被挤后，在未修复前不应再使道岔转换。

(二)道岔故障的应急处理方法

1. 道岔故障时应急处理的基本方法

城市轨道交通运营过程中发生的道岔故障主要表现为道岔失去正常的定反位表示和道岔转不到位。道岔失去正常的定反位表示时，从设备上无法保证道岔的尖轨和基本轨处于密贴状态，从而无法保证列车的安全运行，因此需要采用人工对道岔加锁的手段来保证列车运行的安全。发生道岔转不到位时，行调或车站值班员要取消已排列进路，来回转动道岔数次故障才能消失；如果故障未消失，也需要采取人工对道岔加锁的方法。

行车指挥人员在确认道岔故障后，应立即命令维修人员及时抢修，尽快恢复被损坏的道岔设备，最大限度减少设备故障对运营的影响。根据对运营工作影响的大小和应急处理方法的不同，一般把道岔故障的应急处理方法分为站线道岔故障应急处理和折返线道岔故障应急处理。

(1)站线道岔故障的处理方法

站线道岔故障时，行车调度员一般都会要求车站将故障道岔开通定位并加锁(如果故障道岔原来就在定位，则确认后加锁)以保证列车在正线的运行。根据道岔和站台的位置关系又可将处理方法分成两种情况，一种情况如图3-11a)所示，列车进站前突发道岔故障，此时行车调度员会命令司机停车待令，随后将LOW控制权下放给车站，车站的行车值班员派遣站务人员到现场把故障道岔的电动转辙机手摇转换到定位，并用钩锁器锁闭。进路准备完毕后，由行车调度员指挥受影响列车的司机以RM模式谨慎驾驶通过故障区域到达车站上下客后恢复正常行驶。

另一种情况如图3-11b)所示，列车从车站出发前，前方进路上的道岔转辙机突发故障，此时行车调度员会命令司机在站台停车待令，随后将LOW控制权下放给车站，车站的行车值班员派遣站务人员到现场把故障道岔的电动转辙机手摇转换到定位，并用钩锁器锁闭。进路准备完毕后，由行车调度员指挥受影响列车的司机以RM模式从车站发车，通过故障区域后恢复正常行驶。

图 3-11　站线道岔故障示意图

(2)折返线道岔故障的处理方法

当折返线道岔故障时,行车调度员一般会根据"先变更进路后人工加锁"的原则,对于能选择变更进路办理列车折返的尽量不采用对道岔人工加锁的方法以节约时间,如图 3-10a)所示;如果 2 号道岔定位无表示而反位表示正常,则行车调度员会选择将 2 号道岔固定在反位利用折 1 道办理列车折返,如图 3-10b)所示;如果 5 号或 6 号道岔中的一个无表示,行车调度员会命令维修人员抢修的同时使用不受影响的另一条折返线办理列车折返。

在发生上述两种道岔故障时,还会出现另一种情况:一条折返线停有备用车,列车不得不从另一条折返线折返时,在折返进路上发生道岔故障,这时也可以通过开行备用车的方法避免人工准备进路以节约时间。

如果出现图 3-12a)中 2 号道岔定、反位均无表示或图 3-12b)中 1 ~4 号道岔中的任何一个失去表示的情况,行车调度员只能命令车站采取道岔人工加锁的方式准备列车折返进路。一般的程序是行车调度员将 LOW 控制权下放给相关车站,车站的行车值班员派遣站务人员到达现场,把故障道岔的电动转辙机手摇转换到需要的位置并加锁,并对进路上的其他道岔用 LOW 单独操纵到需要的位置并单锁,然后再由站务人员通过手信号指挥列车以 RM 模式进行折返作业。列车折返完毕后,司机按照行车调度员的指示恢复正常运行。

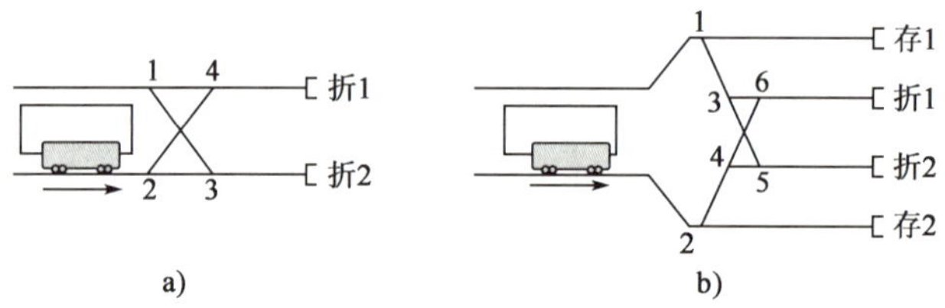

图 3-12　折返线道岔故障示意图

需要强调的是,在第三轨供电的城市轨道交通线路进行人工加锁或手摇转换道岔作业时,考虑到作业人员的人身安全,必须对第三轨停电并挂地线,这样即增加了人工转换道岔的时间,又会影响其他区段列车的正常行驶,因此采取措施前调度员需要权衡利弊综合考虑,避免运营秩序受到过大的影响。

2. 人工转换道岔的作业程序

在道岔转辙机故障无法自动转换以排列列车进路时,需要人工使用手摇把转换道岔。一般城市轨道交通车站通过人工转换道岔排列进路的作业程序如下:

(1)站务员和站台安全员两人携带信号灯/旗、手摇把、道岔钥匙、钩锁器、扳手、对讲机、无线调度电台、手电筒等工具,并穿着荧光衣、戴手套。

(2)下线路前须得到行车调度员允许,人工准备进路必须从距车站最远的道岔开始,从远到近依次排列。

(3)现场确认道岔,需要转向时应一人操作,一人防护并确认。操作者用工具按正确程序打开转辙机盖孔板,手摇道岔,准备好进路,另一人确认道岔位置正确后加锁。

(4)确认进路上各道岔的开通位置时,相互用对讲机联络,同时用手信号显示正确情况。

(5)当上(下)行线路的进路准备妥当并出清线路后,报告站控室(对讲机工作盲区可由行车调度员中转),再准备下(上)行线路进路。

(6)值班站长接到进路准备妥当、线路出清的汇报后,立即做好相应线路的接车或发车准备工作并报告行车调度员。

车站站务员执行行车值班员的命令手摇道岔时,必须严格执行一看、二开、三摇、四确认、五加锁、六汇报的“六步曲”。

一看——看道岔开通位置是否正确,是否需要改变位置。

二开——打开盖孔板及钩锁器的锁,拆下钩锁器。

三摇——摇道岔转向所需的位置,在听到“咔嚓”的落槽声后停止。

四确认——手指尖轨:“尖轨密贴开通×位”,并和另一人共同确认。

五加锁——另一人在确认道岔位置开通正确后,用钩锁器锁定道岔尖轨。

六汇报——向站控室汇报道岔开通位置正确。

如果是折返线的道岔,站务员在完成手摇道岔的作业程序后,还需站在安全位置向列车司机发出动车信号(昼间是拢起的黄色信号旗高举头上左右摇动,夜间是白色灯光高举头上),并目送列车通过道岔。当列车通过道岔后站务员还应留在安全位置,手持无线调度电话,继续在折返线等候行车值班员的命令,直至任务结束。任务结束后,站务员应在收集全部工具,确保没有遗留任何材料后,返回车站并向行车值班员报告。

二 相关案例——某城市轨道交通线路道岔故障

(一)事件经过

7:46 行车调度员发现A站下行2号岔反位无表示,行车调度员要求车站站控后进行确认,令下行0119次列车停车待命。车站报2号岔单操定位无表示。行车调度员同时通知通号、工务分公司。并对下行列车在B站下行扣车。

7:47 A站报2号岔定反位均无表示,行车调度员令车站立即安排手摇2号道岔至定位加钩锁器,手信号进行折返。并向通号、工务分公司发布抢修令。客调发布A类短信,通知全线各站,同时将情况报公司监督站,如图3-13所示。

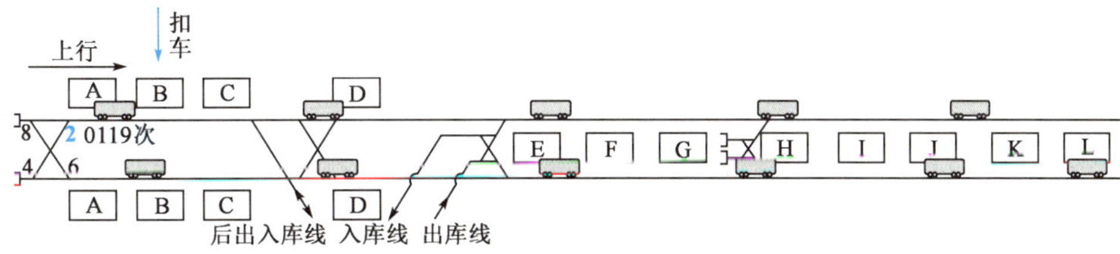

图3-13 某城市轨道交通线路道岔故障示意图

7:48　行车调度员对全线列车进行调整,对相关列车进行扣车调整,并安排下行3趟列车分别在E站、H站清客折返,以弥补上行线的运行间隔,如图3-14所示。

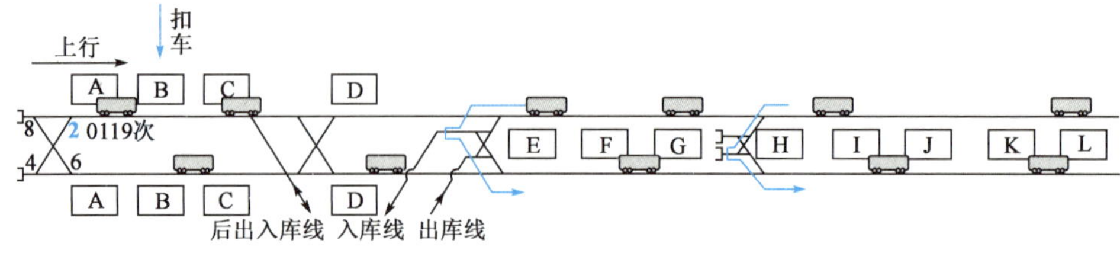

图3-14　列车调整示意图

7:51　A站手摇道岔完毕,车站手信号调车至折1线。

7:52　0119次列车动车折返。行车调度员令车站2号岔定位加锁,单操6号/8号岔后引导总锁闭进行后续列车折返作业。

7:56　A站折1线0119次列车折返后按车站手信号动车至上行站台。

7:57　因早高峰客流滞压较多,行车调度员发布A站—E站限流命令,并通知公安轨道分局指挥室进行配合,报公司监督站。其间因"中央PIS导向系统"故障,行车调度员通知全线各站通过"车站PIS导向系统"发布相关信息告知乘客。

7:59　0119次列车折返至A站上行后,司机报列车出现风缸压力不足,制动不缓解现象,行车调度员令司机抓紧处理。

8:01　因正线列车晚点较多,行车调度员报公司监督站启动相应公交保障预案(A站—E站),并通知公安轨道分局,A站—D站四站增加警力。

8:02　0119次列车司机经处理无效,行车调度员令司机准备清客救援,通知后续A站折返线0112次列车司机做好救援准备,如图3-15所示。

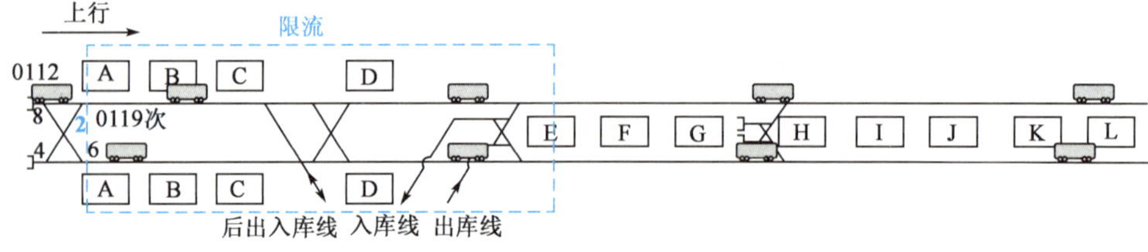

图3-15　清客救援示意图

8:02　行车调度员布置车站进路作业,安排即将到达D站的下行0113号列车清客,由渡线折返反向运行至C站上行后载客运行,以缓解上行A站—E站上行的客流压力,如图3-16所示。

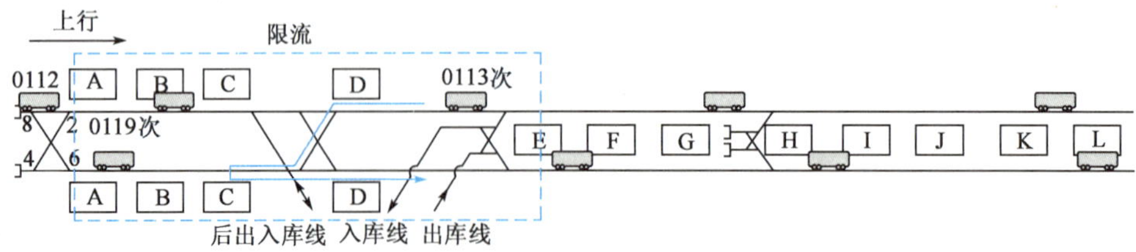

图3-16　0113次列车进路示意图

8:04　行车调度员通过ATS工作站发现A站2号岔恢复正常表示,经车站及通号抢修人员确认,2号岔定反位均无表示故障修复,该站恢复正常信号操作。

8:04　A 站故障车 0119 次列车缓慢动车，但出站后自行停车，行车调度员询问具体情况，司机答复 0119 次列车经处理风缸压力恢复正常，可动车，但出站后有车门紧急拉手被乘客拉下。行车调度员令司机抓紧处理，同时令原救援及 D 站下行折返取消，恢复正常运行。

8:05　0119 次列车报车门紧急拉手恢复正常，列车动车。行车调度员令其载客至 C 站待命回段。

8:07　经与司机确认风缸压力恢复正常，行车调度员布置 0119 次列为大站车投入运行，停 B 站、D 站、G 站及以后各站，以减少列车停站开关门风缸用风。

8:08　由于 A、C、D 三站客流积压，行车调度员布置 A 站后续载客列车，以交叉放站方式调整运行间隔，如图 3-17 所示。

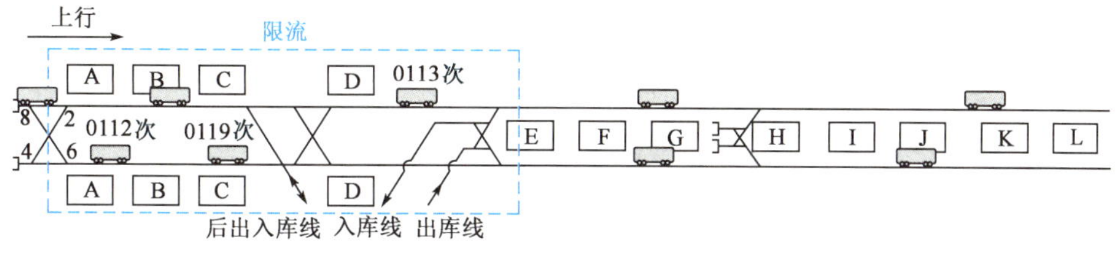

图 3-17　运行调整示意图

8:00—8:40　为调整运行间隔，行车调度员分别安排多趟列车在 E 站和 H 站投入上行线载客运行。

9:06　行车调度员撤销 A 站—D 站各站限流命令，全线运行恢复正常。

（二）经验总结与问题分析

（1）A 站 2 号道岔反位无表示造成下行 0119 次列车停车待命，车站手摇道岔、手信号折返用时近 6min，处置速度较快。

（2）0119 次列车折返至 A 站上行后风缸压力不足，制动不缓解造成列车晚点进一步加剧，行车调度员报公司监督站启动公交预案，并通知公安轨道分局在 A 站—D 站四站增加警力，处置合理。

（3）调度员安排了部分列车在 E 站、H 站小交路折返，有效缓解了 A 站的接发车压力，并平衡了上下行的运能，如果安排列车适时在 D 站进行小交路折返，可能对缓解后续上行列车的客流压力起到更好的效果。

（4）由于 A 站发生故障造成上行客流积压，行车调度员对严重影响后续列车运行的列车适当采取放站措施，加快了运营秩序的恢复。

（5）由于先后发生道岔故障、列车故障，调度员对二次故障的处置准备不够，对高峰时段此类故障的影响程度估计不足，故障发生后的扣车不够及时有效，导致部分列车区间迫停。

任务二　进行道岔故障应急处理演练

【任务书】

1. 理解下列“站线道岔故障应急处理程序”和“折返线道岔故障应急处理程序”编制的原则和基本思路。

2. 根据下列"站线道岔故障应急处理程序"和"折返线道岔故障应急处理程序",编写相应单项演练方案,并采用角色扮演法分组进行模拟演练。

道岔故障的应急处理程序

(一)站线道岔故障应急处理程序

1. 确认故障并下放 LOW 控制权

(1)行车调度员

从 OCC 的 MMI 上察觉到道岔显示长/短闪光。询问相关车站行车值班员 LOW 的显示与 MMI 是否相同。

(2)行车值班员

应答行车调度员,在车站 LOW 的相应不正常道岔显示与控制中心 MMI 所显示的现象一致。

(3)行车调度员

下放 LOW 工作站控制权给相关车站。

(4)行车值班员

①接收 LOW 工作站控制权。

②在确定列车在故障道岔前停车后,由 LOW 发出指令将相关的电动转辙机来回两次试验扳动。如果故障消失,报告行车调度员。

③将 LOW 控制权交回给行车调度员并恢复正常操作。

如果故障未消失进行下面的处理程序 2。

2. 决定执行站线道岔故障处理程序

(1)行车值班员

确定道岔无法扳动后,报告行车调度员该道岔试验操作后仍然不正常,已确定是故障状态。同时利用广播及时向车站乘客通报运营信息。

(2)行车调度员

①接到行车值班员道岔故障的报告后,报告值班主任××站道岔转辙机故障。

②立即通知设备维修调度员派遣维修人员排除故障。

③指示行车值班员按照《站线道岔故障处理程序》执行。

④指示列车司机,为防护道岔加锁人员安全,站务人员已按压站台"紧停"按钮,如在区间停车,则令其原地待令。

⑤指示所有列车司机及车站行车值班员利用广播及时向列车及车站乘客通报运营信息。

(3)司机

①应答行车调度员,已知道车站某道岔不正常,已在站台(或故障道岔)前方停车待令。

②利用广播及时向列车及车站乘客通报运营信息。

3. 人工转换道岔并加锁

(1)行车值班员

按照行车调度员指示,执行《站线道岔故障处理程序》:

①与行车调度员共同确认没有列车在有关的故障地区运行。

②由局部控制台(Local Control Panel,LCP)控制盘发出站台“紧急停车”指令。

③派遣两名站务人员到轨道,把相关道岔的电动转辙机手摇转换到定位,并用钩锁器锁闭道岔在定位。

④对于即将出发的列车,指派另一名站务人员在车站站台前端跟列车司机配合,禁止列车离站。

⑤用 LOW 单独操纵有关进路的其他道岔,予以单锁。

⑥接到站务员道岔加锁完毕的汇报后,报告行车调度员有关的道岔已被人工锁闭在定位方向,其他相关道岔已经进行单独锁闭,构成列车继续安全运行条件。

(2)站务人员

按照行车值班员命令,执行道岔故障人工加锁处理程序:

①把相关的电动转辙机手摇转换到定位并用钩锁器将道岔锁闭,检查全部工具和材料,确保没有任何遗留后,返回车站并向行车值班员报告。

②对于即将出发的列车,另一名站务人员在车站站台前端与列车司机配合,防护轨道工作人员安全。

(3)行车值班员

接到站务员的报告后向行车调度员汇报接车(或发车)进路准备完毕。

4. 指挥列车驶出故障区域

(1)行车调度员

接到行车站值班员进路准备完毕报告,命令列车以 RM 模式动车,驶出故障道岔区域后及时报告。

(2)司机

根据调度命令动车,按照 RM 模式运行,驾驶出故障道岔区域后,及时向行车调度员报告。

5. 全面检查维修

(1)检修人员

①在车站进行维修登记。

②如有需要,在运营时间进入轨道检查,通过行车值班员向行车调度员“要点”登记。

③车站采取足够有效的措施,保障检修人员在轨道作业的安全。

④修复后在车站销点登记,并报告设备维修调度员。

(2)行车调度员

接到维修人员的检查分析后,安排指定时段内(通常是在运营时间以后)进行维修。

6. 设备修复收回 LOW 控制权

(1)行车值班员

设备修复,接管前执行规定的工作程序:

①指示站务人员拆除有关道岔的道岔钩锁器。

②在维修人员的配合下,将电动转辙机转入系统 LOW 操作模式。

③在 LOW 上进行试验操作,确认道岔转辙机工作正常。

④确定站务人员完成工作,返回车站后,把 LOW 控制权交回给行车调度员。

⑤向车站乘客广播,故障排除,恢复正常运营。

(2)行车调度员

①确认有关的电动转辙机已转入系统操作模式后,向行车值班员收回 LOW 控制权。

②报告值班主任,通知所有列车司机和行车值班员系统已经恢复正常运行。

(二)折返线道岔故障应急处理程序

1. 确认故障并下放 LOW 控制权

(1)行车调度员

从 OCC 的 MMI 上察觉到道岔显示长/短闪光。询问相关车站行车值班员该道岔在 LOW 的显示是否与 MMI 相同。

(2)行车值班员

应答行车调度员,车站 LOW 的不正常道岔显示与控制中心一致。

(3)行车调度员

下放 LOW 工作站控制权给车站。

(4)行车值班员

①接收 LOW 工作站控制权。

②确定列车在故障道岔前停车后,在 LOW 上进行两次试验搬动道岔。如果故障消失,报告行车调度员。

③将 LOW 操控权交回行车调度员。

如果故障未消失进行下面的处理程序 2。

2. 决定执行折返线道岔故障处理程序

(1)行车值班员

①报告行车调度员该道岔试验操作后,仍然不正常,已确认造成道岔转辙机故障。

②利用广播及时向车站乘客通报运营信息。

(2)行车调度员

行车调度员确定道岔出现故障后,执行规定的工作程序:

①报告值班主任××站道岔转辙机故障。

②通知维修调度员进行故障分析和排除故障。

③指示车站值班员按照《折返线道岔故障处理程序》执行。

④指示所有列车司机及车站行车值班员利用广播及时向列车及车站乘客通报运营信息。

⑤指示列车司机,为防护道岔加锁人员的安全,现已按压站台“紧停”按钮,如列车在区间停车,立即报告调度员。

(3)司机

①应答行车调度员,已知道车站某道岔故障并在站台停车待令。

②利用广播及时向列车及车站乘客通报运营信息。

3. 人工准备列车进路并指挥列车折返

(1)行车值班员

按照《折返线道岔故障处理程序》进行规定的工作程序:

①由 LCP 发出站台“紧急停车”指令。

②派遣两名站务人员到轨道,根据值班员指令转换道岔并加锁,锁闭完成,及时汇报。

③指派另一名站务人员在车站站台前端跟列车司机配合,禁止列车离站。用 LOW 工作站单独操作有关进路的其他道岔,予以单锁,构成列车继续运行的条件。

④向行车调度员汇报有关的道岔已被人工锁闭在规定方向。其他相关道岔已经进行单独锁闭,构成列车继续安全运行条件。

⑤按照列车进路要求,依次命令站务员人工转换和锁闭道岔,安排列车进行折返运行。

⑥每次折返完成,立即报告调度员。

(2)站务员

按规定程序人工准备列车进路:

①一名站务人员在车站站台前端与列车司机配合,防护两名站务人员进入折返线,进行人工准备进路工作。

②两名进入折返线的站务人员把相关的电动转辙机手摇转换到规定位置,并用钩锁器将道岔锁闭,向值班员报告。

③准备好道岔进路后,在安全位置向列车司机发出动车信号(昼间是拢起的黄色信号旗高举头上左右摇动,夜间是白色灯光高举头上),目送列车通过道岔;留在安全位置,手持无线调度电话,继续在折返线等候扳道命令,直至任务结束;任务结束后,收集全部工具,确保没有遗留任何材料后,返回车站并向行车值班员报告。

(3)行车调度员

命令列车司机在××车站折返线,接受车站值班员车站折返命令,按照站务人员的现场指挥动车,以 RM 模式进出折返线。

(4)司机

报告行车值班员,列车在××车站折返完成,到达出发站台停稳。

4. 完成折返后指挥列车从车站出发

(1)行车调度员

①对每次完成折返的列车,发布向前方按照 ATC 系统方式运行指令。

②折返完成后,命令车站行车值班员准备出发进路。

(2)行车值班员

按行车调度员的指令,在 LOW 上排列站台出发进路。

(3)司机

按照行车调度员的指令,列车向前方按照 ATC 系统方式运行。

5. 全面检查维修

(1)检修人员

①在车站进行维修登记。

②如有需要,在运营时间进入轨道检查,通过行车值班员向行车调度员“要点”登记。

③车站采取足够有效的措施,保障检修人员在轨道作业的安全。

④修复后在车站销点登记,并报告设备维修调度员。

(2)行车调度员

接到维修人员的检查分析后,安排指定时段内(通常是在运营时间以后)进行维修。

6. 设备修复收回 LOW 控制权

(1)行车值班员

设备修复,接管前执行规定的工作程序:

①指示站务人员拆除有关道岔的道岔钩锁器。

②在维修人员的配合下,将电动转辙机转入系统 LOW 操作模式。

③在 LOW 上进行试验操作,确认道岔转辙机工作正常。

④确定站务人员完成工作,返回车站后,把 LOW 控制权交回给行车调度员。

⑤向车站乘客广播,故障排除,恢复正常运营。

(2)行车调度员

①确认有关的电动转辙机已转入系统操作模式后,向行车值班员收回 LOW 控制权。

②报告值班主任,通知所有列车司机和行车值班员系统已经恢复正常运行。

模块四　联锁系统故障的应急处理

任务一　分析并理解联锁系统故障的应急处理程序

【任务书】

1. 了解城市轨道交通联锁系统的基本功能。
2. 掌握联锁系统故障应急处理的方法。

一 相关理论知识

(一)城市轨道交通联锁系统的基本功能

城市轨道交通联锁系统存在很多与传统铁路电气集中系统不同的功能。例如列车运行的三级控制、多列车进路、追踪进路、折返进路、联锁监控区、保护区段和侧面防护等。

1. 列车运行的三级控制

列车进路由进路防护信号机防护,但列车在进路中的运行安全由 ATP 负责,这为城市轨道交通高密度行车提供了前提条件和安全保证。在设计中,ATP 与计算机联锁功能的结合,使计算机联锁的功能得到了加强。

列车运行进路采用三级控制,即 OCC 控制(ATS 自动控制)、远程控制终端控制和车站工作站控制。

OCC 集中控制全线的列车运行(不包括车辆基地内列车的运行控制)。系统根据列车运行时刻表及列车运行状况发出列车运行控制命令,并进行自动调整。在车站设置必要的自动控制功能,控制中心故障时,转入站级控制。城市轨道交通列车进路控制示意图如图 3-18 所示。

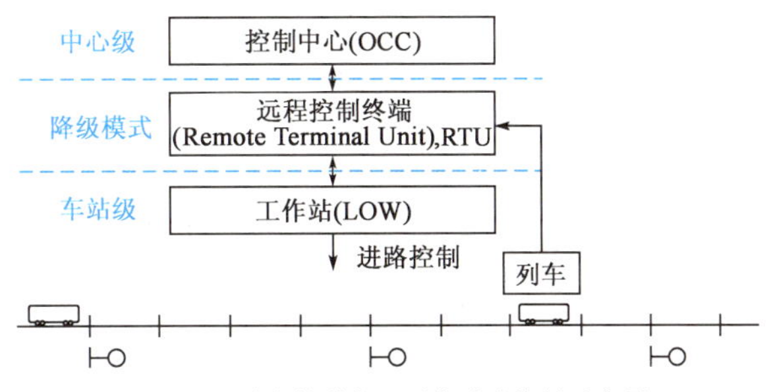

图 3-18　城市轨道交通列车进路控制示意图

(1)中心级控制

中心级控制为全自动的列车监控模式,在该模式下,列车进路设置命令由自动进路设定系统发出,其信息来源于时刻表和列车运行自动调整系统。OCC 调度员也可以人工干预,对列车进行调整,操作非安全相关命令,排列和取消进路。

列车自动选路是 ATS 系统的一部分,其任务是与联锁设备协同,为列车运行自动地排列运行进路。为达此目的,进路自动排列具有这样的功能:其自动操作单元具有自动操作功能,而联锁系统根据来源于 OCC 的自动进路设定系统排列进路指令,负责实际的列车进路排列。

(2)远程控制终端的控制

在 OCC 设备故障或 OCC 与下级设备的通信线路故障时,OCC 将无法对远程控制终端进行控制,此时系统自动地转入列车自动控制的降级模式。在降级模式下,由司机在车上输入目的地码,通过列车上的车次号发送系统发出带有列车去向的车次号信息,远程控制终端自动产生进路控制命令,联锁系统根据来自远程控制终端的进路号排列进路。在这种情况下,系统不具备列车运行自动调整功能,但对于高密度的列车运行,此功能可以节省车站操作人员大量的时间精力。

(3)站级控制

在站级控制模式下,列车运行的进路控制在车站值班员工作站执行。站级控制时,列车进路的设定完全取决于值班员的意图,值班员选择通过联锁区的预期进路。联锁系统检查进路没有被占用,并且没有建立敌对进路,然后自动排列通过联锁区的进路,锁闭进路,在所有条件满足列车的安全运行后开放地面信号机,并允许 ATP 将速度命令传送给列车。信号机的开放表示通过联锁区的进路开通。

2. 多列车进路

传统铁路的列车进路都为单列车进路,而城市轨道交通的列车进路除单列车进路还有多列车进路,这主要是因为城市轨道交通运行间隔小,车流密度大,列车的运行安全由 ATP 系统保护,所以在一条进路中可能出现多列列车在运行。如图 3-19 所示,$S_1 \to S_2$ 为多列车进路,只要监控区空闲,以 S_1 为始端的进路便可以排出,S_1 信号开放。

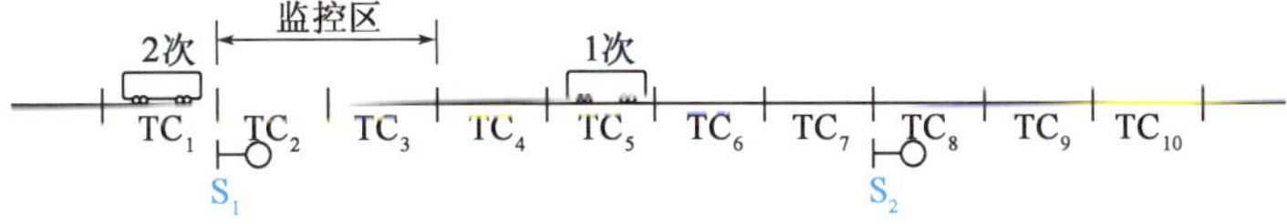

图 3-19　多列车进路示意图

对于多列车进路,当1次列车离开进路始端信号机后的监控区后,可以排列第2条相同终端的进路。第2条进路排出后,1次列车通过进路中的轨道区段必须等到2次列车通过后才解锁。

多列车进路排出后,如果进路中有列车运行,则人工取消进路时,只能取消最后一次排列的进路至前行列车所在位置的进路,其余进路在前行列车通过以后解锁。人工取消多列车进路的前提是:进路的第1个轨道电路必须空闲。

如图3-19所示,$S_1 \to S_2$ 为多列车进路,列车1通过 TC_2、TC_3、TC_4 以后,这3个轨道区段正常解锁,这时,可以排列第2条 $S_1 \to S_2$ 进路,S_1 开放正常绿灯信号。如果1次列车继续前进,则通过区段 TC_5、TC_6、TC_7 后,这3个区段不解锁,只有在2次列车通过这3个区段后才解锁。

3. 追踪进路

追踪进路为联锁系统本身的一种自动排列进路功能。列车接近信号机,占用触发区段(触发区段是指列车占用该区段时引起进路排列的区段,触发区段可能是信号机前方第1个接近区段,也可能是第2个接近区段,触发区段根据线路布置和通过能力而定)时,列车运行所要通过的进路自动排出。追踪进路排出的前提除了满足进路排出的条件外,进路防护信号机还必须具备进路追踪功能。

如图3-20所示,S_3、S_4 具有追踪功能,TC_1、TC_5 分别是以 S_3、S_4 为始端的进路的触发区段,列车占用 TC_1 时,$S_3 \to S_4$ 进路自动排出,S_3 开放。列车占用 TC_5 时,$S_4 \to S_5$ 进路自动排出,S_4 开放。

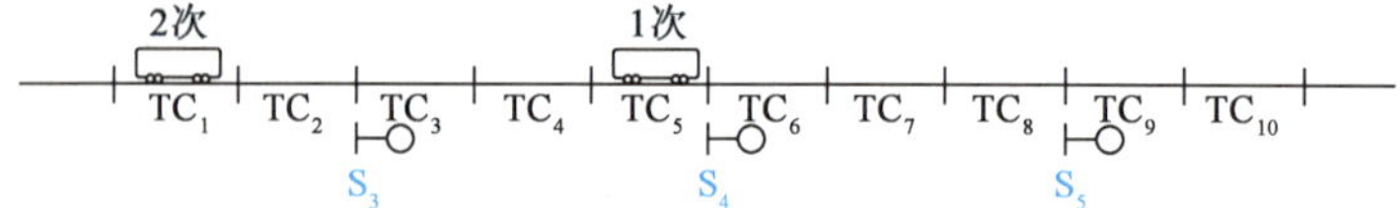

图3-20 追踪进路示意图

当一信号机被预定具有进路追踪功能时,则对一规定进路的进路命令便通过接近表示自动产生。调用命令被储存,一直到信号机开放为止。接近表示将由确定的轨道电路的占用而触发。

当对一信号机接通自动追踪进路时,也可以执行人工操作。若接收到接近表示之前已人工排列了一条进路,则自动调用的进路被拒绝,重复排列进路也不能被储存。

假如排列的进路被人工解锁,则该信号机的自动追踪进路功能被切断。

4. 折返进路

列车折返进路作为一般进路被纳入进路表。通常通过列车自动选路,追踪进路或人工排列的折返进路从指定的折返线开始。

5. 联锁监控区

在铁路上信号机开放必须检查所防护进路的所有区段是否空闲,而在装备准移动闭塞的城市轨道交通中,开放信号机前联锁设备不需检查全部区段,只要检查部分区段,这些被检查的区段叫作联锁监控区段。

联锁监控区段即排列进路时信号机开放所必须空闲的区段,一般为信号机内方两个区段,如监控区段内有道岔,则在最后一个道岔区段后加一区段作为监控区段。监控区段的长度,应足够驾驶模式的转换。

进路设有监控区段时，只要监控区段空闲，进路防护信号机便可正常开放。

列车通过监控区段后自动将运行模式转为ATO自动驾驶模式或SM模式（ATP监督人工驾驶模式），列车之间的追踪保护就由ATP来实现了。

6. 保护区段

为了保证列车的运行安全，避免列车由于某种原因不能在信号机前停住而导致事故的发生，充分考虑了列车的制动距离及线路等因素，在停车点后设置了保护区段，即终端信号机后方的一至两个区段为保护区段。

进路可以带保护区段或不带保护区段排出。如进路短，排列进路时带保护区段；多列车进路无保护区段时，进路防护信号机可以正常开放。

根据设计，保护区段可以在主体信号控制层内受到监督，也可能不在主体信号控制层内受到监督。此外，也有可能在进路排列时直接征用保护区段，或进路先排列，保护区段设置延时直至进路内的接近区段被占用。延时的保护区段设置是一种标准方式，为多列车进路内的每个列车提供保护区段条件。

7. 侧面防护

城市轨道交通的道岔控制全部单动，不设双动道岔，所有的渡线道岔均按单动处理，也不设带动道岔。这些都靠采取侧面防护来防止列车的侧面冲突。侧面防护是为了避免其他列车从侧面进入进路，与列车发生侧面冲突，这类似铁路的双动道岔和带动道岔的处理。

侧面防护可以分成两种：主进路的侧面防护和保护区段的侧面防护。防护主进路的侧面防护叫主进路的侧面防护，防护保护区段的侧面防护叫保护区段的侧面防护。

列车进路需要侧面防护是为了保证其安全的运行进路，侧面防护由防护道岔确保，或者通过显示红色信号来确保。

道岔为一级侧面防护，信号机为二级侧面防护。排列进路时先找一级侧面防护，再找二级侧面防护。无一级侧面防护时，则将信号机作为侧面防护。

侧面防护的任务是，通过操作、锁定和检测邻近分歧道岔，使通向已排运行进路的所有路径均不能建立。侧面防护也可通过具有停车显示和位于有侧面防护要求的运行进路方向的主体信号机来获得。在进路表中已为每一条运行进路设计了侧面防护区域。

如果采用了一个道岔的侧面防护，而道岔的实际位置和所要求的位置不一致时，则应发出一个转换道岔位置的命令。

当该命令不能执行（如道岔因封锁而禁止操作）时，该操作命令将被存储直至要求的终端位置达到为止。否则通过取消或解锁该运行进路来取消该操作命令。

排列进路时，除检查始端信号机外，还检查终端信号机和侧防信号机的红灯灯丝，只有这两种信号机的红灯功能完好，进路防护信号机才能开放。

当要求侧面防护的运行进路解锁时，运行进路侧面防护区域也将解锁。

（二）联锁系统故障的应急处理方法

车站联锁系统是城市轨道交通列车控制系统中的关键安全设备，其工作对象就是线路上的轨道电路、信号机和道岔，该系统按照一定的标准不间断地对这三种元素进行检测，表现出来的结果即为一条进路是否建立或者取消。联锁系统的信息交换对象除了

ATS 外还有轨旁 ATP,只有当联锁系统给出某个轨道电路区段被征用的信号后,轨旁 ATP 才会在该轨道电路区段设定推荐速度,引导列车运行。因此可以看出,车站联锁系统一旦发生故障,ATS 和 ATP 系统将失去数据交换对象,从而导致信号系统的瘫痪。

一旦车站联锁系统发生故障,建立在其基础上的 ATC 系统的功能将立即失效,行车调度员和车站值班员得不到任何关于列车位置、道岔位置、进路锁闭和运行列车的开停状况等安全信息,行车安全将失去设备保障。虽然联锁系统发生故障的概率明显较其他信号类设备故障低,有些城市轨道交通线路开通三四年也没有发生一次,但由于联锁系统故障对城市轨道交通运营秩序影响较大,行车指挥人员必须熟练掌握对联锁系统故障处理的方法。

国内城市轨道交通线路的车站联锁系统除修建较早的线路外,都是采用计算机联锁。城市轨道交通线路一般每三四个车站划分为一个联锁区,每个联锁区设有一个集中站,每个集中站设有联锁计算机,分别控制管理各自联锁区域的安全行车逻辑关系。联锁计算机采用冗余设计,具有很高的可靠性和实用性。

车站联锁系统发生故障时一般会出现某联锁区(或全线)在控制中心 MMI 上无显示、车站 LOW 无显示、通向故障区的进路无法排列、列车在故障区内收不到速度码或产生紧急制动等现象。根据联锁系统故障发生的范围可以将其分为全线联锁设备故障和集中站联锁设备故障两种情况,无论出现哪种情况,基本的处理方法都是行车调度员下达在故障区段按电话闭塞法(或电话联系法)行车的调度命令,在非故障区段行车组织方法不变。联锁系统故障应急处理流程如图 3-21 所示。

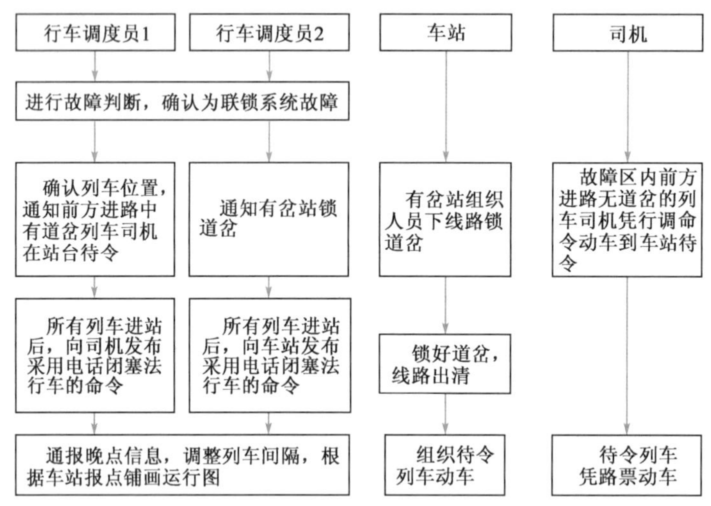

图 3-21 联锁系统故障应急处理流程图

在故障区段按电话闭塞法(或电话联系法)组织行车的过程中,根据列车所处位置的不同具体可分为两种情况。一种情况如图 3-22 所示,0314 次列车在联锁系统故障时停在 D 站上行站台,这时 D 站行车值班员先指派站务员对 D 站—E 站区间的道岔确认位置正确后加锁,再和行车调度员共同确认前方区间和车站空闲满足间隔规定,然后再办理相关手续后发出列车。

另一种情况如图 3-22 中的 0514 次列车,在联锁系统故障时该车停在 E 站—F 站区间,此时行车调度员在弄清该车位置后会命令 0514 次列车司机原地待令,然后通知 F 站派站务员到区间确认道岔位置正确后加锁,在完成道岔加锁、人员出清后再命令 0514 次列车司机以 RM 模式运行至 F 站上行站台待令,0514 次列车到达 F 站上行站台后,F 站行车值班员再按电话闭塞法(或电话联系法)组织行车。

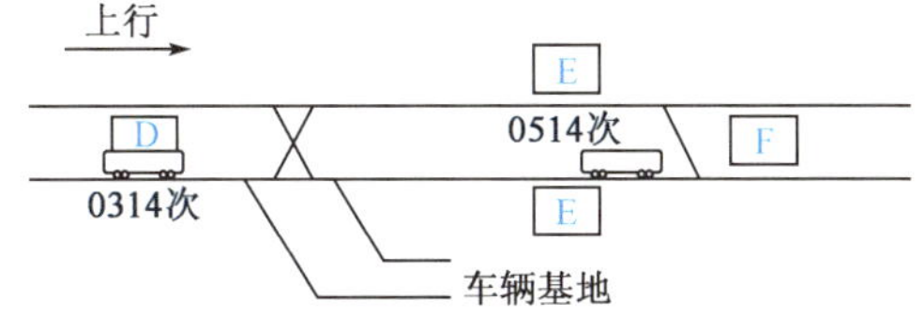

图 3-22　故障区段按电话闭塞法(或电话联系法)组织行车示意图

车站值班员指派站务员对正线道岔加锁时,一般命令站务员将道岔扳至定位加锁。行车调度员和车站行车值班员共同确认按电话闭塞法(或电话联系法)行车的第一趟列车运行前方区间和车站的空闲,行车值班员按电话闭塞法(或电话联系法)的作业程序和邻站行车值班员办理相关手续,使用手信号发车,列车司机在故障区段以 RM[或非限制人工驾驶(Unrestricted Manual,URM)]模式限速运行,有的城市轨道交通运营公司还规定此时要有胜任人员添乘,协助司机瞭望信号以确保行车安全。

联锁系统故障后,由于列车在故障区内只能以 RM(URM)模式运行,车站按电话闭塞法(或电话联系法)办理接发列车,因而对乘客服务的影响很大,尤其是近年来乘客对城市轨道交通服务质量要求越来越高,而联锁系统故障造成的列车延误一般都在 15min 以上,因此联锁系统故障经常造成乘客的退票,对城市轨道交通公司产生较大的负面影响。但越是在这种情况下,行车指挥人员越应将保障乘客安全放在第一位,切不可因为担心乘客退票或投诉而强行提高效率,置行车安全于不顾。

二 相关案例——上海地铁“9·27”事故

2011 年 9 月 27 日下午,上海地铁 10 号线因联锁设备故障采用电话闭塞法组织行车时,相关行车人员没有严格执行作业标准和制度规定,导致列车发生追尾事故,造成 200 多人送医就诊、多人受伤的严重后果,给城市的公共交通管理带来较大的负面影响。

上海地铁“9·27”事故调查组于 2011 年 10 月 6 日公布事故调查结果,认定“9·27”事故是一起造成重大社会影响的责任事故,12 名事故责任人员受到严肃处理。

事故发生后,党中央、国务院十分重视,中央领导同志分别作出了重要指示,时任上海市领导立即赶赴现场,指挥应急救援处置等工作,并到医院看望伤员,了解情况。通过积极努力,事故的应急处置和善后处理工作平稳有序进行。

事故调查组查明,在未进行风险识别、未采取有针对性防范措施的情况下,申通集团维保中心供电公司签发了不停电作业的工作票,并经上海地铁第一运营有限公司同意,9 月 27 日 13:58,上海自动化仪表股份有限公司电工在进行地铁 10 号线新天地车站电缆孔洞封堵作业时,造成供电缺失,导致 10 号线新天地集中站信号失电,造成中央调度列车自动监控红光带、区间线路区域内车站列车自动监控面板黑屏,地铁运营由自动系统向人工控制系统转换。

此时,1016 次列车在豫园站下行出站后显示无速度码,司机即向 10 号线调度控制中心报告,行车调度员命令 1016 次列车以手动限速方式向老西门站运行。14:00,1016 次列车在豫园站至老西门站区间遇红灯停车,行车调度员命令停车待命;14:01,行车调度员开始进行列车定位;14:08,行车调度员未严格执行调度规定,违规发布调度命令。

14:35,1005 次列车从豫园站发车。14:37,1005 次列车以 54km/h 的速度行进到豫园站至老西门站区间弯道时,发现前方有列车(1016 次列车)停留,随即采取制动措施,但由于惯性仍以 35km/h 的速度与 1016 次列车发生追尾碰撞。“9·27”事故示意图如图 3-23所示。

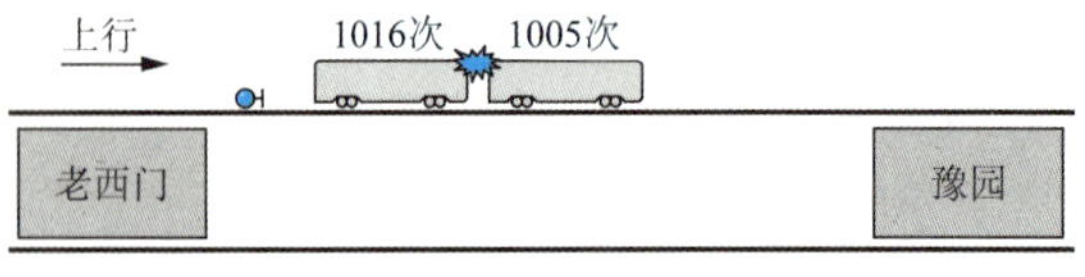

图 3-23　上海地铁“9·27”事故示意图

9·27 事故讨论
(视频来源于网络)

分析思考:“9·27”事故的教训有哪些?

任务二　进行联锁系统故障应急处理演练

【任务书 1】

要求学生能够采用角色扮演法进行城市轨道交通电话闭塞法演练。

一　相关理论知识——城市轨道交通电话闭塞法

城市轨道交通电话闭塞法是当城市轨道交通线路的基本闭塞设备或联锁设备故障不能使用时,由车站行车值班员利用站间行车电话,以电话记录的方式办理闭塞,以维持列车运行的一种代用行车闭塞法,其主要的作用就是当设备因故障而无法保证列车运行的安全间隔时,通过人工的方式拉开同向运行的两列车之间的间隔,维持列车运行。

城市轨道交通电话闭塞法是在没有机械、电气设备控制的条件下,仅凭站间行车电话联系来保证城市轨道交通列车行车间隔的,由于安全程度较低,只能是一种临时代用的行车闭塞法。改用电话闭塞法行车,应有行车调度员发布的调度命令,并严格按照规定的作业办法与要求办理。

在国内城市轨道交通运营单位中使用的电话闭塞法有“两站两区间”和“一站两区间”等不同的模式。本模块以“两站两区间”为例对城市轨道交通电话闭塞法在行车组织工作中的运用进行阐述。

“两站两区间”对于一般车站的含义如图 3-24a)所示,B 站行车值班员只有在接车进路准备完毕,前方 2 次列车出清 C 站站台后才能同意 A 站 1 次列车的闭塞,并和 A 站行车值班员办理相关手续;对于折返站的含义如图 3-24b)所示,B 站行车值班员只有在接车进路准备完毕,前方 2 次列车已完成折返后才能同意 A 站 1 次列车的闭塞,并和 A 站行车值班员办理相关手续。当 1 次列车到达 B 站后,由于没有临站,所以列车进出折返线不需要办理路票,行车值班员只要安排有关人员将折返进路上的道岔人工加锁后,列车即可进行折返。需要说明的是,此处的作业方法类似于模块三“道岔故障的应急处理”中提到的道岔故障的处理方法,但区别在于道岔故障中锁道岔人员只是对故障道岔加锁且向列车显示的是道岔开通手信号,而此处锁道岔人员应将折返进路上的所有道岔都加锁,且向列车显示的是发车手信号。

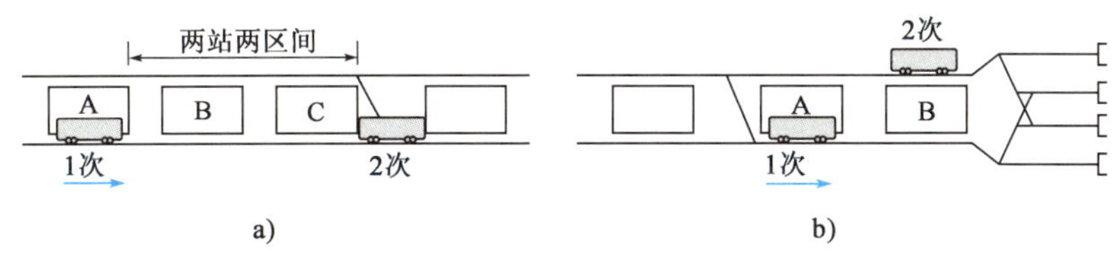

图 3-24 “两站两区间”示意图

当单个联锁区联锁设备故障，故障区车站向相邻非故障区车站发车时，办理电话闭塞采用的是“一站两区间”的模式，这是因为列车出故障区后可以恢复正常运行模式，行车安全得到足够保证。如图 3-25 所示，B 站行车值班员在 B 站站台和 A 站—B 站区间空闲，B 站接车进路准备完毕后，即可同意下行 2 次列车闭塞。但需要注意的是，当 3 次列车从非故障区的 B 站上行站台向故障区的 C 站发车，由于发车时就要采用切除 ATP 的人工驾驶模式，所以仍然需和前行的 4 次列车保持“两站两区间”的行车间隔。

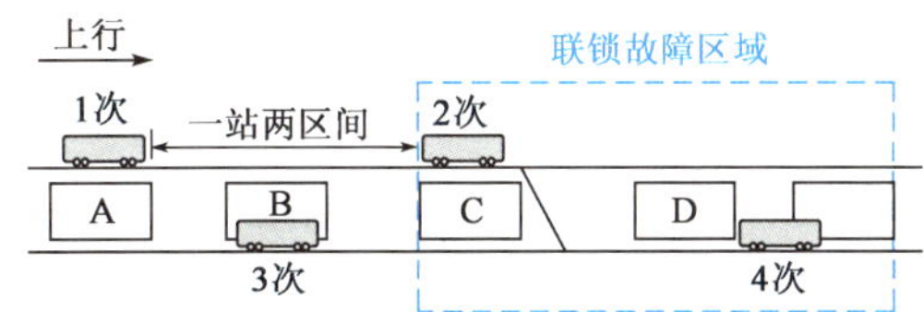

图 3-25 单个联锁区故障时“一站两区间”示意图

改用电话闭塞法（或电话联系法）或恢复基本闭塞法行车，必须要有行车调度员命令。在停止使用基本闭塞法，改用电话闭塞法（或电话联系法）行车时，控制权下放，实行车站控制，即由车站行车值班员办理接发列车作业。由于电话闭塞法（或电话联系法）行车时无设备控制，为了防止因疏忽向占用区间发车，造成同向列车追尾，要求车站行车值班员在接发列车作业过程中，严格按照规定的作业程序进行，以确保接发列车作业安全。

应该指出，由于设备条件不同，在国内各城市轨道交通运营企业颁布的《行车组织规则》和有关规定中，有关电话闭塞法行车的作业程序与办法并不相同，此处叙述一般办理电话闭塞的作业程序与办法：

1. 办理闭塞

由发车站向接车站请求闭塞，接车站在确认接车区间、接车线路空闲，接车进路准备妥当后，向发车站发出承认某次列车闭塞法的电话记录号码。

所谓进路是指列车到达、出发或通过所需占用的一般站内线路，进路准备妥当是指列车进路空闲、有关道岔位置正确和影响列车进路的调车作业已经停止。

2. 发出列车

发车站接到接车站承认闭塞的电话记录号码后，向列车显示手信号发车。列车出发后，发车站向接车站通报列车车次、出发时分，并向行车调度员报点。填写《行车日志》。

3. 闭塞解除

列车整列到达并发出或进入折返线，以及接车进路准备妥当后，接车站可向发车站发出到达列车闭塞解除电话记录号码，并向行车调度员报点。填写《行车日志》。

4. 取消闭塞

闭塞办妥后，因故不能接车或发车时，立即发出停车手信号进行防护，由提出一方发出电话记录号码作为闭塞取消的依据。列车由区间退回发车站时，由发车站发出电话记录号码作为闭塞取消的依据。取消闭塞应及时向行车调度员报告。

5. 行车凭证

电话闭塞法行车时，列车占用区间的行车凭证是路票，凭助理行车值班员的手信号发车。

下面以"两站两区间"的行车间隔为例，详细说明电话闭塞法接发列车的作业程序，表3-2为电话闭塞法的发车作业程序，表3-3为电话闭塞法的接车作业程序。

电话闭塞法发车作业程序 表3-2

程　序	作业标准	
	值班站长	值班员
一、请求闭塞	1. 根据《行车日志》、调度命令确认区间线路空闲（第一趟列车与行车调度员、接车站共同确认）	
	2. 向前方站请求闭塞："××次请求闭塞"	
二、准备发车进路	3. 布置值班员："准备××次×道（上/下行线）发车进路"	4. 复诵"准备××次×道（上/下行线）发车进路"
	6. 听取汇报，复诵"××站××次×道（上/下行线）发车进路好了（线路出清）"	5. 将进路上的道岔开通正确位置并加锁，确认正确后，向值班站长报告"××次×道（上/下行线）发车进路好了（线路出清）"
三、办理闭塞	7. 复诵"电话记录××号，同意××次闭塞"	
	8. 填写《行车日志》	
	9. 布置行车值班员填写路票	10. 根据值班站长命令填写路票并向值班站长复诵
	11. 指示行车值班员向司机交付路票后显示发车信号	12. 向司机交付路票后，确认乘客上下完毕，列车车门关闭后向司机显示发车信号
四、列车出发	14. 复诵"××次出发"，填写《行车日志》	13. 列车出清站台区后，向车控室报"××次出发"
	15. 列车出发后，向前方站（接车站）（行车调度员）报点："××次××分开。"当列车尾部越过站台头端墙后，向后方站报点："电话记录××号××次××分开。"开通区间	
五、开通区间	16. 复诵前方接车站"电话记录××号××次××分开"，填写行车日志，开通区间	

电话闭塞法接车作业程序　　表3-3

程　　序	作业标准	
	值班站长	值班员
一、听取闭塞车请求	1.听取后方站发车请求，复诵"××站××次请求闭塞"	
	2.根据《行车日志》(或通过LOW、CCTV)、调度命令确认站内线路空闲和区间线路空闲(第一趟列车与行车调度员、发车站共同确认)	
	3.根据《行车日志》确认前方站线路空闲和区间线路空闲(第一趟列车与行车调度员、前方站共同确认)	
二、检查及准备进路	4.布置值班员(站务员)："检查×道，准备××次×道(上行或下行线)接车进路"	5.复诵"检查×道，准备××次×道(上行或下行线)接车进路"
	7.听取汇报后，复诵"××次×道(上行或下行线)接车进路好了(线路出清)"	6.将进路上的道岔开通正确位置并加锁，向值班站长报告"××次×道(上/下行线)接车进路好了(线路出清)"
三、同意闭塞	8.通知发车站"电话记录××号×分同意××次闭塞"，填写《行车日志》，准备接车	
四、接车	9.听取发车站的发车通知，复诵"××次××分开"，填写《行车日志》，并向前方站请求闭塞	
	10.布置值班员"××次开过来了，准备接车"	11.复诵"××次开过来了，准备接车"。监视列车进站停车
	13.复诵"××次到达"，填写《行车日志》，向行调报点	12.列车对位停车后，向值班站长报"××次到达"
五、开通区间	14.列车本站开出后，向发车站报点："电话记录××号××次××分开"。开通区间	

部分城市轨道交通公司在车站联锁系统故障时采用的是电话联系法而非电话闭塞法行车，电话联系法的作业程序与电话闭塞法基本相同，主要区别是采用电话联系法办理发车作业时，值班站长在填写完路票后不用将路票交给司机，而只需将电话记录号码通知司机后即命令其动车，列车占用区间的凭证是电话记录号码，这样作业程序得到了简化。

【任务书2】

1.在熟练掌握城市轨道交通电话闭塞法的前提下，根据下列"联锁系统故障的应急处理综合演练方案"采用角色扮演法进行配合演练。

2.如图3-26所示，在某城市轨道交通线路运营过程中，E站联锁区突发联锁系统故障暂时无法排除，请根据在模块四中学到的相关知识，编写E站联锁区联锁系统故障应急处理综合演练方案，并分角色进行配合演练。

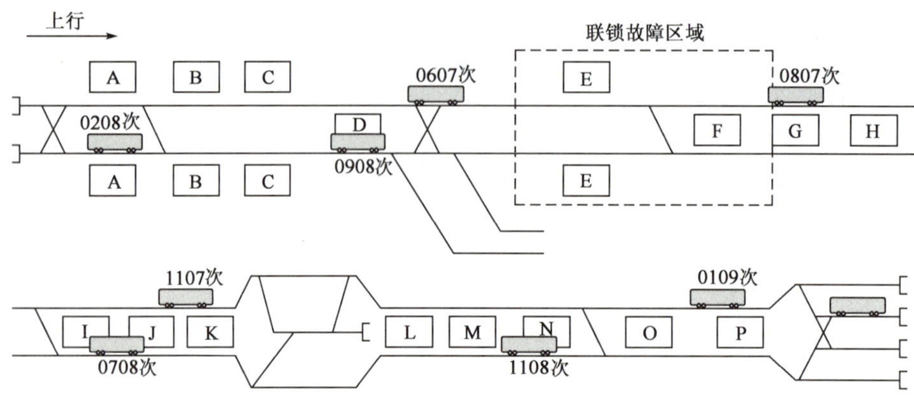

图 3-26 某线路联锁系统故障示意图

二 联锁系统故障的应急处理综合演练方案

(一)故障概要

某日上午平峰时某城市轨道交通线路上线 11 列车,行车间隔 7min32s。10:20,控制中心监控设备显示 P 站联锁区故障,同时 N 站、O 站、P 站报联锁设备故障,该区段 1206 次列车在区间紧急制动,0609 次列车在 O 站站台收不到速度码,经人工排路试验后行车调度员判断为 P 站联锁区故障,设备维修调度员组织维修人员紧急抢修,行车调度员采用电话闭塞法组织行车,20min 后故障排除,恢复正常运营。

(二)演练经过

10:20 行车调度员发现监控设备上 P 站联锁区故障,立即通知设备维修调度员及值班主任。

10:20 N 站、O 站、P 站报:本站联锁设备故障。

10:20 行车调度员 1:各站加强观察。(N 站、O 站、P 站复诵)

10:20 1206 次列车司机报:1206 次在 O 站—P 站区间紧急制动,列车无速度码。

10:20 0609 次列车司机报:0609 次在 O 站下行站台收不到速度码,无法动车。

10:20 行车调度员 2:0609 次 O 站下行待令。1206 次确认前方进路,以 RM 模式动车,进入 P 站待令。0908 次 M 站多停 2min。各车做好乘客安抚工作。0908 次复诵,行调 02。(0908 次列车司机复诵)

10:21 行车调度员 2 在控制中心 ATS 设备上试验从 M 站向 N 站排列进路,进路不能排列,判断为 P 站联锁区故障。

10:21 行车调度员 2 向值班主任报告:P 站联锁区联锁设备故障。1206 次停在 O 站—P 站区间,0609 次在 O 站下行站台无速度码。

10:21 值班主任:各调,现 P 站联锁区联锁设备故障,现启动联锁设备故障应急处理程序。

10:22 设备维修调度员通知信号检修人员到故障区段检修。P 站联锁区联锁设备故障示意图如图 3-27 所示。

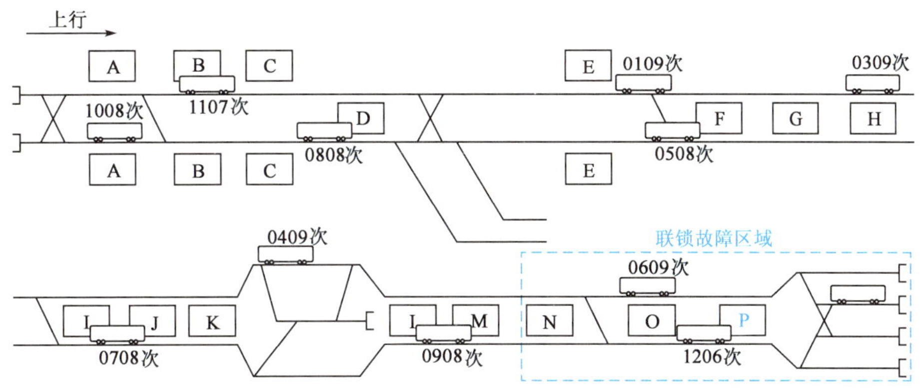

图 3-27　P 站联锁区联锁设备故障示意图

10:22　行车调度员 2:1206 次、0609 次列车汇报目前位置。

10:22　司机报:1206 次停在 P 站上行站台、0609 次停在 O 站下行站台。(行车调度员 2 人工铺画列车运行图)

10:22　行车调度员 2:全线列车注意,由于 P 站联锁区联锁设备故障,各次列车在各站多停 30s。自 10:22 起,M 站—P 站间采用电话闭塞法组织行车,上行列车自 M 站开出时自行切除 ATP,采用 URM 模式动车,下行列车到达 M 站时恢复 ATP 运行。P 站固定采用Ⅳ道折返,0908 次司机复诵。行调 02。(0908 次列车司机复诵)

10:22　行车调度员 1:全线各站注意,由于 P 站联锁区联锁设备故障,各次列车在各站多停 30s。自 10:22 起,M 站—P 站间采用电话闭塞法组织行车,列车 URM 模式动车。M 站准备站务员登乘列车引导。P 站固定采用Ⅳ道折返。P 站做好人工办理进路及使用钩锁器锁闭道岔准备。各站加强乘客服务工作,P 站复诵。行调 01。(P 站复诵)

10:23　行车调度员 1:N 站、M 站共同确认上行区间是否空闲。N 站、O 站共同确认下行区间是否空闲。

10:23　N 站、M 站:上行区间空闲。N 站、O 站:下行区间空闲。

10:24　P 站报:人工办理进路及使用钩锁器锁闭道岔准备完毕。

10:24　行车调度员 2:0609 次、0908 次按电话闭塞法行车,前方区间空闲。O 站准备站务员登乘列车引导。1206 次折返到下行站台。0609 次复诵。行调 02。(0609 次列车司机复诵)

10:24　M 站与 N 站办理电话闭塞,O 站与 N 站办理电话闭塞。

10:25　0609 次、0908 次收到路票后,凭人工信号动车,O 站、M 站各派 1 名站务员登乘列车。

10:26　P 站人工办理进路,1206 次折返到下行站台。

10:27　0609 次、0908 次到达 N 站(图 3-28),N 站报点,行车调度员 2 铺画列车运行图。

10:27　N 站与 O 站办理 0908 次电话闭塞,与 M 站办理 0609 次电话闭塞。

10:28　0609 次、0908 次收到路票后,凭人工信号动车。N 站报点。

10:29　0609 次出站后,P 站与 O 站办理 1207 次电话闭塞。

10:30　1207 次收到路票后,凭人工信号动车。P 站派 1 名站务人员登乘列车。

10:31　0609 次到达 M 站,站务人员下车,列车恢复 ATO 驾驶模式。0908 次到达 O 站(图 3-29)。

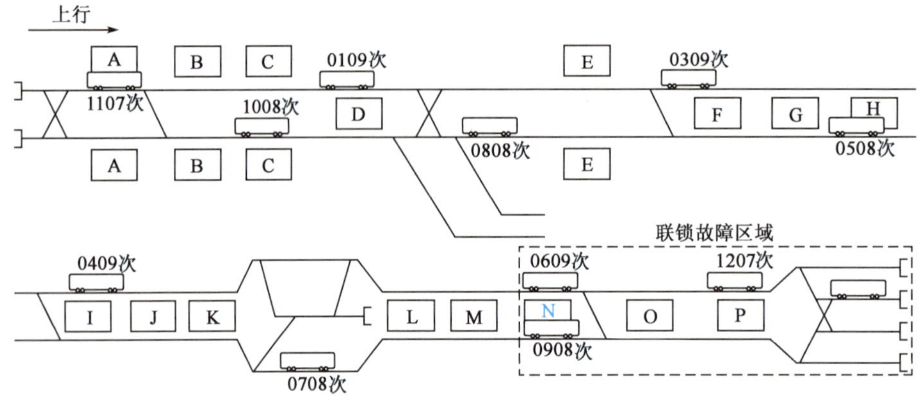

图 3-28　0609 次、0908 次到达 N 站示意图

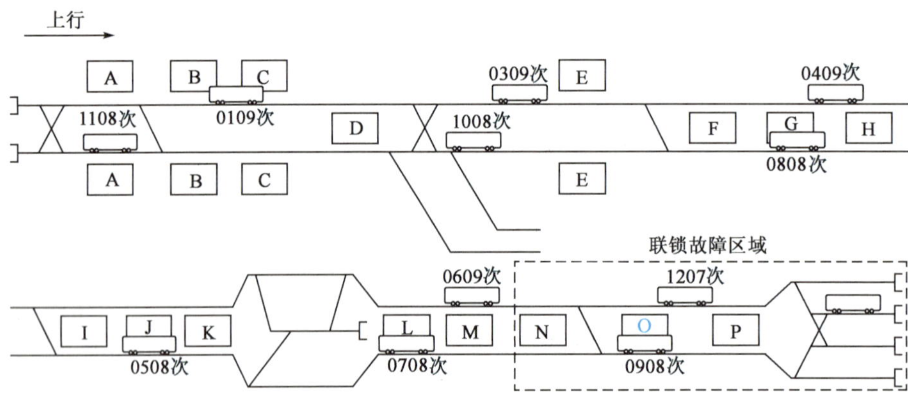

图 3-29　0908 次列车到达 O 站示意图

10:32　经信号专业人员抢修,控制中心 P 站联锁区联锁设备恢复正常,N 站、O 站、P 站报:联锁设备恢复正常。

10:33　信号检修人员报设备维修调度员:机房主板损坏,已更换完毕,现 P 站联锁区联锁设备恢复正常。

10:33　行车调度员 2:全线列车注意,P 站联锁区已恢复正常,现决定全线恢复正常行车,前发电话闭塞法行车命令取消。M 站—P 站区段内列车恢复 ATP 运行。0908 次复诵。行调 02。(0908 次列车司机复诵)

10:33　行车调度员 1:全线各站注意,P 站联锁区已恢复正常,现决定全线恢复正常行车,前发电话闭塞法行车命令取消。P 站复诵。行调 01。(P 站复诵)

10:34　行车调度员开始进行运营调整。

(三)演练总结

处理本次故障时,行车调度员采用了扣车、增加停站时间等调度调整方式,并根据实际情况采用电话闭塞法组织行车,人工办理折返进路,并通知司机及车站加强服务,将故障影响降到最低程度。

需要强调的是,对于故障初期停在区间的列车,行调必须在命令其进站停车后再次确认列车的位置,只有当所有列车都进站停车后才能发布采用电话闭塞法行车的命令,也就是说绝不能在有车未到车站的情况下就命令采用电话闭塞法行车,这也是上海地铁“9·27”事故给我们的沉痛教训。

模块五　ATS 系统故障的应急处理

任务一　分析并理解 ATS 系统故障的应急处理程序

【任务书】

1. 了解城市轨道交通 ATS 系统的基本组成和功能。
2. 掌握 ATS 系统故障的应急处理方法。

一 相关理论知识

(一)ATS 系统的基本组成和功能

ATC 系统中的 ATS 子系统(以下称为“ATS 系统”)主要实现对列车运行的监督和控制,包括:列车运行情况的集中监视、自动排列进路、自动列车运行调整、自动生成时刻表、自动记录列车运行实迹、自动进行运行数据统计及自动生成报表、自动监测设备运行状态等,辅助调度人员对全线列车进行管理。

1. ATS 系统的基本组成

ATS 系统由控制中心设备、车站设备、车辆基地设备、列车识别系统及列车发车计时器等组成。因用户要求不同,ATS 的硬件、软件配置差别很大。ATS 系统控制中心设备即中央监控系统,列车和线路设备的信息通过轨旁 ATP 和 SICAS 汇总到联锁站远程终端单元(RTU),然后所有的 RTU 将信息上传至中央监控系统进行处理,中央监控系统将处理结果分配到各个 RTU,RTU 再反馈给 SICAS 或轨旁 ATP,形成一个信息环流,如图 3-30所示。

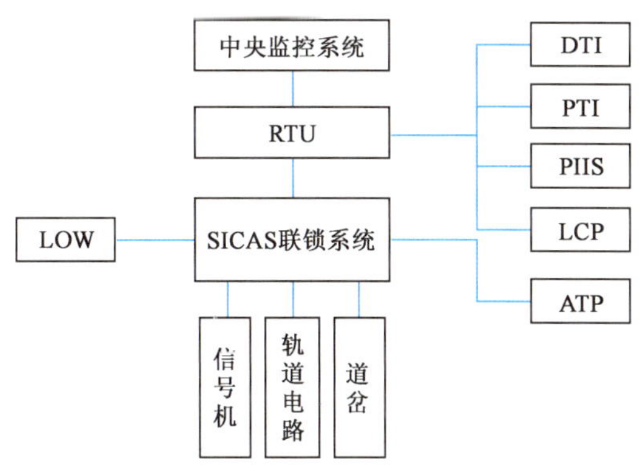

图 3-30　西门子 ATS 系统结构框图

(1)控制中心设备

控制中心设备属于 ATS 系统,是 ATC 的核心。其主要用于状态表示、运行控制、运行调整、车次追踪、时刻表编制及运行图绘制、运行报告、调度员培训、与其他系统的接口。其设备组成如图3-31所示。

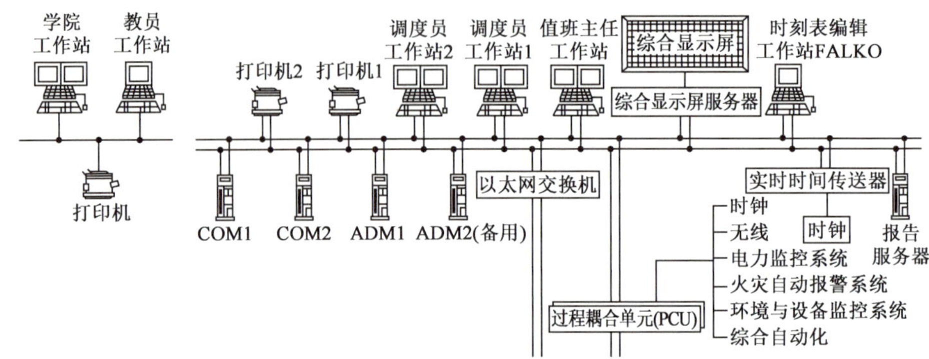

图3-31　ATS系统控制中心设备

控制中心ATS设备主要包括：中心计算机系统、综合显示屏、调度员及值班主任工作站、运行图工作站、培训/模拟工作站、绘图仪和打印机、维修工作站、UPS及电池。其中，综合显示屏、调度员及值班主任工作站设于主控制室，控制主机、通信处理器、数据库服务器，维修工作站设于设备室，运行图工作站设于运行图室，绘图仪和打印机设于打印室，培训/模拟工作站设于培训室，UPS设于电源室，蓄电池设于蓄电池室。

(2)车站设备

ATS系统的车站设备在集中联锁站和非集中联锁站不完全相同。

①集中联锁站设备。集中联锁站设有一台ATS分机，是ATS与ATP地面设备和ATO地面设备接口，用于连接联锁设备和其他外围系统，采集车站设备的信息，传送控制命令，使车站联锁设备能接收ATS系统的控制，以实现车站进路的自动控制。为从联锁设备取得所需数据，配备了采用可编程控制器的RTU。RTU采用模块化设计，扩展十分容易。它还控制站台上PIIS的列车目的地显示器、列车到发时间显示器和发车计时器(Departure Time Indicator，DTI)。

②非集中联锁站设备。非集中联锁站不设ATS分机。非集中联锁站的PTI、乘客导向系统(Passenger Information and Indication System，PIIS)和DTI均通过集中联锁站的ATS分机与ATS系统联系。有岔非集中联锁站的道岔和信号机由集中联锁站的计算机控制，通过集中联锁站的ATS分机接收ATS系统的控制命令。

(3)车辆基地设备

车辆基地设一台ATS分机，用于采集车辆基地内存车线的列车占用及进/出车辆基地的列车信号机的状态，在OCC显示屏上给出以上信息的显示，以便OCC、车辆基地值班员及车辆管理人员了解基地内停车线列车的车次及车组运用情况，正确控制列车出入。

车辆基地派班室和信号楼控制台室各设一台终端，与车辆基地ATS分机相连，根据来自OCC的实际时刻表建立车辆基地作业计划。

车辆基地联锁设备，通过ATS分机与OCC交换信息，实现段内运行列车的追踪监视，为车辆基地与OCC间提供有效的传输通道，距离较长时用Modem。

(4)列车识别系统(PTI)

PTI设备是ATS车次识别及车辆管理的辅助设备，由地面查询器环路和车载应答器组成。地面查询器环路设于各站。PTI设备用于校核列车车次号。当列车经过地面查询器时,地面查询器可采集到车载应答器中设定的列车车次号,并经车站 ATS 设备送至 OCC,校核是否与中心计算机列车计划中的车次号一致,若不相同则报警并进行修正。

(5)列车发车计时器(DTI)

DTI 设备设于各站,为列车运行提供车站发车时机、列车到站晚点情况的时间指示,提示列车按计划时刻表运行。正常情况下,在列车整列进入站台后,按系统给定站停时间倒计时显示距计划时刻表的发车时间,为零时指示列车发车;若列车晚点发车,则 DTI 增加停站时间的计时。在特殊情况下,若实施了站台扣车控制,DTI 给出“H”显示;如有提前发车命令,DTI 立即显示零;列车通过车站时 DTI 显示“=”。

2. ATS 系统的基本功能

(1)自动列车跟踪

列车追踪系统监视受控区域内列车的移动。不论是自动还是人工方式,每列列车与一个列车车次号相关联。当列车由车辆基地进入正线运行时,ATS 系统根据计划时刻表自动给该列车加入车次识别号。根据对来自联锁设备的信息的推断,随着列车的前进,列车车次号在列车追踪系统中从一个轨道区段单元向下一个轨道区段单元移动。列车移动在调度员工作站上的车次号窗内以列车识别号显示出来,车次号按先到先服务的原则显示。

(2)自动排列进路

通过列车进路系统,实现了进路的自动排列,这可以节约调度员大量的操作工作量。其功能就是将进路排列指令及时地输出到联锁设备中。

(3)时刻表系统的功能

时刻表系统的主要功能包括:时刻表数据管理;向其他 ATS 功能模块提供时刻表数据;向外部系统提供时刻表数据;为停站时间时刻表的在线装载设置界面;为时刻表的离线修改设置界面;为使用中的时刻表增加或删除一个列车行程设置界面;按自动列车追踪请求安排列车识别号。

(4)列车自动调整

由于许多随机因素的干扰,列车运行难免偏离基本运行图,尤其是在列车运行密度高的城市。一辆列车晚点往往会波及许多其他列车。当出现车辆故障或其他情况时,列车运行紊乱程度更加严重,这就需要从整体上大范围地调整已紊乱的运行秩序,尽快恢复运行。人工调整很难尽善尽美。

(5)控制和显示

当调度员通过键盘等输入命令时,列车控制和显示功能将驱动显示和报警监视器,提供运行状态和历史信息,检查从现场返回的所有状态数据并按要求动态地更新显示和报警消息。允许调度员在授权的情况下,人工向系统输入命令,调用各种显示。处理所有调度员的输入以及协调这些输入的执行。控制和显示功能不允许不能执行的自动控制请求。

(6)记录功能

按顺序和类别存档从其他 ATS 功能得到的信息,例如操作信息和错误信息。能够通过 MMI 功能检查记录。记录序列存放在 MMI 工作站上,必要时能够回放。

(7)列车运行图显示

ATS 系统通过列车运行图显示功能可执行下列操作:显示实际运行图、显示计划运行图、设置运行图颜色、放大部分运行图、调出时刻表。

在实际运行图中可以同时显示当天计划运行图,以及当天的相应计划运行图与实际运行图的偏差。实际运行图与相应计划运行图用不同的颜色对比显示。

(二)ATS 系统故障的应急处理方法

ATS 系统故障时可能出现的现象有:控制中心 MMI 无显示,但车站 LOW 有显示,在车站 LOW 上可以人工排路;控制中心 MMI 有显示,但出现较多错误车次导致进路无法自动排列,在 MMI 及 LOW 上可以人工排路。

当控制中心 ATS 系统发生故障时,行车调度员会要求车站的行车值班员确认车站 LOW 显示是否正常,当确认仅为控制中心 ATS 系统发生故障后,行车调度员会下放 LOW 控制权给车站,并要求车站的行车值班员监视各自区域的列车运行状况,车站行车值班员应确认 LOW 工作站上的车站级自动运行模式是否激活,如果车站级自动运行模式能激活,则列车运行基本不受影响。如果车站级自动运行模式不能激活,行车值班员则要在 LOW 上直接手动操作排列列车进路,并控制列车停站时间。此时,司机根据行车调度员要求采用 SM 或 ATO 模式谨慎驾驶。在维修人员排除故障后,行车调度员通知车站行车值班员收回 LOW 控制权,随后通知相关人员恢复正常运营。

由于 ATS 故障是调度中央系统的模块出现故障,导致了列车无法按制定的运营时刻表分配的车次运行,或者说列车在没有时刻表的情况下运行,这时行车指挥人员的重点工作是及时调整列车运行,减少故障导致的列车运行的不可控性,最大限度地控制列车运行间隔,实现对列车运营服务影响的最小化。

二 相关案例——某城市轨道交通线路 ATS 故障

某日 7:51　行车调度员发现 E 站—J 站联锁区 MMI、大屏灰显,随即询问 E、F、I 等站 LOW 是否正常,车站回复正常,行车调度员初步判断为 E 站—J 站联锁区 ATS 故障,如图 3-32所示。

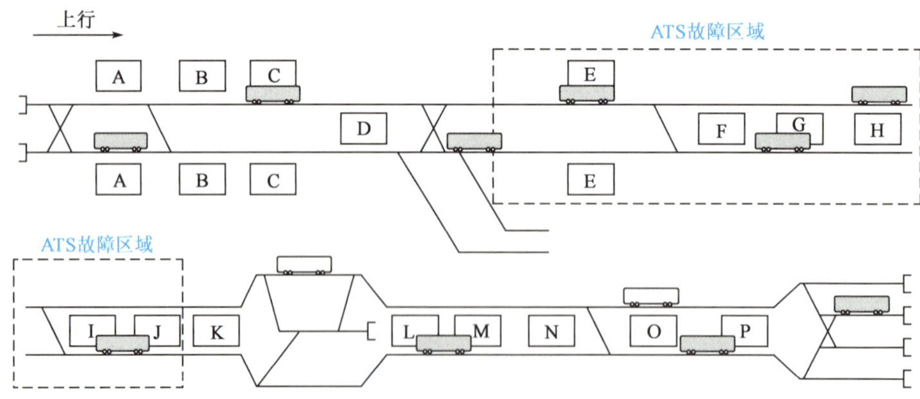

图 3-32　E 站—J 站联锁区 ATS 故障示意图

7:52　MMI、大屏恢复正常,E 站—J 站联锁区 ATS 故障排除。

7:54　E 站—M 站联锁区 MMI、大屏再次灰显,车站 LOW 显示正常,行车调度员判断为E站—M站联锁区ATS故障,如图3-33所示。

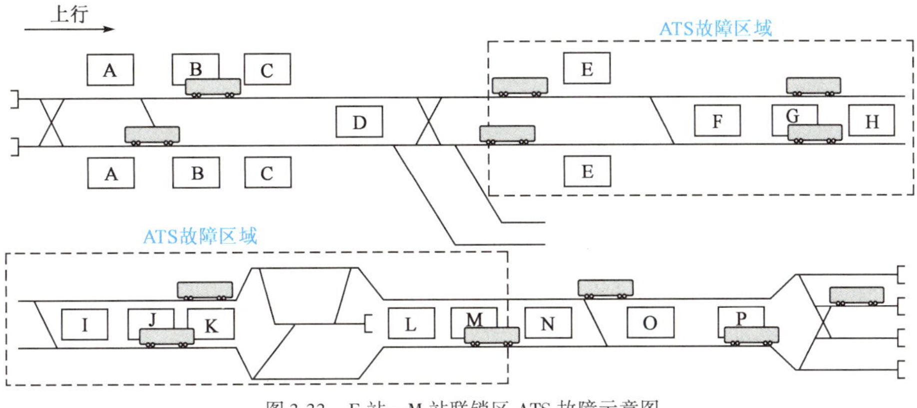

图3-33 E站—M站联锁区ATS故障示意图

8:02 MMI、大屏恢复正常,E站—M站联锁区ATS故障排除。

8:33 行车调度员发现MMI、大屏全部灰显,各联锁站LOW显示正常,控制中心启动中央ATS故障应急处理程序。

8:33 行车调度员通知各联锁站中央ATS故障,各站强行站控,加强对列车运行的监控,并注意列车运营停车点。同时行车调度员要求车站向司机传达故障信息,若出现车辆故障,由车站向行车调度员报告。在通知各联锁站强行站控时,行车调度员都与各站确认了联锁站的联锁设备正常,站间电话正常,RTU降级模式激活。要求各站按照ATS故障的程序处理。

8:34 行车调度员通知全线列车司机中央ATS故障,要求司机按中央ATS故障组织行车。

8:48 MMI、大屏恢复正常,中央ATS故障排除。行车调度员对列车间隔进行调整,同时全呼线上列车司机,要求司机向行车调度员汇报故障期间列车运行及停车情况。

任务二 进行ATS系统故障应急处理演练

【任务书】

1. 理解“ATS系统故障应急处理程序”编制的原则和基本思路。

2. 根据“ATS系统故障应急处理程序”编写相应单项演练方案,并采用角色扮演法分组进行配合演练。

一 ATS系统故障的应急处理程序

当ATS系统故障时,各运营相关岗位的人员一般应按照以下程序进行处理。

(一)确认故障并下放LOW控制权

1. 行车调度员

(1)监视控制中心的MMI,发现出现各种非正常现象,这些现象包括MMI屏幕的显示较长时间得不到更新、MMI较长时间没有回应所输入的控制命令。

(2)对故障进一步确认,例如尝试以手动模式从MMI上排列进路,检查是否可以得到正确反应。

(3)询问车站,LOW 显示是否与 MMI 信息一致。

(4)向某次列车司机查问列车所在位置并以此查证 MMI 上列车信息。

2. 司机

列车司机在行车调度员要求下,汇报列车所在的位置并查看列车前方的进路情况。

3. 行车值班员

各有关车站行车值班员应答和向行车调度员报告:LOW 的显示状态和列车动态信息的更新、有关报警窗口内容。

4. 行车调度员

(1)向值班主任汇报 ATS 系统发生故障。

(2)要求设备维修调度员迅速派人检查和排除故障。

(3)通知有关受影响区域的相关车站值班站长并下放 LOW 控制权。

(4)通知所有相关列车司机。

(5)指示各有关车站值班站长监视各管辖范围内的列车运行状况。

5. 行车值班员

受影响车站的行车值班员接收 LOW 控制权后按行车调度员的要求监视各列车的运行状况并向控制中心汇报。

6. 检修人员

设备维修调度员派遣维修人员开展故障检查与抢修。

(二)启动车站级自动运行模式

1. 行车值班员

受影响车站的行车值班员启动车站级自动运行模式(即“后备模式”),如果“后备模式”激活,行车值班员立即报告行车调度员,并加强列车监控,不需要介入操作。

2. 行车调度员

(1)行车调度员听取行车值班员有关 LOW 的“后备模式”是否激活汇报。

(2)询问各受影响区域列车司机的列车号码是否正常,并指导司机设置正确车号。

3. 司机

列车司机应行车调度员的要求检查列车号码。发现不正确车号,在行车调度员的指导下予以更正。

(三)车站手动排列列车进路

1. 行车值班员

(1)如果没有激活“后备模式”,行车值班员要在 LOW 进行直接手动操作排列列车进路,并根据行车调度员要求调节停站时间,控制和管理站台停车点的释放。

(2)监视车站 LOW 管辖范围内的列车运行状况。

(3)向行车调度员报列车停开时间。

2. 行车调度员

(1)行车调度员监督正线列车的运行状态,要求各司机报告列车运行状态。

(2)根据列车晚点情况,通知行车值班员调节车站停站时间,必要时组织越站运行。

(3)根据列车晚点情况,通知司机手动区间赶点。

(4)根据车站报告列车停开时间,绘制实时运行图。

3. 司机

各列车司机根据行车调度员的要求采用 SM/ATO 模式谨慎驾驶。

(四)故障排除收回 LOW 控制权

1. 检修人员

通过设备维修调度员通知值班主任和行车调度员故障已排除,并进行维修销点登记。

2. 行车值班员

有关车站行车值班员向控制中心交回 LOW 控制权。

3. 行车调度员

(1)收回有关车站 LOW 控制权,并在 MMI 上进行如下检查:确定 ATS 系统已能及时更新列车位置的信息、可以手动在 MMI 上排列进路、与列车司机核对列车车次号码正确,在检查无异常情况后确认 ATS 故障已排除。

(2)确认故障排除后报告值班主任,并通知车站值班员故障已经排除,系统恢复正常运行工作。

4. 司机

有关列车司机按行车调度员要求核对列车车次号码。

二 相关技术文件摘录:某地铁公司 SICAS 和 ATS 信号故障应急预案

(一)总则(略)

(二)组织体系及职责(略)

(三)应急处置

1. 事故类别

(1)一级事故

发生全线 SICAS 信号故障,影响全线正常运营。

(2)二级事故

正线某个联锁站 SICAS 故障,影响本联锁区的信号设备正常使用;或者 ATS 信号故障,影响全线列车监控。

2. 信息报告

SICAS、ATS 信号故障信息通报流程如图 3-34 所示。

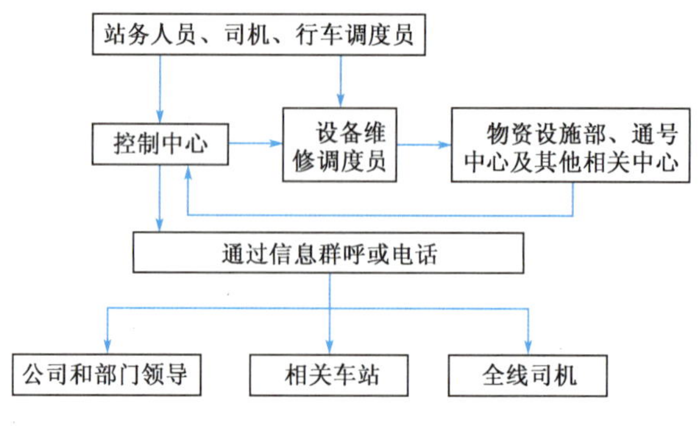

图3-34　信号故障信息通报流程

3. 应急响应

(1)先期处置

①SICAS 信号故障发生后,由值班主任决定采用电话闭塞法组织行车。受影响车站做好运营服务工作,必要时,站务中心(中心站)对工作人员进行合理的站间调配。

②ATS 信号故障时,行车调度员授权联锁站,通知相关车站通过 LOW 监控列车运行状态。

③OCC 立即启动《SICAS、ATS 信号故障应急预案》,调整运营组织方案。

④车站人员、司机加强广播宣传,及时告知乘客延误信息,视情通知警务室。

⑤通号中心接到 SICAS、ATS 信号故障的信息后,应立即通知就近信号人员前往查看现场情况,并组织抢修。

(2)指挥机构响应

OCC 接报后,经请示指挥机构总指挥同意,启动应急预案。指挥机构自然成立。

(3)调度响应

①接到故障报告后,行车调度员、车站和司机应积极响应,相互配合,做好相关的行车组织调整工作。

②设备维修调度员接报后,应立即通知物资设施部、通号中心及其他相关人员。

③电力调度员检查信号设备供电情况是否正常。

(4)救援队伍响应

通号中心信号值班人员接到指挥机构指令后,立即通知中心负责人、信号工程师、相关信号工区工长和抢修人员,立即赶赴事故现场,查明故障原因,开展故障修复工作。

如是供电设备故障,供电中心值班人员应立即启动相应抢修预案,组织抢修。

(5)各级响应时间

信号值班人员接报后,要求10min 内出动赶赴故障现场,其他抢修人员准备好抢修材料后,迅速赶往现场参与抢修。

4. 指挥与协调

指挥机构负责组织协调各部门、中心参与应急救援,研究决定重大事项。应急抢险队伍在现场处置机构的指挥下,负责现场设施设备的应急处置工作。

分公司相关负责人到达现场后,由到达现场的相关专业归口管理部门职位最高的领导担任现场应急处理负责人(必要时由应急指挥机构指定),充分了解事发现场情况,被接替者主动汇报事态发展情况,并接受现场指挥的领导。

5. 安全防护

(1)如发生 SICAS 或 ATS 信号故障时,相关专业人员需按规定到车站请点,经行车调度员同意后进入作业区域进行故障修复。

(2)专业人员进行故障修复时,应落实现场安全防护措施。

6. 现场救援

(1)救援措施

①信号工长接到 SICAS 或 ATS 故障信息后,在立即赶到现场的同时,组织人员备料,根据现场返回的信息,备齐现场所需的板件。

②信号工程师在接到 SICAS 或 ATS 故障信息后,应以最快的方式赶到现场,对故障进行判断。在重启无效后,做更换板件处理。

③如因其他原因造成此类故障,设备维修调度员通知相应抢修队伍赶赴现场进行处理。

(2)运营组织

①正线 SICAS 故障时,由值班主任决定采用电话闭塞法组织行车。

②ATS 设备故障时:

a. 行车调度员及时授权给联锁站,通知相关车站通过 LOW 监控列车运行状态。

b. 联锁站值班员确认 LOW 上的 RTU 降级模式是否激活,当"RTU 降级模式激活"时,保持原状态。若"RTU 降级模式未激活",各 LOW 应在确认客车进站停稳后人工在 LOW 上取消运营停车点。

c. 行车调度员通知司机在显示屏上输入当时车次号,到换向运行时,输入新的目的地码和车次号,直至行车调度员通知停止输入为止。

d. 报点站向行车调度员报告各次列车的到开点,至行车调度员收回控制权时止。

e. 当 ATS 的自动排进路或联锁系统(SICAS)的追踪进路不能自动排列时,应由人工介入,在 MMI 上或在 LOW 上人工排列进路。

③如造成突发大客流,车站客流组织原则如下:

a. 当 SICAS 或 ATS 故障,造成客车始发、到达晚点及车站乘客拥挤时,车站应及时通知公安部门协助。

b. 要用广播向乘客解释,请乘客排队上车或转乘其他交通工具。

c. 售检票员及站台安全员告知乘客客车延误信息。同时做好退票工作准备。

d. 站台拥挤时,立即委派人员到站台维持候车秩序,先让下车出站的乘客出站后,再放坐车的乘客进入站台,控制进站的乘客人数。利用广播宣传,注意站台边缘乘客的动态。

7. 应急终止

(1)应急终止条件

故障修复完毕,具备正常行车条件,恢复正常运营。

(2)应急终止命令发布

抢修人员确认具备应急终止条件,报指挥机构批准,由 OCC 发布应急终止命令。

(四)应急保障(略)

(五)调查报告(略)

（六）培训与演练（略）

（七）附则（略）

模块六　ATP 系统故障的应急处理

任务一　分析并理解 ATP 系统故障的应急处理程序

【任务书】

1. 了解城市轨道交通 ATP 系统的基本功能。
2. 掌握 ATP 系统故障的应急处理方法。

一　相关理论知识

（一）ATP 系统的基本功能

1. ATP 系统的概述

列车自动控制（ATC）系统中的 ATP 子系统（以下称为“ATP 系统”），是确保列车运行安全、缩短行车间隔、提高行车效率的重要设备，是 ATC 系统的核心。ATP 系统的性能优劣，是判断和选择 ATC 系统的关键。ATP 系统由轨旁设备和车载设备构成。列车接收由地面 ATP 系统送来的运行于该轨道区段的目标速度，以及达到此目标速度的运行距离等信息，列车只要遵循此目标速度运行，就能保证后续列车与先行列车之间的安全间隔距离，万一列车实际运行速度超过限制速度，列车自动实行超速防护。对于联锁车站，ATP 系统确保只有一条进路有效；系统还具有车门控制功能，以实现列车车门的安全开、闭；在设有站台屏蔽门的情况下，ATP 系统还必须满足列车车门和站台屏蔽门之间的联锁关系。

ATP 系统向列车传递速度命令的方式，有点式和连续式两类。点式 ATP 系统，由于成本低廉（约为连续式的 70% 左右）、安全可靠，对于客流量较小、行车间隔时间较长的线路，是一种实用的方式。所谓点式，并不是指用于列车检测的轨道电路；而是指发给列车的“速度命令”不是连续的，它通过设于线路关键地点的地面应答器，或在这基础上增设一段环线，向列车传送目标速度等数据信息，实现列车的速度控制和超速防护，确保行车安全，而且地面应答器一般是无源的。

点式 ATP 系统不能满足大客流量和运行间隔短的运行线路，所以连续式 ATP 系统是城市轨道交通 ATP 系统的主流。就其信息传输通道而言，目前我国准移动闭塞的 ATP 系统，都以钢轨作为信息传输的通道，信号界通俗地称为轨道电路制式。当然也可以用其他的媒介来传输 ATC 信息，移动闭塞——基于通信的列车控制（CBTC）系统，利用敷设于运行线路的交叉感应环线或专用的通信信道进行车地数据双向通信，国内有些城市轨道交通的移动闭塞，就是采用交叉感应环线作为数据通信的媒介。在国外，基于无线通信的列车运行控制系统也已运用于城市轨道交通。

2. ATP 系统的功能

ATP 系统是列车自动保护系统，由轨旁 ATP 和车载 ATP 组成。对于列车自动运行来讲，轨旁 ATP 的主要作用就是通过和 ATS、SICAS 以及车载 ATP 的数据交换，反馈给列车一个推荐速度。ATP 系统的功能有对列车运行进行超速防护，对与安全有关的设备实行监控，实现列车位置检测，保证列车间的安全间隔，保证列车在安全速度下运行，完成信号显示，故障报警，降级提示，列车参数和线路参数的输入，与 ATS、ATO 及车辆系统接口并进行信息交换。

(1)列车检测

ATP 系统采用轨道电路等作为列车检测设备。当轨道电路区段空闲时，发送轨道电路检测电码，此时轨道电路的功能是检测是否空闲，检测结果送往联锁装置。

(2)列车自动限速

连续式 ATP 系统利用数字音频轨道电路，向列车连续地发送数据，允许连续监督和控制列车运行。

(3)目标速度和目标距离

ATP 轨旁设备向在其控制范围内的列车分配一个“目标距离”，再由轨道电路生成代码，通知列车前方有多少个未占用的区段，车载 ATP 车载设备调用存储器里的信息，决定在列车任何时刻列车的运行速度和可以运行的最远距离，确保在抵达障碍物或限制区之前安全停车。

(4)测速与测距

确定车辆速度和位置是车载设备关键、重要的功能。

(5)常用制动和紧急制动

ATP 车载设备具有常用制动和紧急制动两级防护控制的能力。在常用制动失效后，可施行紧急制动。

(6)速度限制

速度限制分为固定限速、临时限速、在道岔或道岔前方的限速、具有短安全轨道停车点的限速。

(7)停站

ATP 系统控制列车按规定的时间在车站停车，并确保实现定位停车。

(8)车门控制

在通常的情况下，在车辆没有停稳靠在站台时，ATP 不允许车门开启。当列车在车站的预定停车区域内停稳且停车点的误差在允许范围以内时，地面定位天线会收到车载定位天线发送的停稳信号，列车从 ATP 轨旁设备收到车门开启命令，ATP 才会允许车门操作。

(二)ATP 系统故障的应急处理方法

ATP 系统故障，根据设备位置的不同一般分为车载 ATP 系统故障和轨旁 ATP 系统故障两类。由于 ATP 系统故障只影响某个区段或某趟列车，因此总体来说对整个线路的运营影响不大。

ATP 系统故障时可能出现的现象有：MMI 上显示轨道电路旁出现灰色圆点；列车进路可以正常排列，但列车在故障区收不到速度码或产生紧急制动；MMI 上有报警“ATP 与

SICAS 连接中断”等。轨旁 ATP 故障和联锁系统故障的重要区别在于通向故障区的进路是可排列的，轨旁 ATP 故障发生时有时会伴有如 MMI 和 LOW 灰显等其他故障现象，因此行车指挥人员在故障判断上必须确认仔细，防止错误判断的发生。

当单独的一列车突发车载 ATP 系统故障时，列车会产生紧急制动，行车调度员在确认故障暂时无法排除后，指示故障车司机将 ATP 切除后以“URM”模式运行，并要求故障车所在车站行车值班员指派站务人员作为故障列车“监督员”上车协助司机操作，直至终点站退出运营。在故障车运行过程中行车调度员要密切关注全线列车的运行密度，保证故障车前方至少留有 2 个区间的安全空间。

如果某个区段的轨旁 ATP 系统突发故障，行车调度员在确认故障位置后，除通知设备维修调度员及时组织抢修外，还要命令司机以 RM 模式谨慎驾驶通过故障地点，在通过故障地点后车载 ATC 系统的允许下恢复 SM/ATO 模式运行。在故障没有排除前行车调度员还要加强对行车间隔的监控，防止两列车进入同一区间或区间停车情况的发生。

需要指出的是，当较大范围的 ATP 轨旁设备发生故障时，由于列车以 RM 模式 25km/h 运行，较大的一段区域通过能力受限，因此行车调度员需对全线列车进行多停或折返，减缓全线列车的运行速度，必要时行车调度员还可以将一部分列车下线退出服务，从而避免列车阻塞现象产生。同时，在故障区也可由值班主任决定是否采用 URM 模式驾驶或改电话闭塞法组织行车。

二 相关案例——某城市轨道交通线路联锁区 ATP 故障

（一）故障经过

15:36　行车调度员发现 N 站联锁区全部轨道电路出现白点，询问 N 站后得知车站 LOW 上该联锁区全部轨道电路编号闪，判断为 N 站联锁区 ATP 故障。

15:36　行车调度员通知该故障联锁区内 0717 次、0318 次列车确认前方进路安全后以 RM 模式运行。

15:37　行车调度员将故障情况通报设备维修调度员。

15:38　行车调度员向全线司机发布口头命令，列车在 N 站联锁区以 RM 模式运行。

15:39　行车调度员向全线各站通报故障信息，要求车站做好乘客服务。N 站联锁区 ATP 故障示意图（一）如图 3-35 所示。

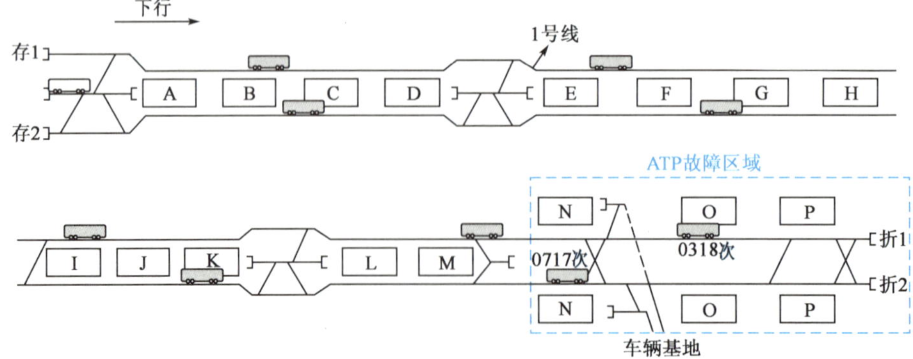

图 3-35　N 站联锁区 ATP 故障示意图（一）

15:40　信号维修人员要求重启 N 站联锁区 ATP 设备，行车调度员同意重启。

15:40　为减少折返时间，行车调度员通知全线列车司机、P 站，列车在 P 站站前折返。

15:41　值班主任开始向各领导通报故障信息。

15:41　行车值班主任要求上行方向 0220 次列车沿途各站多停。

15:43　值班主任向设备维修调度员询问故障处理进展情况，设备维修调度员称信号维修人员正在处理，情况仍未清楚。N 站联锁区 ATP 故障示意图(二)如图 3-36所示。

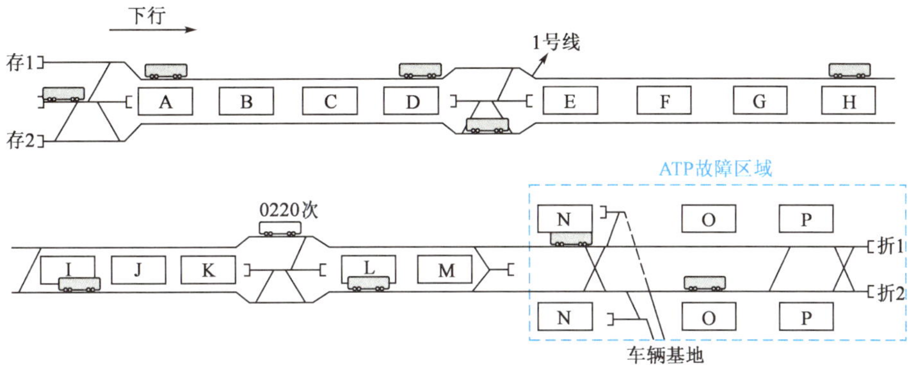

图 3-36　N 站联锁区 ATP 故障示意图(二)

15:47　N 站报：信号人员已进行了一次 ATP 重启，但仍未排除故障，仍需继续处理，具体需要时间仍未清楚。

15:49　行车调度员通知 A 站换乘室司机，A 站备用车准备上线。

16:00　A 站备用车上线替开 0221 次列车正点开出，上行 0220 次列车到达 A 站后改开 0719 次。

动画：ATP 故障

16:03　行车调度员发现 K 站上行 0320 次列车速度较慢，询问司机车辆情况，司机称该车从 M 站开出后没有收到速度码，未能转为 ATO 模式。行车调度员要求司机列车到达 G 站后复位 ATP。

16:07　0320 次列车司机报列车在 G 站复位 ATP 后，以 RM 模式出站，运行两个轨道电路后恢复 ATO 驾驶。N 站联锁区 ATP 故障示意图(三)如图 3-37 所示。

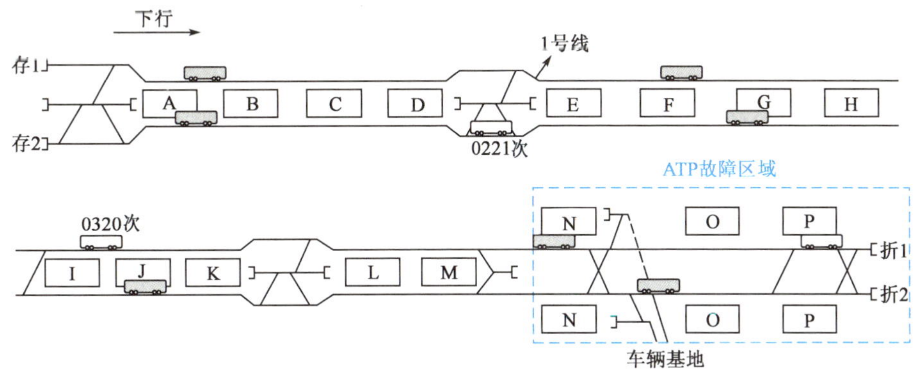

图 3-37　N 站联锁区 ATP 故障示意图(三)

16:18　信号人员要求复位 N 站联锁区 SICAS 及 ATP 设备。

16:19　行车调度员扣停 N 站联锁区列车后，同意信号人员进行复位。

16:20　信号人员进行复位操作。

16:27　N 站联锁区信号恢复正常，行车调度员进行列车调整。

16:28　由于 0320 次列车延误较大，行车调度员通知上行 0422 次列车到达 E 站后清客，折返到下行后改开 0423 次列车。

16:38　0423 次列车从 E 站下行站台开出。0422 次列车折返示意图如图 3-38 所示。

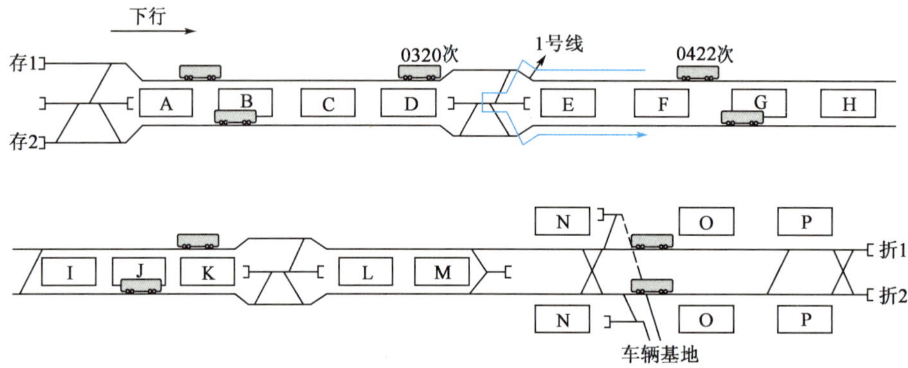

图 3-38　0422 次列车折返示意图

17:25　由于下行 0621 次列车晚点较多，行车调度员决定该次列车到达 M 站后折返，改开 0124 次列车。P 站下行 0123 次折返后改开 0622 次列车。0621 次列车折返示意图如图 3-39 所示。

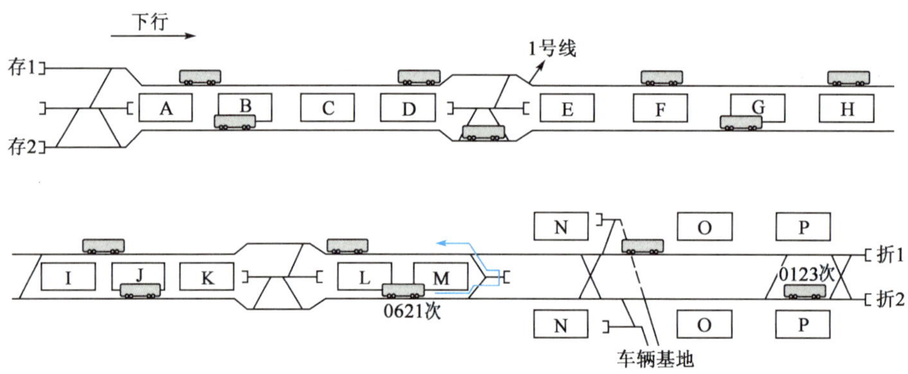

图 3-39　0621 次列车折返示意图

17:32　M 站折返的 0124 次列车进 M 站上行站台停稳后，客室门无法打开（按“强行开门”按钮也不行）。司机切除 ATP 后将客室门打开上客，复位 ATP 后以 RM 模式出站。

18:00　列车调整完毕，全线列车恢复正常运行。

（二）经验总结与问题分析

（1）行车调度员能通过故障现象，快速、正确地判断为 ATP 故障，没有延误故障处理时间。

（2）行车调度员能根据列车间隔情况，使用备用车上线调整列车间隔，并能组织列车在 M 站、E 站折返，缓解邻线客流压力；同时组织列车在 P 站前折返，节省列车折返时间。

（3）行车调度员未能及时发现上行 0320 次列车没有收到速度码，以 RM 模式运行，延误了故障处理时间。

三 媒体报道——广州地铁因故障减速运营处理方式惹来乘客质疑

2006年7月11日上午8:45,广州地铁1号线广州东联锁区(体育中心到广州东折返线范围)轨旁列车自动保护系统突发故障,致使列车进路无法排列,只能减速降级运营。直到10:00左右,地铁才完全恢复正常运营。

(一)现场:3站走了1h,上班迟到被罚100元

"平常从东山口到体育中心只需要10min,今天整整花了一个小时",家住海珠区的莫先生,每天都坐地铁到体育中心站上班。昨日,他先到东山口买东西,8:40进入东山口地铁站,电子屏幕显示开往广州东站的列车1min后到达。但过了几分钟,一列白色的新车才到来。大家蜂拥上车,但列车却迟迟未开动(图3-40),并且广播"列车临时停车,请乘客们耐心等待"。

图3-40　乘客在列车上等待

由于等待时间过久,一些着急的乘客陆续下车出站,其他乘客不断询问乘务员停车原因和什么时候能够恢复正常。但过了十多分钟,列车仍然没有开走。地铁广播和乘务员随后让乘客们下车,并表示会有下一辆列车前来接乘客。莫先生说,"当时现场很混乱,许多乘客不愿意下车,并要求地铁方面给出说明,但地铁工作人员只说出了故障,但没有明确答复,也没有告诉乘客什么时候能恢复正常、还要等多久。"

但在地铁工作人员的要求下,9:05左右,乘客们还是都下车了,而白色的窗体顶端新车"掉头"去接开往西朗方向车的乘客了。9:22左右,大家又都挤上后面来的车,但这辆车又等了大概15min才开,而且运行得很慢,到杨箕站时比平时多停了几分钟,快开到体育西站但还没进站时,又停了3min左右。

"我从体育中心出来时已经快10点了,上班迟到了一个小时,被老板扣了100块钱。"莫先生称。

而记者8:50从体育中心上了开往西朗方向的车,发现人比平时多,一路走来,速度也比平时慢,经过杨箕、东山口和烈士陵园站时,都发现对面的列车停止运行,到东山口时,还听见广播上说,开往广州东站方向的列车因出现故障,请乘客们下车。

9:20左右,东山口的站厅里已经有十几米长的队伍在等待退票。之后,站厅里还放出了"暂停服务"的指示牌。直到10:00,列车才慢慢恢复了正常。

(二)地铁公司解释:因故障列车进路无法排列

据广州地铁公司解释,事故原因是,8:45 地铁 1 号线广州东联锁区(体育中心到广州东折返线范围)轨旁列车自动保护系统突发故障,致使列车进路无法排列。

故障发生后,地铁控制中心立即采取人工介入模式,采用限速 25km/h 的人工驾驶行车,并对进路强行转岔排列,组织列车小交路运行,即列车在小范围内折返。其中,公园前折返列车 4 趟(西朗往广州东方向的车开到公园前,再折返回西朗),东山口折返(西朗往广州东方向的车开到东山口,再折返回西朗)列车 1 趟。

到 9:47 地铁方面排除故障,之后陆续恢复正常运营。地铁公司称"受此故障影响,期间往广州东站方向列车最长晚点约 5min,往西朗方向最长晚点约 6min。"

(三)乘客疑问:延时太长是否可索赔?

按照当时正在征集意见的《广州市城市轨道交通管理条例(草案)》,地铁若因故障不能正常运行的,乘客有权持车票要求退还票款。但条例中并没指出,乘客可据此要求索赔,得到道歉。

有关专家认为,地铁出故障延误,乘客若要得到赔偿,那地铁一次赔偿就将牵涉到几万人,成本很高,而且对不同损失一一认定也有难度。在国外,地铁出现故障,基本也没有给付赔偿的先例。但记者了解到,日本的地铁因为能做到精确到分钟,一旦有超时出现,出闸机会自动打印时间条给乘客。凭此条,乘客上班迟到可以不被公司惩罚。这样的人性化做法还是值得借鉴的。

任务二　进行 ATP 系统故障应急处理演练

【任务书】

1. 理解下列"车载 ATP 系统故障应急处理程序"和"轨旁 ATP 系统故障应急处理程序"编制的原则和基本思路。

2. 根据下列"车载 ATP 系统故障应急处理程序"和"轨旁 ATP 系统故障应急处理程序",编写相应单项演练方案,并采用角色扮演法分组进行配合演练。

ATP 系统故障的应急处理程序

(一)车载 ATP 系统故障应急处理程序

1. 确认故障

(1)司机

列车产生紧急制动,司机看到 ATP 系统故障报警后,向行车调度员报告如下事项:列车停车位置、列车发生紧急制动、有关 ATP 故障的报警信息。

(2)行车调度员

①接到司机汇报后从控制中心的 MMI 上,确定该列车区间停车位置。

②指示该列车司机重新启动车载列车自动控制系统,并要求列车司机报告故障是否依然存在。

③如果故障未再次出现,要求列车司机先用 RM 模式运行,并在车载 ATC 系统允许下,转用 SM/ATO 模式运行。

如果故障仍然存在,继续采取步骤 2。

(3)司机

①经过重新启动车载 ATC 设备,系统仍然不能通过自检,则确定车载 ATP/ATO 系统确实出现故障。随后立即向行车调度员报告重新启动失败。

②向故障列车内的乘客通报运营调整信息,安抚乘客。

(4)行车调度员

接到故障司机重启失败报告后,按以下步骤进行:

①报告值班主任。

②通告所有车站行车值班员和列车司机。

③安排正线列车间隔,准备用 URM 模式运行故障列车。

④指示所有列车司机及行车值班员利用广播,向乘客通报列车延误信息。

(5)值班主任

通知设备维修调度员 ATP 车载故障,命令协助司机查找和组织力量准备处理故障。

(6)设备维修调度员

协助司机确定故障列车的性质和可能的快速的处理方法。

2. 组织故障车用 URM 模式运行

(1)行车调度员

关注全线列车运行密度和全线 ATC 系统设备正常运行。对于停车在区间,不能再用 SM 运行的故障列车司机,传达如下命令:

①用 RM 模式运行到下一站台。

②在下一车站站台,等候车站“监督员”上车,按调度员命令动车,用 URM(限速 65km/h)模式运行到终点后,退出运营。

(2)司机

司机执行调度员命令先用 RM 模式运行列车,一旦发现异常立即停车。

(3)值班主任

协助行车调度员确认用 URM 模式运行的故障列车前方至少具有 2 个区间的安全空间。

(4)行车值班员

指派站务人员作为故障列车“监督员”上车。

(5)站务人员

①以故障列车“监督员”身份上车,监督司机运行。

②按照行车调度员命令动车。

③按照行车调度员允许的车速行驶。

3. 故障车运行到终点站后退出运营

(1)行车调度员

①指示故障列车司机用“URM”模式运行至终点站。

②在运行中确认故障列车前方有 2 个区间的空闲后,才能命令故障列车动车。

③安排该列车到达终点站后,不再接载旅客。

(2)司机

①在行车调度员的指示和"监督员"监督下,用 URM 模式运行至终点站。

②根据行车调度员安排,将故障列车从终点站开往存车线或返回车辆基地。

(3)站务人员

列车运行到终点站完成"监督员"任务,向行车调度员报告。

(4)行车调度员

在值班主任的同意下,安排该列车从车站开往存车线或返回车辆基地。

(5)司机

按照行车调度员的指示将故障列车开往存车线或返回车辆基地。

(二)轨旁 ATP 系统故障应急处理程序

1. 确认故障

(1)司机

列车发生非正常停车或紧急制动,向行车调度员报告:车次号,列车停车位置,列车状态正常,无车辆和车载信号设备故障报警。

(2)行车调度员

接到司机汇报或从控制中心的 MMI 上发觉联锁区的全部或多段轨道区段号码闪烁,确定轨旁 ATP 设备故障后:

①报告值班主任。

②指示所有列车司机及行车值班员利用广播及时向列车及车站旅客通报运营延误信息。

③确定列车停顿的位置并严密监视和检查 ATP 故障区域。

(3)值班主任

①通知维修调度员调派检修人员立即抢修轨旁 ATP。

②指示有关行车值班员与检修人员协调配合。

(4)设备维修调度员

与有关行车值班员协调配合,抢修轨旁 ATP。

(5)行车值班员

①协助检修人员判定故障范围和性质。

②利用广播及时向车站旅客通报运营调整信息。

2. 指示司机在故障区域谨慎驾驶

(1)行车调度员

①在故障区内,立即扣停后续列车,防止一区间两列车追尾事件发生,平衡列车间隔。

②加强列车间隔监控并指示在故障区内的所有列车司机必须在得到行车调度员指令后,才可以用 RM 模式离站。

③指示驾驶离开故障区的列车司机,要确定列车已经驶离有关的事故区后,并在车载 ATC 系统的允许下恢复 SM/ATO 模式运行。

(2)司机

①向列车内的旅客通报调整信息,安抚旅客。

②故障区内的列车司机把车扣停在站台,等候行车调度员的进一步指示后,才用 RM 动车。

③刚要驾驶离开故障区的列车司机要确定列车已经驶离有关的事故区后,及时通报行车调度员,并在车载 ATC 系统的允许下恢复 SM/ATO 模式运行。

(3)设备维修调度员

动用多方面措施,查找轨旁 ATP 系统的故障,准备备件,及时排除故障。

3. 故障排除恢复正常运行

(1)设备维修调度员

向值班主任报告轨旁 ATP 系统故障排除。

(2)值班主任

当接获设备维修调度员的汇报,确定有关的故障已经排除后,指示行车调度员通知所有列车司机。

(3)行车调度员

通知所有列车司机故障已经排除,并要求各自检查列车在接收 2 个新报文后是否能够正常转换为 SM 模式,并及时向行车调度员报告。

(4)司机

①各列车司机分别报告在用 RM 模式驾驶列车的过程中,列车能够自动转换为 SM 模式。

②向乘客通报故障已经排除。

③恢复正常运行。

(5)行车值班员

向乘客通报故障已经排除,恢复正常运行。

模块七　CBTC 系统故障的应急处理

近年来,随着移动通信技术的飞速发展,国内各城市的城市轨道交通运营企业开始大量兴建使用 CBTC(Communication Based Train Control)系统的城市轨道交通线路,CBTC 系统即基于移动通信的列车运行控制系统,其主要特点是使用无线通信来实现列车和地面设备之间信息的双向传递。

由于采用 CBTC 系统城轨线路的信号设备完全区别于采用传统 ATC 系统的城轨线路,在信号设备故障的应急处理方法上也有明显的不同,因而,我们有必要对 CBTC 系统故障的应急处理方法进行深入探讨。

任务一　分析并理解 CBTC 系统故障的应急处理方法

【任务书】

1. 了解 CBTC 系统的基本组成和功能。
2. 掌握 CBTC 系统故障应急处理的方法。

一 相关理论知识——CBTC 系统的组成和功能

CBTC 系统是指通过无线通信手段(而不是轨道电路)来确定列车位置,从而实现列车控制的信号系统。CBTC 系统的优点很多:①能够实现车—地之间的双向通信,并且传输信息量大,传输速度快;②能够实现移动闭塞,大量减少区间敷设电缆,减少一次性投资和日常维护工作;③能够大幅度提高区间通过能力等。CBTC 系统不仅可以实现列车运行控制,而且可以成为综合运行管理系统,因为双向无线通信系统既可以传输安全类信息,也可以双向传输例如车次号、乘务员班组号、车辆号、运转时分、列车状态、油耗参数等非安全类信息。

CBTC 系统使用移动闭塞控制列车的安全间隔。移动闭塞技术在对列车的安全间隔控制上较准移动闭塞更进了一步。移动闭塞技术下,车载设备和轨旁设备进行不间断的双向通信,使控制中心能够掌握列车实时的速度和位置信息,并以此动态计算列车的最大制动距离,列车的长度加上这一最大制动距离并在列车后方加上一定的防护距离,便组成了一个与列车同步移动的虚拟分区。由于保证了列车前后的安全距离,两个相邻的移动闭塞分区就能以很小的间隔同时前进,这使列车能以较高的速度和较小的间隔运行,从而提高了运营效率。在 CTC 控制模式下,列车最小间隔可以达到 40m 左右。

CTC 控制模式下,列车上的定位是通过车载控制器探测安装在轨道上的应答器,查找它们在系统数据库中的位置,然后决定列车所在位置,并通过使用列车到轨旁的双向无线通信系统向轨旁设备和 ATS 系统报告本列车的位置。

CBTC 轨旁设备根据各列车的当前位置、速度及运行方向等因素,同时考虑列车进路、道岔状态、线路限速以及其他障碍物的条件,向列车发送“移动授权”信息,即列车可以走多远、多快,从而保证列车间的安全间隔。

典型的 CBTC 系统应当包括以下部分:列车自动监控系统、数据库存储单元、区域控制器、计算机联锁、轨旁设备、车载控制器和数据通信系统。

(一)列车自动监控(ATS)系统

列车自动监控(Automatic Train Supervision,ATS)系统是一个非安全子系统,它为中央操作员提供人机界面,提供 CBTC 系统的管理功能, ATS 系统在线路显示屏上显示线路状态和各列车位置,同时也提供接口软件执行各种功能,如临时限速、车站跳停、关闭区域等。ATS 具有远程访问系统中所有设备的诊断功能。

ATS 系统负责准确地排列列车进路。它向区域控制器和联锁设备发送每列车的进路请求。这些进路请求必须与列车接受的任务一致。如果排列的进路不正确,系统将检测到道岔设置和本列车任务不符,从而阻止列车通过道岔。

ATS 系统的设备布置包括:位于控制中心的中央 ATS 设备和位于各个联锁站的 ATS 分机。

(二)联锁(CI)系统

CBTC 系统中的联锁(Computer Inter Locking,CI)系统执行传统 CI 系统所有的联锁功能。在正常工作情况下,所有的进路请求都由中央 ATS 系统自动发出。CI 系统根据接收到的中央 ATS 系统进路请求,控制道岔和进路。

在中央 ATS 系统故障时或需要时,进路请求也可以由本地 ATS 分机发出。根据接收到的本地 ATS 分机进路请求,CI 系统可以控制道岔和进路。

CI 系统确保进路/道岔联锁、区段锁闭、进路锁闭以及接近(定时)锁闭。

CI 系统应通过对外接口设备接收其辖区内设备(道岔、轨道电路、信号机、防护隔断门、防淹门、屏蔽门、车站紧急停车按钮)的状态。

一般 CBTC 系统中的 CI 系统也应包括:联锁站 CI 设备,轨旁设备(包括道岔、道岔区轨道电路、信号机、继电器架、车站紧急停车按钮等)。

(三)数据库存储单元(DSU)

数据库存储单元(Database Storage Unit,DSU)是一个安全设备,它应具有由四套中央处理器和切换单元构成的安全计算机配置,以提供安全性和可靠性。DSU 包含了列车控制子系统使用的所有数据库和配置文件。

(四)静态线路数据库

静态线路数据库是一个非常强大、灵活的数据库,它允许系统对用户的不同需求作出响应。它提供了线路描述(轨道、坡度、最大速度),也提供允许系统实现不同功能的系统构成,如对于防淹门,数据库将提供防淹门的位置及其关闭区域。

(五)动态线路数据库

动态线路数据库存储的信息可以被 ATS 系统操作员修改,如临时限速等。临时数据库的版本号会随着每次更新而递增。

(六)区域控制器(ZC)

在轨旁的区域控制器(Zone Controller,ZC)可以接收其控制范围内列车发出的所有位置信息。ZC 根据轨道上障碍物的位置,向辖区内的所有列车提供移动授权。所谓"障碍物",包括列车、关闭的区域、失去位置表示的道岔,以及任何外部产生的因素,如紧急停车按钮、站台屏蔽门、防淹门和隔离保护门等。

ZC 还负责对相邻 ZC 的移动授权请求作出响应,完成列车从一个区域到另一个区域的交接。

(七)车载控制器

车载控制器通过检测轨道上的应答器,建立列车的位置,并使用收到的数据从数据库检索信息。车载控制器测量应答器之间的距离,同时测量自探测到一个应答器后列车所行驶的距离,并主动与区域控制器的通信传递信息。

车载控制器执行 ATP 和 ATO 功能。每辆列车装备一套车载控制器。

(八)数据通信系统(DCS)

数据通信系统(Data Communication System,DCS)的主要作用是在各个子系统之间传输 CBTC 报文,而这些子系统大部分都是移动的。虽然 DCS 所传输的是安全型的列车控制信息,但其本身并不是一个安全型系统,只是一个可靠的数据传输系统。

二 相关理论知识——CBTC系统故障的应急处理方法

(一)CBTC系统的列车控制模式

考虑到设备故障时维持一定程度降级运营的需要,CBTC线路除了正常的连续式列车控制(Continuous Train Control,CTC)模式外,一般都设计了系统故障时的后备模式,这些后备模式包括点式列车控制(Intermittent Train Control,ITC)模式和联锁列车控制(IXLC)模式,因而CBTC线路的列车控制模式,根据使用级别由高到低主要分为以下3种。

1. 连续式列车控制(CTC)模式

在连续式列车控制(CTC)模式中,CBTC系统采用移动闭塞原理保障列车安全运行。列车通过检测和识别应答器来确定自己的位置。列车上有线路数据库(Track Data Base,TDB)的线路网络图,应答器的位置标注在数据库中。结合测速电机和雷达所作的位移测量,列车知道它在线路上的确切位置并将位置报告发送给轨旁ATP。根据这些位置报告和轨旁空闲检查的信息,轨旁ATP计算详细的路网空闲信息和移动授权并发送给列车。

在连续式列车控制模式中,列车凭车载信号的目标距离和推荐速度显示运行,OCC负责监控列车的安全间隔和运行,列车加速、减速、停车和开门等由系统自动控制或由司机参照系统人工控制;列车关门和启动由司机参照系统人工控制。

2. 点式列车控制(ITC)模式

点式列车控制(ITC)模式可以作为连续列车控制模式的后备模式使用,或在部分对运行间隔要求不高或允许使用固定闭塞原理的线路上使用。

在此模式中,计轴系统被用来确定列车位置,应答器被用作点式通信的通道。移动授权来自信号机的显示,该信息通过可变应答器从轨旁向列车点式传输。

在点式列车控制模式中,列车凭地面信号及车载信号显示或行车调度员命令行车,OCC负责监控列车的安全间隔和运行,由司机参照信号系统显示人工驾驶列车。如遇车载信号与地面信号显示不符时,司机需停车后报行车调度员,依据行车调度员命令行车。

3. 联锁列车控制(IXLC)模式

当连续或点式列车控制级不能正常工作时,可以采用联锁列车控制(IXLC)模式运行,此时信号系统只提供基本联锁功能,不提供列车超速防护。

在联锁列车控制模式中,行车调度员关闭故障联锁区信号机进路自排功能,并授权故障联锁站负责在LOW工作站上排列本联锁区内列车运行进路。列车以人工驾驶模式,凭地面信号显示运行。

3种列车控制模式及其主要特点如表3-4所示。

CBTC 系统的列车控制模式及其主要特点 表 3-4

列车控制模式	主 要 特 点	对应的驾驶模式
连续式列车控制(CTC)	使用移动闭塞,列车通过轨旁控制单元连续通信获得移动授权,通过无线通道建立车—地之间的双向通信,实现连续的列车控制	ATO 模式、SM 模式
点式列车控制(ITC)	使用固定闭塞,列车通过可变应答器获得移动授权,通过应答器建立地—车通信,实现点式列车控制	ATO 模式、SM 模式
联锁列车控制(IXLC)	使用固定闭塞,列车无来自轨旁的移动授权,司机必须按照轨旁信号机驾驶,没有地—车通信	RM 模式、URM 模式

(二)常见 CBTC 系统故障的应急处理方法

CBTC 系统的常见故障包括:轨旁无线系统故障、计轴系统故障和信号机灭灯故障。根据列车控制模式的不同,应急处理的方法也有所区别。

1. 轨旁无线系统故障

(1)在 CTC 模式下,若发生轨旁无线系统故障,将导致运行在此区间的列车车载信号中断,列车收不到速度码,产生紧急制动,行车调度员一般在确认无其他故障后,命令司机采用 RM 模式动车。列车在经过了两个以上应答器(其中至少包含一个可变应答器)获得有效定位和移动授权后会自动升级为 ITC 模式(故障区内)或 CTC 模式(故障区外)。

(2)在 ITC 模式和 IXLC 模式下,轨旁无线系统故障不影响列车运行。

2. 计轴系统故障

(1)在 CTC 模式下,由于计轴系统仅在后备模式下发挥作用,因而计轴系统故障一般不会影响列车正常运行。但是当有非 CTC 列车经过故障区段时,该区段会变为紫光带,后续列车进路将无法排列,后续的列车将无法获得新的移动授权,列车将在进路始端信号机前方停车。一般车站进行计轴预复位后,设备恢复正常。

(2)在 ITC 模式下,进路中的计轴系统故障会导致进路始端信号机关闭,这样列车将会在信号机前方停车,待车站进行计轴预复位后,行车调度员命令列车以 RM 模式通过信号机,并在经过了两个以上应答器(其中至少包含一个可变应答器)获得有效定位和移动授权后自动升级为 ITC 模式。

(3)在 IXLC 模式下,计轴区段故障会关闭进路始端信号机,司机应在故障信号机前方停车并报告行车调度员,行车调度员在确认无其他故障后,命令司机越过故障信号机继续运行。

3. 信号机灭灯故障

(1)在 CTC 模式下,列车凭车载信号运行,因而若发生信号机灭灯故障,不影响列车运行。

(2)在 ITC 模式下,列车凭地面信号及车载信号显示,若发生信号机灭灯故障,列车将无法获得新的移动授权,列车将在故障信号机前方停车。司机应该报告行车调度员,行车调度员在确认无其他故障后命令司机切除 ATP 动车。

(3)在 IXLC 模式下,司机凭地面信号显示行车,若信号机灭灯故障,司机将看不到地面信号显示,司机应在故障信号机前方停车并报告行车调度员,行车调度员在确认无其他故障后,命令司机越过故障信号机继续运行。

任务二　进行 CBTC 系统故障的应急处理演练

【任务书】

要求学生能够采用角色扮演法进行 CBTC 系统故障的应急处理演练。

CBTC 系统故障的应急处理综合演练方案

(一)故障概要

如图 3-41 所示,某日 20:55,D 站联锁区多次列车司机报列车无线打叉,并伴有紧急制动,列车降级。HMI 故障报警 D 站联锁区无线通道传输故障,行车调度员要求各次列车确认进路安全,以 RM 模式进站,并报告值班主任、设备维修调度员。21:00 故障恢复,后续按图调整。

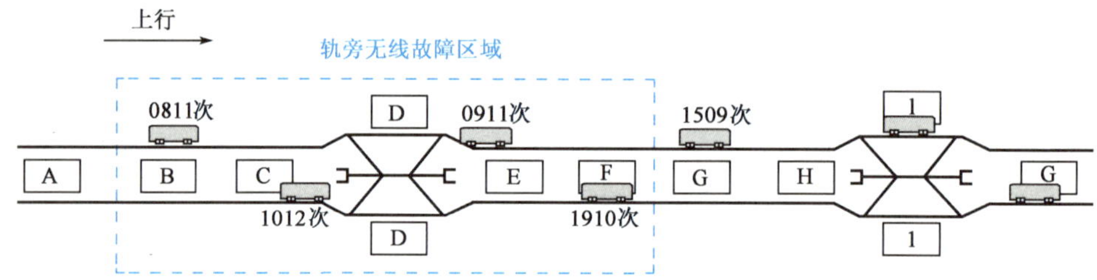

图 3-41　D 站联锁区轨旁无线系统故障示意图

(二)演练经过

20:55　D 站联锁区多次列车司机报列车无线打叉,并伴有紧急制动,列车降级,其中上行 1012 次列车和下行 0911 次列车停在区间,上行 1910 次列车和下行 0811 次列车停在车站。控制中心 HMI 显示 D 站联锁区轨旁无线系统故障。

20:55　行车调度员报值班主任,报设备维修调度员。

20:56　行车调度员 1 向故障区列车司机发令:1012 次和 0911 次确认进路安全后以 RM 模式进站对标停车,0811 次 URM 模式动车到达 A 站后恢复 CTC 模式运行,1910 次 URM 模式动车到达 G 站后恢复 CTC 模式运行,0911 次复诵,行调 01。

20:56　行车调度员 2 向全线车站发令:因 D 站联锁区轨旁无线系统故障,A 站—G 站上下行各次列车降级为 ITC 模式运行,各站加强站台监控,配合司机开关站台门,D 站复诵,行调 02。

20:57　行车调度员 1 对全线列车进行调整,并向全线列车司机发令:因 D 站联锁区轨旁无线系统故障,全线各次列车在 A 站上行、G 站下行将预选模式降为 ITC 后 RM 模式动车,ITC 模式表示灯亮后 SM 模式驾驶,到达 G 站上行、A 站下行将预选模式恢复至

CTC 模式。1509 次司机复诵,行调 01。

20:57 行调 1 向 0911 次列车和 1012 次列车司机发令:1012 次和 0911 次上下客完毕后,将预选模式降为 ITC 后 RM 模式动车,ITC 模式表示灯亮后转换为 SM 模式驾驶,1012 次到达 G 站上行,0911 次到达 A 站下行后恢复 CTC 模式运行,0911 次复诵,行调 01。

20:58 行车调度员 2 向全线车站发令:因 D 站联锁区轨旁无线系统故障各次列车均有调整,各站做好乘客广播,G 站复诵,行调 02。

20:58 行车调度员 1 监控 A 站—G 站区间列车间隔,严格掌控行车间隔在一个计轴区段以上。

21:00 设备维修调度员回复"轨旁无线系统故障"已修复。

21:01 确认设备恢复正常后,行车调度员 1 向全线司机发令:D 站联锁区轨旁无线系统故障已修复,各次列车司机在 A 站—G 站区间恢复 CTC 模式运行,如有异常及时汇报。1211 次司机复诵,行调 01。应急处理示意图如图 3-42 所示。

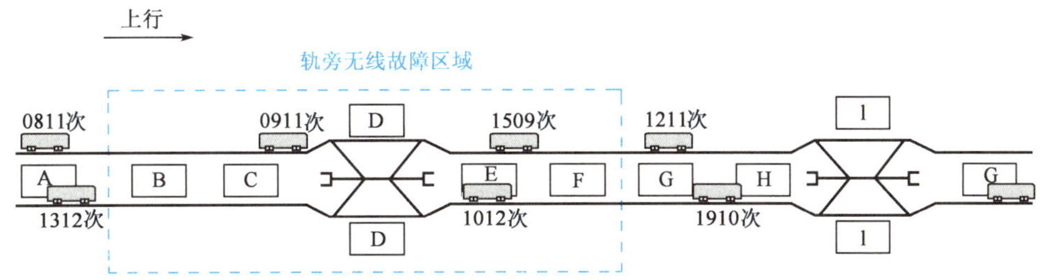

图 3-42 应急处理示意图

21:01 行车调度员 2 向相关车站(A 站—G 站)发令: D 站联锁区轨旁无线系统故障已修复,A 站—G 站上下行各次列车运行恢复正常。

模块八 全自动运行线路信号故障的应急处理

随着城市轨道交通全自动无人驾驶技术的不断进步,使得在地铁列车运行中减掉司机,由车载信号系统自动控制列车的运行成为可能。我国各个城市在地铁新线建设中大量采用了全自动运行系统(fully automatic operation system,FAO),截至 2020 年底,已经有北京地铁燕房线、机场线,上海地铁 10、15、17、18 号线,深圳地铁 20 号线,香港地铁南岛线等线路投入运营。全自动运行技术在城市轨道交通中的应用在很大程度上降低了城市轨道交通运营企业的人力成本和管理费用,提高了列车的准点率,降低了列车的故障率,提升乘客出行的舒适度。

任务一 了解全自动运行系统的特点

【任务书】

1. 全自动运行系统的特点。
2. 掌握自动运行的等级。

3. 掌握自动驾驶的模式。
4. 了解全自动运行系统的功能。
5. 掌握全自动运行线路的运营人员岗位设置及职能。

一 相关理论知识——全自动运行系统的特点

全自动运行系统中的信号设备与非全自动运行线路的信号设备区别不大,只是为了便于运营调度员工作的需要增加了一些远程控制接口。

(一)全自动运行系统信号设备的特点

1. 地面信号设备

全自动运行系统的正线信号设备与非全自动运行线路的相同,目前都是采用基于通信的列车运行控制系统——CBTC(采用车车通信的除外)。不同的是,非全自动运行线路的车辆段/停车场内可以没有 CBTC 地面设备,而全自动运行线路的 CBTC 地面设备必须延伸到车辆段/停车场的停车库。

2. 车载设备

全自动运行线路车辆上的 ATO 车载设备必须有唤醒模块,执行唤醒和休眠功能,而非全自运行线路车辆上的 ATO 设备没有这个模块。

全自动运行线路和非全自动运行线路的 ATO 车载设备相同(采用车车通信的除外),都是通过继电器接点和车辆控制制动系统接口,自动完成列车的启动、加速、减速、停车、折返和开关车门。

(二)自动运行等级(GoA)

自动运行等级(Grade of Automation,GoA)根据自动运行的程度,城市轨道交通的自动运行等级可分为四个等级:

GoA1 级:连续监督下的人工驾驶运行,列车运行控制系统连续地监督列车速度,为 ATP 模式。

GoA2 级:半自动运行,装有 ATO 的人工驾驶运行,又称为 ATO 模式。

GoA3 级:无司机运行,列车上不再安排专职司机,司机被 ATO 的系统功能所取代,仅安排具备独立驾驶列车资格的列车值守人员,以应对突发事件。列车保留驾驶台,以备列车值守人员在紧急下使用。

GoA4 级:不再保留驾驶台,无人监督运行,列车上不安排任何工作人员。

其中 GoA1 级和 GoA2 级为国内大多数地铁线路正在使用的有人驾驶运行等级,GoA3 级和 GoA4 级是代表着自动运行系统发展方向的无人驾驶运行等级。我国多数全自动运行线路都是在运营初期采用有列车值守人员跟车的 GoA3 级,在积累了足够经验后逐渐向 GoA4 级过渡。

在以上四种自动运行等级下,驾驶模式、列车运行控制、停站、关门、起动列车、故障应对的区别,如表 3-5 所示。

全自动运行等级分类 表 3-5

自动运行等级	驾驶模式	列车运行控制	停　站	关车门	起动列车	故障处理
GoA1	ATP	司机	司机	司机	司机	司机
GoA2	ATO	自动	自动	自动/司机	司机	司机
GoA3	DTO	自动	自动	自动	自动	值守人员
GoA4	UTO	自动	自动	自动	自动	自动

(三)自动驾驶模式(AM)

城市轨道交通列车的自动驾驶模式(Automatical Train Operating Mode,AM)分为有人驾驶的半自动化运行模式(Semi-automatical Train Operation,STO)、无人驾驶有人跟车的自动化运行模式(Driverless Train Operation,DTO)、全自动无人驾驶模式(Unattended Train Operation,UTO),DTO 和 UTO 又称全自动驾驶模式(Fully-Automatical Train Operating Mode,FAM)。

STO 模式:列车发车由司机确认启动,列车牵引、制动、停车、开关车门由信号系统自动实现。

UTO 模式:整个运营过程都无人参与,包括在段内运行、洗车、列车运营、列车内空调、乘客信息系统、照明等都无人操作。列车不再需要司机,原来的司机只是以列车值守人员的角色服务乘客以及进行系统故障的应急处理。

STO 和 UTO 两种模式的主要区别在于:STO 模式,当 ATO 模块收到发车指令,HMI 上显示提示信息,通知司机按压 ATO 按钮;而 UTO 模式无需司机干预。UTO 的特点是原来由司机进行的操作全部通过 OCC 自动进行,这就需要信号系统高冗余、高可靠、高功能,综合监控系统高可靠、实时传输,列车网络功能、诊断性更强。

(四)全自动运行系统的功能

1. 驾驶控制功能

UTO 完全由信号系统根据运行图控制列车运行。OCC 通过车载 ATO,将各种控制指令通过多功能车辆总线(Multifunction Vehicle Bus,MVB)传输到列车控制及监控系统(Train Control and Monitor System,TCMS)、逆变器控制单元(Inverter Control Unit,ICU)、制动控制单元(Braking Control Unit,BCU)。UTO 可实现列车自动折返。此时,列车根据信号系统的移动授权自动确定运行方向,同时自动激活/关闭相应端驾驶台,实现驾驶室转换,同时不会造成数据丢失(如车门状态/控制数据,制动、牵引状态及控制数据等)和系统误判。

2. 唤醒功能

每天运营前或运营中加开列车时,信号系统根据列车运行图给每列列车自动分配识别号,两端驾驶室都选择自动模式。列车发车前 OCC 自动向列车发送唤醒指令,列车收到该指令后车载各子系统执行启动、自检和静态测试等程序。各子系统进行静态自检,TCMS 汇总各子系统的自检情况、列车唤醒工况等信息,发送给信号系统和 OCC。如唤醒成功,列车可随时投入运营,等待信号系统发送发车指令。若唤醒不成功,运营调度员根据列车的相应故障信息进行人工干预。在任何时候,运营调度员均可远程人工唤醒列车。

3. 休眠功能

列车运营结束后入段停放,列车停稳后,为节省能源,UTO 对列车自动启动休眠程序。在休眠前,ATO 给地面列车维护系统发送是否下载列车维护信息的指令。在一定时间内,列车关闭车载子系统,进入休眠状态。休眠后,ATO 系统的唤醒模块一直带电。

4. 车门、安全门控制功能

除车门联动、开关门控制外,全自动运行系统还具备系统故障应对功能。若个别站台门故障,需人工将故障站台门关闭并切除,站台门向信号系统报告切除站台门的位置(站台号和门编号)。在列车到达前,信号系统将故障站台门位置信息发送给列车,列车自动对对应车门进行电气隔离,使此车门不参与开关门动作,同时向乘客广播。

5. 停车控制功能

雨天或轮缘有油污会导致停站距离加大或停站位置不准,此时 ATO 重新调整停车,采用缓慢跳跃式调整(jog)直到停车点。若列车越过了站台门区域,也可退行调整。若列车越过站台 5m 或超过给定次数的调整后仍未停准,则列车自动启动越过本车、站行驶至下一车站,并自动告警至 OCC,同时通过车载广播系统向乘客广播。

6. 后备蠕动模式(CAM)

如 ATS 发送的牵引/制动指令故障或丢失,或启动全自动限制驾驶模式(Fully-automatic Restricted Train Operating Mode,FRM)后车载设备监督到牵引或制动反馈异常,运营调度员人工确认故障后,采用备用接口远程控制车辆的牵引系统在 ATP 的防护下以不超过 20km/h 的后备蠕动模式(Creep Automatic Mode,CAM)模式运行至站台。列车进站并停稳后,值守人员上车人工驾驶对位停车。此外,全自动运行系统还具备广播、视频、故障数据传输、火灾报警、障碍物检测等功能。

二 相关理论知识——全自动运行线路的运营人员岗位设置及职能

全自动运行线路与常规线路相比,线路各系统间接口关系紧密、联动程度高,要求运营单位具备高效运转的协作机制和快速响应的应急能力。为此全自动运行线路的运营人员岗位需要按照“运维一体化”和“多专业协同”的原则进行重新划分。

“运维一体化”是指打破常规线路运营管理与维保管理分设机构的传统模式,探索具备运营、维保及支持等多职能的运维一体化管理模式,全自动运行线路的运营中心承担线路的行车管理、施工管理、安全管理、客运服务、设备维修维护等各种职能。运营中心下设技术管理室、安全调度室分别负责全自动线路标准规范管理、设备质量管理、综合管理及全自动线路的安全管理、应急管理和生产调度管理。

“多专业协同”是指打破专业壁垒,推行多专业融合。例如将原来的站务、AFC、机电专业融合,成为多专业融合的综合站区;将原来的车辆检修、设备检修、乘务专业的融合,成为多专业融合的运用车间;将原来的工务、接触网检修、供变电检修专业的融合,成为多专业融合的工电车间;将原来的通信、信号、综合弱电等专业的融合,成为多专业融合的自动化车间等。

根据《城市轨道交通　全自动运行系统规范》(T/CAMET 04017—2019)的规定,参与全自动运行线路日常运营工作的主要人员包括运营调度员、列车值守人员、站务人员和设备设施维护人员，其中的运营调度员、列车值守人员、站务人员的基本职责如下：

1. 运营调度员

全自动运行线路的运营调度员除了完成原行车调度员的主要工作外，还需要完成原客运调度员等其他调度员的一些工作。

（1）负责调度班组日常生产工作。

（2）负责日常行车组织工作。

（3）负责日常施工组织工作。

（4）负责信息发布和流转工作。

（5）负责故障期间应急处置及抢修工作，以及领导交办的其他工作。

2. 列车值守人员

全自动运行线路的列车值守人员的工作职责分 UTO 模式和 DTO 模式两种情况，其工作职责除了驾驶列车外，还包括车厢巡视和乘客服务等工作。

DTO 模式列车值守人员的工作主要职责如下：

（1）负责列车出库和正线驾驶。

（2）负责值乘列车，执行作业标准化，做好乘客服务工作。

（3）负责列车各种故障的应急处理，以及领导交办的其他工作。

UTO 模式列车值守人员的工作主要职责如下：

（1）负责早晚高峰在车站监护列车运营，按要求进行列车巡视工作。

（2）负责正线调试列车的驾驶。

（3）负责巡道列车的驾驶。

（4）非正常情况下按运营调度员的命令登乘列车完成驾驶任务。

（5）负责列车车辆故障和信号故障的处理，以及领导交办的其他工作。

3. 站务人员

车站的站务人员是指行车值班员和车站多职能岗人员（不同企业岗位名称有所不同），其中行车值班员的工作职责与非全自动运行线路区别不大，车站多职能岗则是整合了非全自动运行线路客运值班员、站务员、车站机电设备巡检等岗位的工作职责。其具体职责如下：

（1）协助行车值班员对车站施工进行各方面监控。

（2）负责车站票务设备、票、款、卡的日常管理工作及车站营收清点、统计工作等。

（3）做好车站客运服务工作、乘客事务处理工作、边门管理工作等。

（4）做好车站所辖范围内所有供电、机电、通信、信号设施设备的日常巡视检查、状态记录；在设备故障情况下，对故障进行判断，并进行初期应急处置，及时报修。

（5）发生各类突发事件时，按照事故预案，做好应急处置、乘客疏导等工作。

任务二　分析并理解全自动运行系统各类信号故障时的应急处理方法

【任务书】

1. 掌握道岔故障的应急处理方法。

2. 掌握 ATS 故障的应急处理方法。

3. 掌握 ATP 故障的应急处理方法。

4. 掌握列车定位丢失的应急处理方法。

全自动运行线路与非全自动运行线路信号类故障的应急处理方法基本相同，主要区别在于 UTO 模式下运营调度员必须通知列车值守人员或具备驾驶资质的站务人员登乘受影响列车人工驾驶。

相关理论知识

（一）道岔故障的应急处理

当正线线路道岔发生失去表示、转不到位等故障时，运营人员通过人工尝试恢复道岔或变更进路方式维持正线列车运行，下面以需要改变道岔位置的情况为例进行说明具体应急处理方法。

1. 确认故障

运营调度员：道岔故障后，收到中央 ATS 道岔报警，单操道岔测试 2 次，确认道岔故障。将控制权下放至车站。通知维修人员抢修。

2. 通知车站手摇道岔与值守人员登乘列车

运营调度员：通知车站现场确认道岔位置情况，并进行手摇道岔接发车作业，将信号控制权变为站控。UTO 模式下通知列车值守人员登乘后续列车以手动模式驾驶（若列车值守人员无法及时赶赴登乘地点，可安排车站具备驾驶资质人员替代登乘），DTO 模式下由随车值守人员驾驶。

3. 车站手摇道岔

行车值班员：根据调度员命令，通知车站多职能岗人员至现场进行手摇道岔接发车作业。

车站多职能岗人员：操作完毕后汇报行车值班员。

4. 恢复运行

运营调度员：通知全线，某车站道岔故障启用手摇道岔接发车。

列车值守人员：确认手信号后以降级模式手动驾驶限速通过。

抢修成功后，运营调度通知全线恢复运营，通知列车值守人员全员下车。

（二）ATS 故障的应急处理

全自动运行线路与非全自动运行线路相比，ATS 故障的应急处理方法基本相同，只是由于全自动运行线路多出了一个备用的 OCC，所以常见的全自动运行线路 ATS 故障分成了以下 4 种情况：

1. 故障情况一：使用 ATS 热备主机

当中央 ATS 主机故障时，热备冗余设备无缝切换投入工作并触发 OCC 的 ATS 工作站报警及维修中心工作站报警。

运营调度员：接到报警，立即通知维修人员抢修，正线列车运行不受影响。

2. 故障情况二:使用备用 OCC

当 OCC 的 ATS 主备服务器均故障时,系统自动切换至备用 OCC 的 ATS 服务器。

运营调度员:接到报警,通知维修人员抢修,正线列车运行不受影响。

3. 故障情况三:使用车站 ATS 分机

当主、备控制中心的 ATS 系统都无法使用,列车进路由车站 ATS 分机控制,正线列车正常运行。

运营调度:接到报警,通知维修人员抢修,同时通知全线车站做好监控,UTO 模式下通知全线列车值守人员全员登乘(若列车值守人员无法及时赶赴登乘地点,可安排车站具备驾驶资质人员替代登乘)。DTO 模式下由值守人员处置。

行车值班员:接到运营调度员命令,监控列车运行情况。

列车值守人员:接到调令,全员登乘,注意车站发车时刻。

4. 故障情况四:人工排列列车进路

当主、备控制中心的 ATS 设备均故障,且车站 ATS 分机也故障时。

运营调度员:接到报警,通知维修人员抢修,通知车站在信号终端上人工排列列车进路。UTO 模式下通知列车值守人员全员登乘(若列车值守人员无法及时赶赴登乘地点,可安排车站具备驾驶资质人员替代登乘),DTO 模式由值守人员处置。

行车值班员:接到运营调度员命令,监控列车运行情况,根据需要调整运营交路。

列车值守人员:全员登乘,以 ATO/ATP 模式发车。

抢修成功后,运营调度通知全线恢复运营,通知列车值守人员全员下车。

(三)ATP 故障的应急处理

ATP 故障分为轨旁 ATP 故障和车载 ATP 故障,轨旁故障的处理方法与道岔故障处理的方法较为类似,主要是运营调度员命令相关人员登乘列车以人工驾驶模式离开故障区段后恢复正常。下面讨论的是车载 ATP 故障的处理方法。

1. 确认故障

车载 ATP 设备故障时,信号系统控制列车停车,同时将故障信息传输到 OCC 报警,运营调度确认情况。

2. 远程处置

运营调度员:将后续列车扣停于车站后,尝试远程重启故障列车的人工模式,重启成功后,满足条件后故障列车自动升级为 FAM 模式;同时对故障列车进行远程广播,安抚乘客。

3. 通知相关人员登乘故障列车

运营调度员:如果远程重启失败后,UTO 模式下安排列车值守人员登乘(若列车值守人员无法及时赶赴登乘地点,可安排车站具备驾驶资质人员替代登乘),DTO 模式下由值守人员处置。

4. 清客

运营调度员:对故障列车进行远程清客广播,告知乘客故障情况。

列车值守人员:根据运营调度员的命令,登乘故障车并切除车载 ATP,采用人工驾驶模式驾驶列车至车站打开车门和站台门,清客后将列车下线。

(四)列车定位丢失故障的应急处理

全自动运行线路列车定位丢失故障的处理方法,和非全自动运行的CBTC线路列车定位丢失后的处理方法较为类似,列车转换驾驶模式运行一段距离重新获得定位后恢复正常。

1.转换驾驶模式

运营调度员:发现列车因失去定位时会触发紧急制动后,通过远程指令启动故障列车的全自动限制驾驶模式FRM,监视故障列车以25km/h速度运行一定距离直至再次获得定位。

2.恢复运行

运营调度员:在列车运行一定距离重新获得定位后,在不停车的情况下将列车转换至全自动列车运行模式FAM;若还是无法获得定位,UTO模式下通知列车值守人员登乘列车以人工驾驶方式就近退出运营(若列车值守人员无法及时赶赴登乘地点,可安排车站具备驾驶资质人员替代登乘),DTO模式下由值守人员处置。

列车值守人员:接到调度员命令后,登乘并人工驾驶列车就近退出运营。

项目四　列车故障(事故)的应急处理

【能力目标】

1. 掌握突发各种列车故障(事故)时的应急处理程序。

2. 了解工程车参与事故应急处理的方法。

3. 进行各种突发列车故障的演练。

【素质目标】

1. 通过学习车门故障和挤岔事故的案例,使学生认识到城市轨道交通运营工作中出现一丝麻痹大意都有可能带来难以挽回的严重后果,促使他们养成勤奋认真、一丝不苟的学习及工作习惯。

2. 通过列车救援过程的学习,使学生认识到列车救援方案的制订是一项原则性和技巧性很强的工作,行车调度员需要统筹全局、精心谋划、反复比较,选取最优的救援方案,从而提升学生的学习兴趣。

3. 通过参与列车故障救援综合演练,使学生亲身体验到城市轨道交通行车调度员、行车值班员和列车司机的工作内容和职责,加深对应急处理工作复杂性、多样性的认知,牢固树立"安全第一"的思想。

【学习任务】

1. 按应急处理程序处理列车车门故障。

2. 按应急处理程序处理列车牵引制动系统故障。

3. 按各种应急处理演练方案分组进行模拟演练。

4. 掌握工程车参与事故应急处理的组织方法。

5. 了解列车挤岔或脱轨事故的应急处理方法。

在城市轨道交通列车的运行过程中,列车本身如果发生故障(事故),必将给城市轨道交通线路的运营带来不利的影响,这种影响的大小既和故障(事故)的严重程度有关,也和城市轨道交通运营指挥人员的应急处理能力有关。这些故障(事故)主要包括:列车服务设施故障、列车车门故障、列车牵引制动系统故障、列车挤岔、列车脱轨、列车冲突等。本项目将选取其中发生概率相对较高、对列车运行安全和客运服务影响较大的列车车门故障、列车牵引制动系统故障、列车挤岔三种故障的应急处理方法加以详细阐述。

模块一　列车车门故障的应急处理

车门故障是城市轨道交通列车在运行中发生最多的故障,车门故障的主要形式是无法正常开关,车门故障后给乘客的乘降带来很大的影响,因此必须立即采取措施确保乘客的安全和运营工作的顺利进行。

任务一　分析并理解不同类型车门故障的应急处理程序

【任务书】

1. 掌握主要的车门故障种类。

2. 掌握各种车门故障的基本处理程序。

3. 将各种车门故障的处理方法进行总结，归纳出处理后继续运营、运行到终点站后退出运营、就近退出运营3种基本处理方法，并能够分析3种基本处理方法对运营工作产生的影响。

一　相关理论知识——列车车门故障的应急处理方法

在列车自动控制系统（ATC）中，ATO子系统的主要作用是控制列车自动运行，ATP子系统的主要作用是保证列车在正常运作状况下的安全。列车车门工作状态在ATO驾驶模式运行中，由ATO发出自动指令并在ATP监督授权下操作；在手动（SM）和向前限速（RM）驾驶模式运行中，车门操作都是在ATP的监督下由司机操纵。在紧急情况下，待列车停顿后，可以由运营人员或乘客手动操作紧急启动柄由车内打开车门。

列车在车站发生车门故障时，由司机前往故障门处进行处理，车站站务员及时协助。如果处理及时，一般说来车门故障对乘客影响不大，但是在实际工作中也出现过因为车门打不开而导致清客甚至列车救援的情况，给运营服务带来很大的影响。例如在某城市轨道交通公司的一次车门故障中，一列车在站台停稳后，整列车门不能打开，司机按压“强行开门”按钮和切除ATP均不能开门，在尝试后端驾驶室后也无法开门，最终行车调度员要求司机广播让乘客手动拉开车门清客。这是一起列车因车门故障而导致清客的实例。由此可见，车门故障不能仅当作小故障来看待，小故障也会给运营安全和客运服务带来较大影响，需要引起行车指挥人员的足够重视。

常见的车门故障和应急处理方法一般有以下7种。

1. 一节车同一侧有一个/两个车门开/关故障

司机再次按下开/关门按钮，尝试对故障的车门再开/关一次。如车门仍没有打开/关闭，则重复上述动作一次。

如车门仍有故障，在确认故障车门已关闭后，由站务人员用方孔钥匙将车门切除；若不能关闭，手动关门后，用方孔钥匙将车门切除，在站务人员贴上“车门故障暂停使用”的字条后继续投入服务。

2. 一节车同一侧有三个或多于三个车门故障

司机再次按下开/关门按钮，尝试对故障的车门再开/关一次。如车门仍没有打开/关闭，则重复上述动作一次；如果故障还未排除，司机则检查相应电器柜的空气开关，复位分断的空气开关，复位正常后继续运营。

如车门仍有故障，在确认故障车门已关闭后，用方孔钥匙将车门切除；若不能关闭，手动关门后，用方孔钥匙将车门切除；在站务人员贴上“车门故障暂停使用”的字条后，维持运行到终点后退出服务。

3. 故障车门无法正常关闭，并且用方孔钥匙也不能切除

司机确认车门不能关闭，并且用方孔钥匙也不能切除。这时司机应根据行车调度员

的指示就近清客，清客后司机使用“旁路开关”将控制列车开关门的电气回路旁路后关闭车门，再驾驶列车运行至终点站退出运营。

4. 司机关门后出现车门紧急解锁

司机确认“门关好灯”是否亮，若亮则为假故障，可继续运营。若“门关好灯”不亮，司机可根据故障指示找到相应车门，用方孔钥匙将车门上的紧急解锁手柄复位。若紧急解锁手柄已在水平位置，确认车门已关闭，用方孔钥匙将车门切除，门关好灯亮，继续运营。

若在运行中出现车门紧急解锁，列车产生紧急制动（ATP 保护）情况，列车停车后，司机对相应车门进行处理。

5. 按下“开门”按钮，全列车门无法打开

司机再次按下“开门”按钮，重新开门。如车门仍有故障，司机检查相应电器柜的空气开关，复位分断的空气开关，如果闭合则将其重新断合一次。如故障不能排除，将上述开关重新断合一次。

如故障还是不能排除，司机应该将司机手柄转向“洗车”模式，按下“开门”按钮。如果列车门能打开，则上下客结束关闭列车门后，司机将手柄转回“手动”模式，待运营到下一站后，检查开门功能是否正常。如果车门开关正常则恢复正常运营；否则重复上述操作，列车运营至终点，退出运营。

如果列车门还是未能打开，则司机用方孔钥匙打开每节车外墙上的紧急解锁装置，通过每节车的一扇门进行清客，清客后再驾驶列车运行至终点站退出运营。

6. 按下“关门”按钮，全列车门无法关闭

司机再次按下“关门”按钮，重新关门。如果车门仍然无法关闭，则司机检查相应电器柜的空气开关，复位分断的空气开关，如果闭合则将其重新断合一次。如故障不能排除，将上述开关重新断合一次。

如果还不能解决，则司机应在请示行车调度员后就近清客。清客后，司机使用“旁路开关”将控制列车开关门的电气回路隔离后关闭车门，再驾驶列车运行至终点站退出运营。

7. 所有车门已关好，“门关好”指示灯不亮，也无车门故障显示

司机再次按下“开/关门”按钮，重新开/关门，如果“门关好”指示灯显示正常，则继续运营；如果“门关好灯”仍不亮，则司机检查相应电器柜的空气开关，复位分断的空气开关，如果闭合则将其重新断合一次。如果“门关好”指示灯显示正常，则继续运营，否则，落弓、收车、重新启动列车。

如果经过以上操作“门关好”指示灯仍不亮，则司机应在请示行车调度员后就近清客。清客后，司机使用“旁路开关”将控制列车开关门的电气回路隔离后关闭车门，然后驾驶列车运行至终点站退出运营。

二 相关案例——某城市轨道交通线路列车车门故障

（一）故障经过

8:36　0145 次列车在 E 站下行站台司机报Ⅱ/A 第 4 扇、Ⅰ/C 车第 2 扇车门无法关

闭,要求处理,行车调度员令其抓紧处理并令车站派人配合。车门故障示意图如图 4-1 所示。

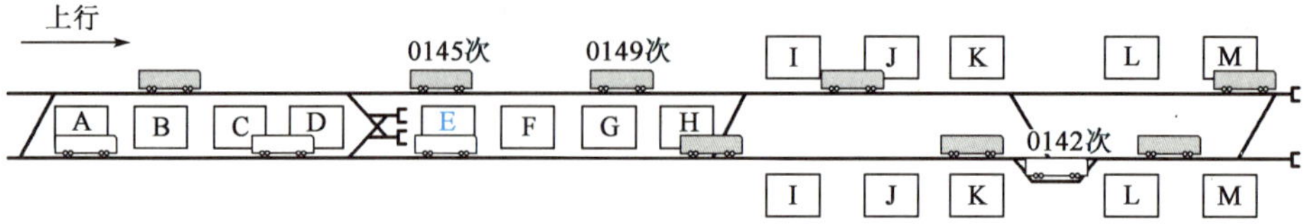

图 4-1 0145 次列车车门故障示意图

8:38—8:40 行车调度员多次呼叫 0145 次列车司机,司机均无应答,行车调度员令车站现场工作人员提醒司机与行车调度员联系,并对相应列车进行扣车。

8:40 0145 次列车司机报该车多次重新开关门后,故障面板显示站台侧所有车门均显示红色,目前车门既无法打开也无法关闭,行车调度员令司机对车门抓紧处理,如无法处理就在 E 站下行站台清客。

8:42—8:46 行车调度员多次呼叫 0145 次列车司机,司机均无应答;行车调度员再次令车站现场工作人员提醒司机与行车调度员联系。并对全线列车进行调整:D 站小交路列车折返,填补下行间隔;M 站下行发出列车采用间隔调整;安排 K 站备车 0142 次列车空车运行至 E 站下行载客。

8:42 行车调度员向 K 站—E 站各站发布限流命令,报公司监督站和 COCC;8:45 起,E 站关闭所有进站闸机、F 站—M 站各站均放慢售票速度,9:10 取消各站限流命令。K 站—E 站限流示意图如图 4-2 所示。

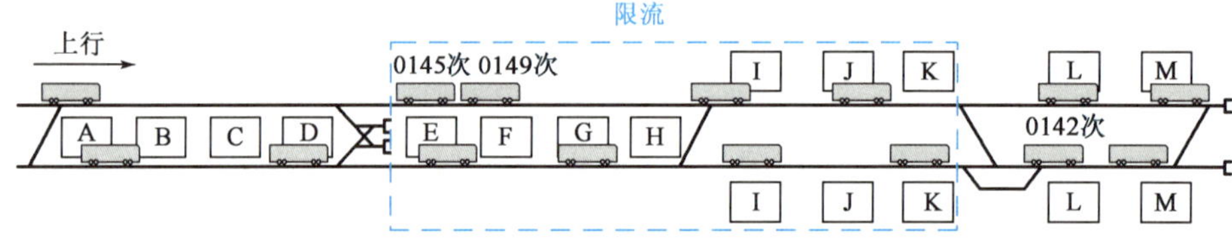

图 4-2 K 站—E 站限流示意图

8:43 0145 次列车司机报目前车门故障无法排除,行车调度员令 0145 次列车司机及 E 站广播并采用拉紧急拉手方式清客。

8:44 行车调度员令 K 站—E 站下行各次列车、车站做好乘客广播,安抚乘客。

8:45 行车调度员询问 E 站清客情况,车站报因车门故障,只有部分已开启的车门在清客,清客速度很慢,行车调度员令车站尽快清客,报公司监督站及 COCC。

8:49 F 站—E 站下行区间后续 0149 次列车司机报有 3 扇车门的“紧急拉手”被乘客拉下,行车调度员令司机留下备用联系方式后,令其到现场复位,后司机在处理过程中又有 2 扇车门的“紧急拉手”被拉下,司机共恢复 5 扇车门的“紧急拉手”。

8:50—9:00 行车调度员通过 CCTV 发现 0145 次列车清客过程缓慢,有乘客反复进出列车,大量乘客拥挤在屏蔽门与车门之间,令车站广播、抓紧疏导乘客退回黄色安全线内。

9:00 0145 次列车司机报:因大量乘客仍滞留在列车车厢内,不肯下车,现各车门“紧急拉手”均复位并关闭。行车调度员令司机广播告之滞留乘客后切关门旁路,再 ATP 手动运行。

9:02　0145 次列车动车,9:15 该车运行至 A 站下行后再次清客(A 站—D 站各站均确认 0145 次列车通过车站时车门均处于关闭状态),0145 次列车在 A 站下行站台完成全列车的清客工作,行车调度员命令该车司机空车回库检修。

9:06　0149 次列车在 F 站—E 站下行区间被拉车门紧急拉手复位成功,行车调度员令该车恢复运行后 E 站通过。列车清客调整示意图如图 4-3 所示。

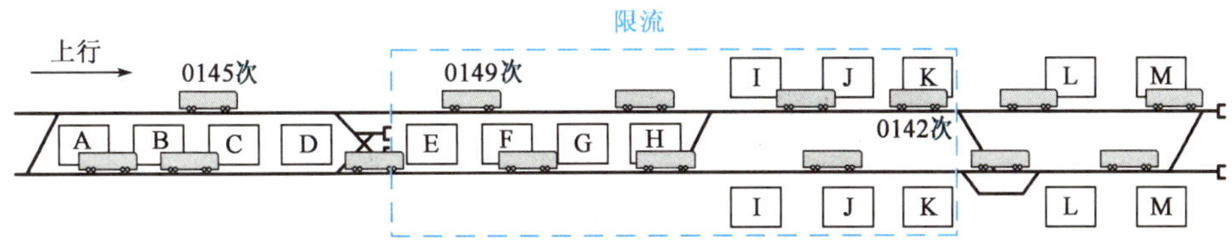

图 4-3　列车清客调整示意图

9:08　行车调度员对全线列车进行调整。

(二)经验总结与问题分析

(1)8:36,0145 次列车司机报Ⅱ/A 第 4 扇、Ⅰ/C 车第 2 扇车门无法关闭,要求处理,到 8:38 后续 0149 次列车至 F 站上下客后即动车,调度未对该车进行有效扣车,导致该车区间追停 20 多分钟,乘客在区间多次拉紧急把手,并导致大量乘客投诉。

(2)8:40,0145 次列车司机紧急处理后,车门仍故障,调度员令司机抓紧处理,并令司机如无法处理就在 E 站下行清客。根据清客作业规定,清客需司机与车站同步作业,故此类命令的发布需要调度员同时命令司机与车站协同执行,在此案例中,如此发布命令不够正式、正确,可能会导致司机与车站组织客流存在偏误等问题。

(3)8:36 列车发生故障,8:46 发布清客命令,8:52 司机回复车站已配合清客,9:00清客还未结束,9:15A 站再次清客。从清客过程来看,清客时间占据整个延误时间的 90%多,且分两次清客,体现发布清客命令不够果断,对车站、司机发布命令不一致,未体现调度对现场的控制力度。

(4)9:06 0149 次列车在 F 站—E 站下行区间被拉车门“紧急拉手”复位成功,行车调度员令该车 E 站通过。考虑到清客车站客流情况,通过放站措施有效避免了再次拥堵吊门对运营带来深层次的影响。

(5)从故障点开通后运营恢复情况看,行车调度员采取后续 0149 次列车通过 E 站的方式避免了乘客再次吊门,鉴于高峰时段,列车满载度都较高,一旦有列车清客对后续列车产生的客流压力相当大,故尽可能安排空车至清客车站载客。此案例中,可考虑安排上行列车放空后经 H 站折至下行或 K 站备车提早放空至下行的方式,保证线路在故障点开通后有充足的运能储备,在较短的时间内疏散拥堵客流。

(6)从本次事件调整措施来看,通过加快 D 站折返速度确保了 D 站以北区段运营不受到影响,但对 M 站发车间隔的控制未能有效落实,导致运营恢复后下行方向积压严重,对运营恢复后的快速调整带来一定难度。调度员在事故处理中,还需灵活安排运能,尽可能平衡上下行运能。本案例中可以通过在其他有渡线车站折返 1 ~ 2 辆列车的方式将下行冗余列车调整到上行,以提高运营调整的效率。

三 媒体报道——广州地铁车门故障　数百乘客滞留

广州地铁2号线2006年3月1日下午17:00许，因一列车发生故障，从海珠广场至三元里区间的数百名乘客被迫滞留在地铁站台，有的乘客等了半个多小时仍未能上车（图4-4）。故障导致该区间中断行车持续了20多分钟，至晚上18:00许，该区间地铁才基本恢复正常运营。

图4-4　乘客在地铁站台滞留现场图

在海珠广场办事的陈先生当日17:00许来到地铁站准备乘地铁到体育西路站，他买好票进到站台后，刚好看到自己要乘方向的一列车停在站台，然而等了十多分钟也不见列车开门。到17:30左右，列车车门突然打开，车上的乘客也全部从列车上下来了。无奈之下，陈先生只得继续等，到17:50左右，陈先生才坐上地铁。好不容易上了车，在路上又停了大约10min。陈先生说，当时有很多乘客等不及了，只好纷纷退票。

广州市地铁公司称，是因为下午17:18从琶洲开往三元里方向的一列列车到达海珠广场站站台后，司机发现列车故障，不能启动，导致往三元里方向的列车中断了23min。

任务二　进行各种车门故障应急处理演练

【任务书1】

要求学生每5人分成一个小组分别扮演值班主任、行车调度员、故障车司机、值班站长、站务员，按照下列车门应急处理单项演练方案进行车门故障应急处理单项演练。

一 列车车门故障的应急处理单项演练方案

由5个学生分别担任值班主任、行车调度员、故障车司机、值班站长、站务员进行单项演练。车门故障应急处理演练线路示意图如图4-5所示。

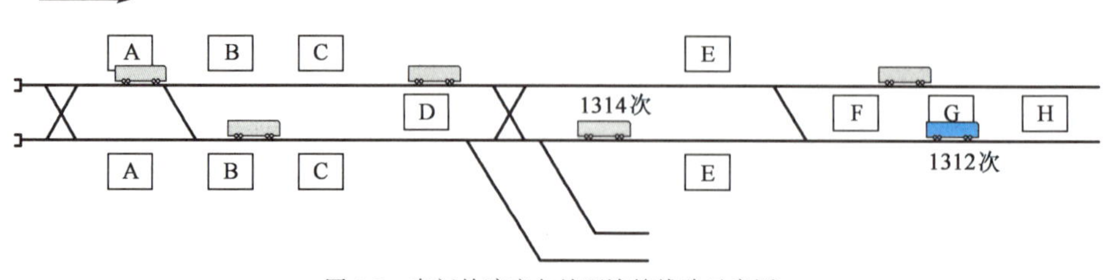

图4-5　车门故障应急处理演练线路示意图

（一）"几个车门状态不正常且车门故障无法排除"的单项演练方案

1312次列车到达G站停车后，G站站务员发现有车门开关的状态不正常后报告值班站长，同时引导乘客避免从有故障的车门出入：值班站长，上行列车02A车的1A、2A、3A车门开关状态不正常。

（1）值班站长：行调，G站1312次02A车1A、2A、3A车门状态不正常。

（2）1312次列车司机：行调，1312次02A车1A、2A、3A车门状态不正常。

（3）行车调度员：值班主任，G站上行站台1312次有车门状态不正常。

（4）值班主任：通知值班站长安排派站务人员协助1312次司机把故障车门隔离；1312次司机在抵达终点站之后清客，退出运营检修。

（5）1312次列车司机重新打开、关闭车门，车门状态仍然故障后汇报：行调，车门故障依旧存在请安排站务人员将故障车门隔离。

（6）行车调度员：G站值班站长，请安排派站务人员协助1312次司机把故障车门隔离；1312次司机，车站将派人将故障车门隔离。

G站值班站长、1312次司机复诵。

（7）值班站长：站务员，用钥匙转动门板外侧的隔离锁将上行列车故障车门隔离。

（8）站务员执行值班站长的指示，手动将车门关闭，用钥匙转动门板外侧的隔离锁将车门隔离并贴上"车门故障暂停使用"的字条后汇报：值班站长，故障车门已被隔离。

（9）值班站长：1312次司机，故障车门已被隔离；行调，故障车门已被隔离。

（10）行车调度员：1312次司机，列车车门已被隔离，继续运行至终点站清客后进存车线退出运营准备检修。

1312次列车司机复诵。

（二）"车门关闭后'门关好'指示灯不亮，列车不能正常牵引"的单项演练方案

（1）1312次列车司机：行调，1312次在G站上行站台上下客完毕后车门关闭到位指示灯不亮，推"牵引手柄"时列车不动。

（2）行车调度员：值班主任，1312次在G站上行站台上下客完毕后车门关闭到位指示灯不亮，推"牵引手柄"时列车不动；1314次到达F站后停车待令。

1314次司机复诵。

（3）值班主任：通知故障车司机进行故障处理，通知车站派遣站务人员沿着站台沿途检查每扇车门是否锁闭到位。

（4）行车调度员：1312次司机按《车辆故障处理指南》进行故障处理，车站将派人检查车门是否锁闭到位；G站值班站长，请派遣站务人员沿着站台检查每扇车门是否锁闭到位。

G站值班站长、1312次列车司机复诵。

（5）G站值班站长：站务员，沿着站台检查上行列车每扇车门是否锁闭到位。

（6）站务员复诵并按值班站长的指示沿着站台检查1312次列车的每扇车门是否锁闭到位后汇报：值班站长，1312次车门已完全关闭。

(7)1312 次列车司机发现车门关闭指示灯仍然不亮后汇报：行调，1312 次车门故障未能解除，请求在站台清客后退出运营。

(8)行车调度员：值班主任，1312 次车门故障未能解除，建议在站台清客后退出运营。

(9)值班主任：1312 次在 G 站清客后退出运营。

(10)行车调度员：1312 次在 G 站台清客，G 站协助做好清客工作。

1312 次列车司机、G 站值班站长复诵。

(11)1312 次司机利用车载广播通知乘客：各位乘客请注意，由于列车故障，本次列车将退出服务，全体乘客请下车，对给您带来的不便，我们深表歉意。

(12)G 站值班站长：站务员，请到站台协助疏散 1312 次列车乘客。

(13)G 站值班站长利用车站广播通知乘客：各位乘客，由于设备故障，本次开往 P 站方向列车将退出服务，有急事的乘客，请改乘其他交通工具。出站时请听从工作人员的指引，已购票的乘客在本站票亭退票或更新 IC 卡，不便之处，敬请谅解。

(14)站务员复诵后到站台协助司机疏散乘客。

(15)站务员汇报：值班站长，1312 次列车清客完毕。

(16)值班站长：1312 次司机，1312 次列车清客完毕；行调，1312 次列车清客完毕。

(17)行车调度员：1312 次列车空车运行至终点站后，进折返线退出运营准备检修。

1312 次列车司机复诵。

【任务书 2】

1. 理解下列各种列车车门故障应急处理程序编制的原则和基本思路。

2. 对比以下列车车门故障的应急处理程序(一)、(二)和单项演练方案的区别，将列车车门故障应急处理程序(三)改写成单项演练方案，并采用角色扮演法分组进行模拟单项演练。

二 列车车门故障的应急处理程序

(一)“几个车门状态不正常且车门故障无法排除”的应急处理程序

1. 发现车门开关的状态不正常

(1)站务人员

①发现有车门开关的状态不正常。

②通知值班站长有车门状态不正常。

③引导乘客避免从有故障的车门出入。

(2)值班站长

报告行车调度员通知故障列车司机车门开、关的状态不正常。

(3)故障车司机

①发现有车门状态不正常。

②收到行车调度员的通知，有车门状态不正常。

③重新打开、关闭车门，车门状态仍然故障。

④向行车调度员报告列车编号、位置、故障情况。

⑤请示行车调度员安排站务人员用钥匙转动门板外侧的隔离锁将车门隔离。

2. 安排站务人员隔离车门

(1)行车调度员

接到故障列车司机报告后,报告值班主任列车的编号、位置和故障状态。

(2)值班主任

①接获列车故障报告后进行记录。

②指示行车调度员通知值班站长安排站务人员协助故障车司机把故障车门隔离。

③指示行车调度员通知故障车司机在抵达终点站之后清客,退出运营检修。

(3)行车调度员

①指示值班站长安排站务人员用钥匙转动门板外侧的隔离锁将车门隔离。

②通知故障列车司机,站务人员将会把故障车门隔离。

(4)故障车司机在接获行车调度员的通知后,等待站务人员将故障车门隔离。

(5)值班站长在接获行车调度员的指示后,指示站务人员用钥匙转动门板外侧的隔离锁将故障车门隔离。

(6)站务人员

①执行值班站长的指示,手动将车门关闭,用钥匙转动车门外侧的隔离锁将车门隔离,并贴上“车门故障暂停使用”的字条。

②如果车门无法手动关闭、隔离锁锁舌松动断裂、隔离后车门指示灯不亮,隔离失败。

③打开侧罩板,关闭车门电源开关,手动关闭车门。

④故障车门已被隔离后,向值班站长汇报。

(7)值班站长

报告行车调度员及通知故障列车司机故障车门已被隔离。

3. 运行至终点站后退出运营

(1)行车调度员

收到值班站长的报告后:

①通知故障列车司机故障车门已被隔离。

②指示故障列车司机确认故障车门已被隔离后,继续运营至终点站后清客,退出运营检修。

(2)故障车司机

收到行车调度员通知站务人员已将车门隔离的指示后:

①观察车门显示、门关到位指示灯以确认故障车门已被隔离。

②继续运营至终点站后清客,退出运营检修。

(二)“车门关闭后‘门关好’指示灯不亮,列车不能正常牵引”的应急处理程序

1. 司机发现“门关好”指示灯不亮

(1)故障车司机

①列车停在站台上,所有车门都已关闭。

②司机驾驶台上门关闭到位指示灯不亮,推“牵引手柄”时列车不动。

③司机重新打开、关闭车门,“门关好”指示灯仍然不亮。

④使用车载广播系统通知旅客列车发生故障,请旅客等待几分钟。

⑤向行车调度员报告列车编号、停留位置、故障情况。

(2)行车调度员

①接到故障车司机报告后,报告值班主任列车的编号、位置和故障状态。

②暂停受影响区段的列车运行。

2. 安排站务人员检查车门锁闭情况

(1)值班主任

①接获列车故障报告后进行记录。

②指示行车调度员通知故障车司机进行故障处理及允许司机进行故障处理的时间。

③指示行车调度员通知值班站长派遣站务人员沿着站台检查每扇车门是否锁闭到位。

(2)行车调度员

①执行值班主任的指示,通知故障车司机进行故障排除。

②告知故障车司机允许进行故障处理的时间。

③通知故障列车司机将安排站务人员沿着站台检查每扇车门是否锁闭到位。

④通知值班站长派遣站务人员沿着站台沿途检查每扇车门是否锁闭到位。

(3)故障车司机

按行车调度员要求进行故障排除。

(4)值班站长

在接获行车调度员的指示后,指示站务人员到站台沿着站台检查每扇车门是否锁闭到位,如有车门没有关闭到位,重新手动关闭,直到车门完全锁闭。

(5)站务人员

①沿着站台检查每扇车门是否锁闭到位,如有车门没有关闭到位,重新手动关闭,直到车门完全锁闭。

②报告值班站长车门已完全关闭。

3. 清客退出运营

(1)故障车司机

①当站务人员通知车门已完全关闭后,检查车门“门关好”指示灯,但仍然不亮。

②报告行车调度员故障未能解除,请示行车调度员在站台疏散列车内的旅客,列车退出运营检修。

(2)行车调度员

接到故障车司机的报告后,报告值班主任列车状态和故障处理的结果,建议值班主任允许在站台疏散列车内的旅客,列车退出运营检修。

(3)值班主任

①接获行车调度员的报告后,确定故障的严重性,指示行车调度员通知故障列车司机在站台疏散列车内的旅客,列车退出运营检修。

②指示行车调度员通知车站的值班站长协助疏散故障列车内的旅客。

(4)行车调度员

①执行值班主任的指示,通知故障列车司机在站台疏散列车内的旅客,列车退出运营

检修。

②通知车站的值班站长协助疏散故障列车内的旅客。

(5)故障车司机

执行行车调度员的指示,通过车载广播系统通知列车旅客此列车将停止服务,请列车旅客进行疏散不要留在车上。

(6)值班站长

①在接获行车调度员有关疏散列车旅客的指示后,指示站务人员到站台协助疏散列车旅客。

②启用车站广播通知站台旅客该列车将停止服务,请旅客不要上车。

(7)站务人员

①执行值班站长的指示,到站台协助疏散列车旅客。

②旅客疏散完毕后报告值班站长旅客已全部疏散。

(8)故障车司机

报告行车调度员列车旅客已全部疏散。

(9)行车调度员

①报告值班主任列车旅客已全部疏散。

②请示值班主任可将故障列车退出运营进行检修。

(10)值班主任

接获行车调度员故障列车旅客已全部疏散的报告后,指示行车调度员通知故障列车司机将此列车退出运营进行检修。

(11)行车调度员

执行值班主任的指示,通知故障列车司机将此列车退出运营进行检修。

(12)故障车司机

使用"旁路开关"关闭车门,采用RM模式驾驶列车到终点站后退出运营进行检修。

(三)"几个车门状态不正常,车门故障经检修排除"的应急处理程序

1.发现车门开关的状态不正常

(1)站务人员

①发现有车门开关的状态不正常。

②通知值班站长有车门状态不正常。

③引导乘客避免从有故障的车门出入。

(2)值班站长

报告行车调度员及通知故障列车司机车门开关的状态不正常。

(3)故障车司机

①发现有车门状态不正常。

②收到站务人员的通知,有车门状态不正常。

③重新打开关闭车门,车门状态仍然故障。

④向行车调度员报告列车编号、位置、故障情况。

⑤请示行车调度员安排站务人员用钥匙转动门板外侧的隔离锁将车门隔离。

2. 安排站务人员隔离车门

(1)行车调度员

接到故障列车司机报告后,报告值班主任列车的编号、位置和故障状态。

(2)值班主任

①接获列车故障报告后进行记录。

②指示行车调度员通知故障车司机进行故障处理。

③通知检修调度员,请安排检修人员做好准备。

(3)行车调度员

①指示值班站长安排站务人员用钥匙转动门板外侧的隔离锁将车门隔离。

②通知故障列车司机站务人员将会把故障车门隔离。

(4)故障车司机

在接获行车调度员的通知后,等待站务人员将故障车门隔离。

(5)检修人员

两名检修人员接到检修调度员的通知后,上车进行处理。

(6)值班站长

在接获行车调度员的指示后,指示站务人员用钥匙转动门板外侧的隔离锁将故障车门隔离。

(7)站务人员

①执行值班站长的指示,手动将车门关闭,用钥匙转动门板外侧的隔离锁将车门隔离。

②如果车门无法手动关闭、隔离锁锁舌松动断裂、隔离后车门指示灯不亮,隔离失败。

③打开侧罩板,关闭车门电源开关,手动关闭车门。

④故障车门已被隔离。

⑤通知值班站长故障车门已被隔离。

(8)值班站长

报告行车调度员及通知故障列车司机故障车门已被隔离。

(9)行车调度员

①收到值班站长的报告,通知故障列车司机故障车门已被隔离。

②指示故障列车司机确认故障车门已被隔离后,继续运营。

(10)故障车司机

收到行车调度员及值班站长站务人员已将车门隔离的通知后,观察车门显示、门关到位指示灯以确认故障车门已被隔离后,继续运营。

3. 故障排除后恢复正常运营

(1)检修员

①进行处理后,确认车门故障被排除。

②报告车辆检修调度员车门故障已排除,列车可正常运营。

(2)车辆检修调度员

报告值班主任车门故障已排除,列车可正常运营。

(3)行车调度员

报告值班主任请示列车投入正常运营。

(4)值班主任

接获行车调度员和检修调度员报告车门故障已排除后,指示行车调度员通知故障列车司机车门故障已排除,列车可正常运营。

(5)行车调度员

通知故障列车司机车门故障已排除,列车可正常运营。

(6)故障车司机

执行行车调度员指示,驾驶列车正常运营。

模块二　列车牵引制动系统故障的应急处理

一旦运营中的列车出现牵引制动系统故障将使城市轨道交通线路的行车工作陷入停顿,特别是当故障短时间内无法排除时,行车调度员将不得不采取各种行车调整措施维持部分线路的运行,并对故障列车进行救援,这就对行车指挥人员的应急处理能力提出了很高的要求。

任务一　分析并理解列车牵引制动系统故障应急处理的基本方法

【任务书】

掌握列车救援的基本原则和现场组织方法。

一　相关理论知识——列车牵引制动系统故障应急处理方法

(一)列车牵引制动系统故障的处理原则

列车牵引制动系统故障时,司机应立刻向行车调度员报告,行车调度员及时将故障情况通知车辆检修调度员,并根据其建议来决定列车是维持运营,到终点退出运营,还是立刻退出运营。

列车运营过程中经常会出现列车无牵引力或制动系统故障将轮对卡死等现象,通常的处理方法是采取救援措施以最短的时间将故障车辆拖走(或推走),出清运营线路,最大限度地减少故障对城市轨道交通运营全局的干扰和影响。列车故障救援流程如图4-6所示。

(二)列车故障救援的行车组织方法

1.列车故障救援概述

列车在运行中除牵引制动系统故障外,在本项目模块一中提到的车门故障以及其他辅助系统的故障都有可能导致列车救援。

以某城市轨道交通运营公司为例,该公司1号线从1999年开通至2006年底共发生25起列车故障救援事件,2号线从2004年开通至2006年底共发生11起列车故障救援事件,两条线路总共发生列车救援事件36起。其中,1999年度发生9起,2000年度发生9起,2001年度发生1起,2004年度发生6起(1号线2起,2号线4起),2005年度发生5起

(1 号线 2 起,2 号线 3 起);2006 年度发生 6 起(1 号线 2 起,2 号线 4 起),具体的故障种类如表 4-1 和表 4-2 所示。

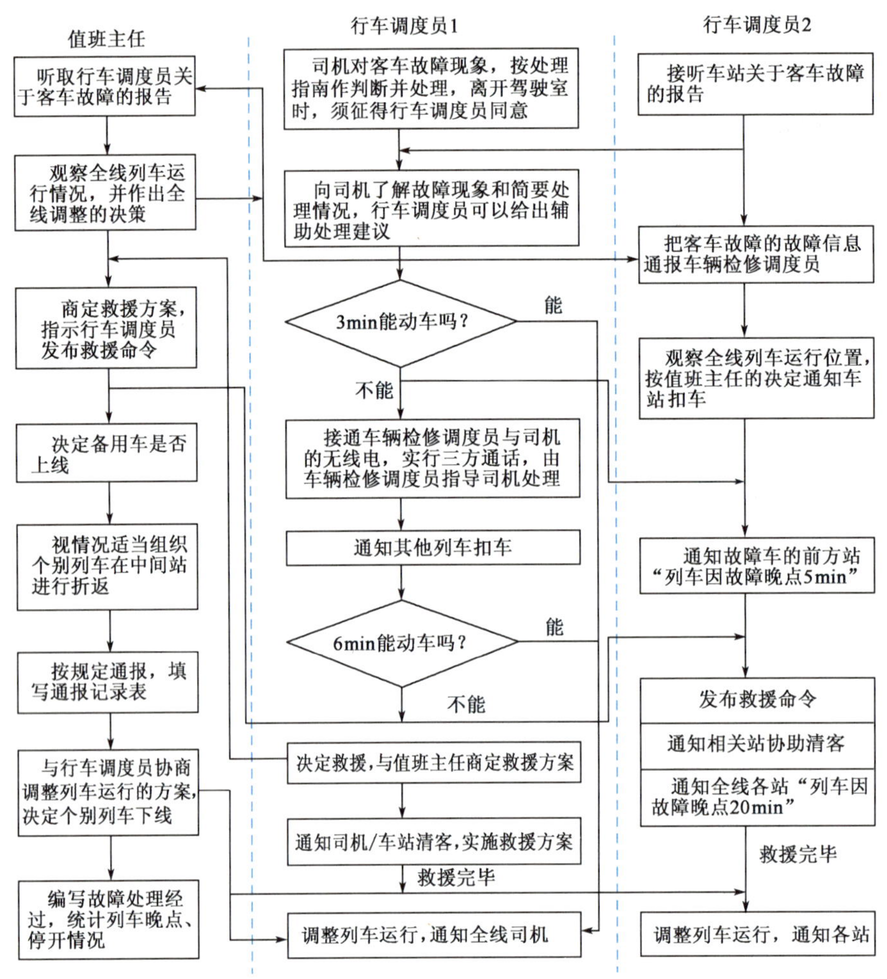

图 4-6　列车故障救援流程图

某城市轨道交通公司 1 号线列车故障原因分析表　　表 4-1

系统名称	制动系统	车门系统	牵引控制系统	其他系统	合计
次数(次)	3	8	13	1	25
比重(%)	12	32	52	4	100

某城市轨道交通公司 2 号线列车故障原因分析表　　表 4-2

系统名称	制动系统	车门系统	牵引控制系统	其他系统	合计
次数(次)	1	1	8	1	11
比重(%)	9	9	73	9	100

从表 4-1、表 4-2 分析可见,列车故障率较高的系统是列车牵引控制系统、车门系统,其中,牵引控制系统故障占救援事件总数的 50% ~70%,车门系统故障占救援事件总数

的10%～30%。牵引和制动系统故障导致救援的事件占救援事件总数的70%～80%，是导致列车救援的主要原因。车门系统故障率较高的原因主要是车门使用频率较高和部分零部件故障率高，列车在运营服务中，每个车站均至少开关车门一次，使用频率较高，而且车门系统与车辆的其他系统联系密切，车门系统故障会直接影响整列车的运行。另外，从以上统计中还可以看出，发生在线路刚开通两年的故障事件占总数60%～70%，过了新设备的磨合期后，各种系统故障的发生率都大为下降。

从表4-3中可以明显看出，在36起列车救援事件中，中断行车时间在25min以下的有32起；中断行车时间在25min以上的有4起，占总数的11%。因此，列车故障救援的影响时间应该可以控制在25min以内，合理的时间要求是18～25min。

某城市轨道交通公司列车故障救援中断行车时间统计表 表4-3

时间(min)	<18	18～25	>25	合计
起数(起)	11	21	4	36
比重(%)	31	58	11	100

国内有的城市轨道交通公司《行车事故管理规则》规定，中断正线行车30min以上的为一般行车事故。如果救援组织不力导致正线中断运行30min以上，将可能影响行车安全成绩。因此，对于行车指挥人员来说，要尽可能将列车故障救援的影响时间控制在30min以内。随着城市轨道交通公司员工故障处理能力、行车指挥水平和综合业务素质的提高，列车故障救援的影响时间将会不断缩短。

2. 列车故障救援的原则

列车故障救援是城市轨道交通运营中较为常见的特殊行车组织方式，它是为了迅速及时地将在正线运行中出现故障且在规定时间内不能排除的列车及时迅速地移动到指定地点，开通运营线路的运行方式。

列车故障救援一般可使用车辆基地内的内燃机车或正线运行的其他列车进行牵引(推进)作业完成；目前使用较多的是利用正线运行的列车完成，在一般情况下，它能更加快捷、迅速地进行救援，有利于线路开通。只有当故障车靠近车辆基地时，行车调度员才会考虑动用车辆基地内的内燃机车参与救援，这方面的内容在模块三“工程车参与列车救援和故障抢修的组织”中详细阐述。

正线运行的列车发生故障需要进行救援时，应尽量遵循“顺向救援”的原则，以确保其他正线列车运行的秩序，即原则上应尽量采用相邻的后续列车正向推进故障列车的方法进行救援。如图4-7所示，当0713次列车在D站—E站区间发生故障需要救援时，行车调度员一般会命令后续0913次列车对故障列车进行救援，这样相对于由前行0413次列车或其他列车进行救援的好处主要有两个方面，一方面，由于0913次列车司机在F站或E站清客后即可前往故障列车所在区间进行救援，节省了司机换端的时间，对前行和后续列车的运行影响不大，而如果命令0413次列车进行救援，则司机既要换端并反向运行才能到达故障列车所在区间，后续0913次列车也因无法运行而被迫清客并改开小交路。另一方面，相对于顺向救援来说，逆向救援使得城市轨道交通线路上列车逆时针运行的秩序被彻底打乱，行调将不得不采取小交路、单线双向运行等调度手段对行车秩序进行调整，加大了处理的难度。

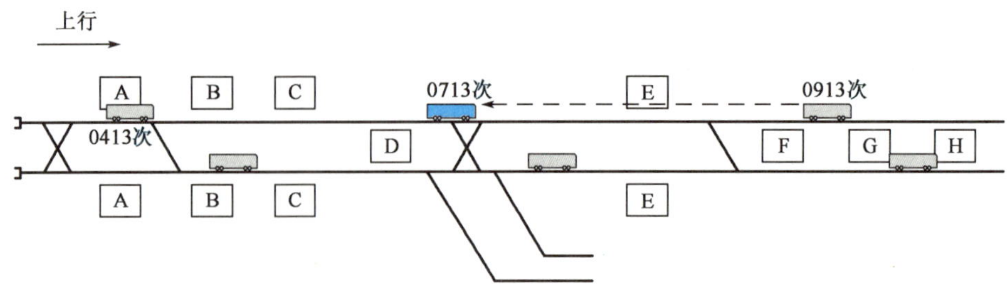

图 4-7 列车救援中"顺向救援"的原则

3. 列车故障救援中的调度组织技巧

列车故障救援在遵循"顺向救援"原则的同时,在一些特定情况下也不排除灵活运用其他方法,具体可大致概括如下。

(1)在辅助线附近实施"逆向救援"

"逆向救援"是指利用前行列车反向推进故障车进行救援的方法。根据故障车的不同位置可以分成两种情况,一种情况如图 4-8a)所示,当下行 0213 次列车故障需要救援时,由前行 0913 次列车逆向运行对故障车实施救援,能够很快将故障车推入 K 站存车线,如果由后续 0613 次列车实施救援,和故障车连挂后如果正向推进将距离其他辅助线较远,如果逆向牵引至 K 站存车线又要遇到换端耽误时间和完成救援后恢复运行较困难等问题。另一种情况如图 4-8b)所示,下行 0813 次列车刚完成折返时突发故障需要救援,此时 1012 次列车无法对故障车进行救援,行调只有命令前行 0713 次列车清客后实施"逆向救援",将 0813 次列车推入存车线后再恢复运行。

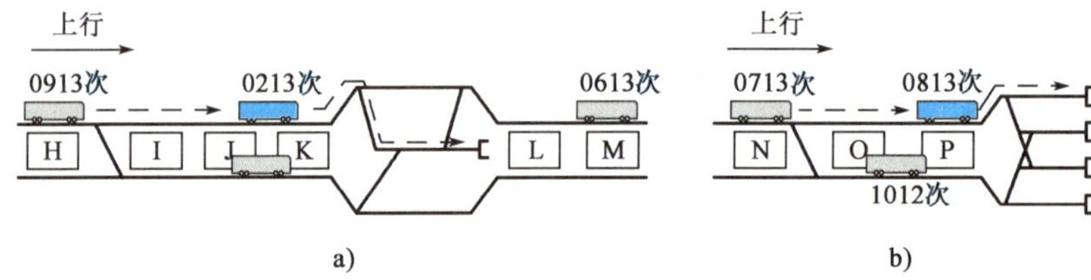

图 4-8 在辅助线附近实施"逆向救援"

(2)利用渡线变逆向牵引为顺向牵引

为了避免在救援过程中逆向牵引故障车对运营秩序的影响,调度员可以利用渡线变逆向牵引为顺向牵引。如图 4-9 所示,当 1312 次列车在 F 站附近故障要求救援时,行车调度员命令 0114 次列车在清客后前往救援,由于故障地点在车辆基地附近,因此两车连挂后不是向前推进而是应该逆向牵引回车辆基地,同时为了避免对其他上行列车运行的过大干扰,0114 次列车在牵引故障车到 F 站清客后经 F 站渡线至下行线再牵引回车辆基地,这样就变逆向牵引为顺向牵引,使得上行线能够很快开通,同时对下行线列车运行的影响也在可控的范围内,救援工作总体上对列车运行的影响降到了最低。

(3)利用后端动车避免救援

由于列车具有两端驾驶室都能动车的特点,有时行车调度员可以要求故障列车司机在故障处理中尝试后端动车以避免救援。利用后端动车的一种情况如图4-8所示,当列车在辅助线附近发生故障需要救援时,调度员除安排救援外的另一个选择是要求司机尝试列车后端驾驶室是否能够动车,如果后端能够动车,则命令司机清客后直接将故障车逆向牵引至辅助线退出运营,这样相对于由其他列车实施救援,其具有节省时间和减少清客等明显的优点。利用后端动车的另一种情况如图4-9所示,当1312次列车在F站附近故障要求救援时,行车调度员也可以要求司机尝试后端驾驶室是否能够动车,如果后端能够动车则要求司机经过F站渡线至下行线后顺向运行至D站后再推进回车辆基地。

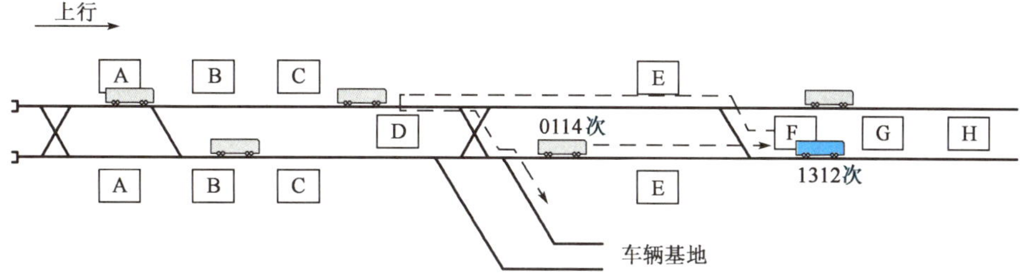

图4-9　利用渡线变"逆向牵引"为"顺向牵引"

利用后端动车还有另一种更加特殊的情况,如图4-10所示,上行1212次列车即将到达K站或1012次列车即将到达P站突发故障要求救援时,在故障列车上有两名司机或车站派出站务员在前端担任引导员的前提下,行车调度员可以命令司机尝试后端驾驶室是否能够动车,如果后端能够动车,则命令司机顺向推进故障车至辅助线退出运营。这样虽然也达到了减少清客和缩短行车中断时间的目的,但由于引导员不易上车(有的城市轨道交通公司规定经值班主任同意司机可以单独推进),因此除列车在车站发生故障外,行车调度员一般不采取这种处理方法。

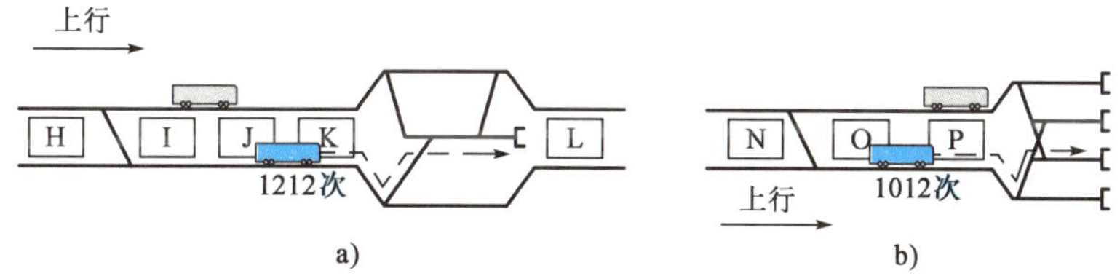

图4-10　后端动车推进至辅助线

利用后端动车的主要优点在于避免了除故障车外其他列车的清客,最大限度地减轻了对正线其他列车运行的影响,但也存在由于没有引导员因而只能牵引不能推进,如果后端不能动车会增加救援总体时间等问题。

需要强调的是,这些列车救援工作中的调度技巧来源于调度员实际工作中的经验总结,在具体的列车故障处理中还需要行车指挥人员根据确保行车安全、尽快开通线路和兼顾客运服务的原则视具体情况灵活运用。

4. 决定救援前调度员的准备工作

当运营中的列车发生故障时,行车调度员就应当在协助司机排除故障的同时做好救援的准备工作,这样一旦司机确认故障无法处理请求救援就能迅速采取措施,节省行车中断的时间。国内多数城市轨道交通运营企业都规定,在列车出现故障中断行车6min后,值班主任可以命令终止故障处理,实施列车救援。在这6min时间里,行车调度员大致要做如下准备工作。

(1)故障发生后1~2min

①向值班主任和车辆检修调度员等各调度员通报故障信息。

②扣停后续列车在后方车站,前方列车多停。

③通知车站协助司机处理故障,准备URM监控员(或列车引导员)。

④通知备用车司机上备用车。

(2)故障发生后2~3min

①全线列车多停。

②通知故障车所在车站及后方车站准备清客人员到站台待令。

(3)故障发生后3~4min

①连接三方通话,要求车辆检修调度对司机进行技术支援。

②通知后续列车及后方站清客。

(4)故障发生后4~5min

①通知司机清客并尝试后端。

②通知车站配合清客。

③向后续列车预先发布救援命令,并通知其动车到区间待令。

④通知相关车站准备小交路折返。

(5)故障发生后5~6min

①若后端不能动车或已过6min仍不能动车则由值班主任决定救援。

②通知故障车司机做好救援准备,说明来车方向。

③通知救援车司机动车连挂。

④向相关车站发布救援命令及晚点信息。

⑤通知备用车司机准备上线。

(三)列车故障救援的现场组织方法

1.列车救援前的准备工作

列车在区间或车站因故障被迫停车或不能启动时,司机要立即采取有效制动措施,并且用无线电话或其他有效通信工具向行车调度员报告情况,并在规定的时间内进行故障排除,如果不能迅速排除,应及时向行车调度员汇报并且请示故障救援。

故障列车司机救援请求报告的内容包括:列车车次,请求救援的事由原因,迫停时分、地点,是否影响邻线,其他需要说明的事项。

列车故障情况下行车组织由OCC全权负责,故障的判断和处理由司机负责,行车调度员有责任提出辅助处理意见,但司机离开驾驶室处理故障前须报告行车调度员批准。

行车调度员决定救援或接到司机的救援请求后,应向有关车站、司机发布开行救援列车的命令,讲清救援车开来方向。无ATP保护的列车救援或因挤岔、脱轨、线路故障等可能会影响后续列车行车安全的原因救援时,必须发布封锁线路的命令。

已申请救援的列车严禁动车,司机应做好安全防护及救援准备工作,包括技术与服务准备,如施加列车停车制动,关闭相关开关、阀门,进行客室广播说明情况或者进行清客等措施,并在救援列车开来方向打开列车车头灯进行防护。

故障列车在站台时需要立即组织清客。当故障列车停在区间时,如果确认救援列车较长时间内不能挂走故障列车,需要组织区间清客。清客时,由行车调度员发出命令通知司机和有关车站,要求做好乘客疏散组织工作。在进行区间清客时,还需要环控调度员组织隧道送风。

2. 救援过程

原则上救援列车必须空车前往救援。救援列车司机接到救援命令,清客广播两次后,可关闭客室照明,一定时间内未能清客完毕,带客前往救援。列车到达存车线(车辆基地)前,安排车站、公安配合再次清客。运营期间如需使用工程车进行救援,进行客车救援的工程车应采用内燃机车,并加装过渡车钩。

救援列车司机必须清楚故障列车的停车位置,在接近故障车的行进过程中,应严格按照行车调度员下达的救援命令执行。救援列车开往故障地点时应使用带 ATP 防护的人工驾驶模式,并且加强瞭望,限制行车速度,当接近故障车地点时列车收到"零码",列车停车后司机应使用限制速度的人工驾驶模式驾驶列车运行。以内燃机车为救援列车时必须在运行中高度警惕,不得超过规定速度,并认真瞭望,防止失去制动时机与制动距离而撞车。

救援列车应距故障车 20m 处停车,以 5km/h 速度接近故障车,3m 处一度停车,听候救援负责人(被救援列车司机)的指挥,进行连挂。故障列车在连挂之前可继续排除故障,但不能动车,如故障排除则报告行车调度员解除救援。

故障列车司机在完成等待救援的准备工作后应打开连挂端的头灯进行防护,发现救援列车到达,必须按规定显示手信号或用无线电对讲机与救援列车司机联络,待救援列车司机回复后才能允许挂车。得到可以连挂的信号后,救援列车以 3km/h 的速度进行连挂。列车连挂后,司机要进行试拉,确认连挂可靠后通知故障车司机缓解制动。

救援列车司机和故障车司机联系确认列车完全缓解,并确认无线电对讲设备的测试良好后才能按规定动车,一般推进故障车时限速 25km/h,牵引故障车时运行限速 45km/h,运行中两车司机可通过司机室对讲机进行联系确认。救援牵引运行时前方进路由救援车司机负责瞭望和确认,行车方式为手动驾驶。推进运行时前方进路由故障车司机负责瞭望和确认,行车方式为手动驾驶,遇有危及行车安全的情况应立即用无线电话通知救援车司机停车。天气不良或环境恶劣时应适当降低速度。

3. 救援结束后的工作

现场抢险、救援工作完毕,救援人员、工具出清线路,具备恢复运营条件后,各专业人员立即向现场指挥汇报,所有专业人员救援、抢修完毕并检查确认具备恢复运营条件后,现场指挥及时向总指挥汇报。

总指挥在接报具备恢复运营条件后,发布或授权发布救援终止命令,恢复正常运营。遇到发生人员伤亡、设备损坏时,按城市轨道交通运营企业有关应急预案规定执行。故障发生后,受影响车站要做好运营服务工作,城市轨道交通公司对工作人员要进行合理的站间调配,行车调度人员要根据情况对列车运行进行调整。

(四)全自动运行线路列车救援的应急处理方法

全自动运行线路列车故障需要救援时,在 DTO 模式下由故障列车和救援列车的值守人员参与应急处理,其过程与非自动运行线路的列车救援基本相同,这里主要介绍一下 UTO 模式下的列车救援过程。

列车故障迫停区间时,运营调度员进行远程故障处置,如果处置成功尽量操纵列车进站停车。若列车故障无法恢复,对故障车施加远程制动,进入救援程序。此时故障列车触发救援广播,若无法自动广播,运营调度员进行远程人工广播。

担任救援的后续列车站台清客后,运营调度员命令列车值守人员1和人员2共同登乘救援列车(若列车值守人员无法及时赶赴登乘地点,可安排车站具备驾驶资质人员替代登乘)。此时救援列车也触发清客广播,若无法自动广播,运营调度员进行人工广播。

列车值守人员1将救援列车转人工驾驶模式,运行至故障车前30m处一度停车。运营调度员通知列车值守人员2视情登乘故障列车。列车值守人员2确认故障列车车体外指示灯状态是否常亮,常亮时登乘列车并将之转为人工驾驶模式。

担任故障列车司机的列车值守人员2引导救援列车距离故障列车5m处停车,确认两车钩状态,距故障列车0.5m时再度停车,确认对准钩位后,以3km/h的速度进行联挂。两车连挂后,担任救援列车司机的值守人员1进行试拉作业。

确认两车连挂可靠后,列车值守人员2负责缓解故障列车制动,运营调度员发布救援列车推进(或牵引)运行的调度命令。当车上有乘客时,救援列车推进(或牵引)故障列车至站台的规定停车位置,人工打开故障列车的车门及站台门,此时故障列车自动触发清客广播,若无法自动广播,运营调度员进行远程人工广播,通过广播引导车上乘客下车。同时站台广播提示站台乘客不要上车,清客完成后由车站工作人员关闭车门及站台门,继续将故障列车送至存车线或车辆段/停车场。推进运行中,担任故障列车司机的列车值守人员2在推进过程中注意瞭望。

到达存车线或车辆段/停车场后,列车值守人员1在确认列车停稳后进行解钩作业。解钩完成后,列车值守人员1驾驶救援列车退回正线,以FAM模式恢复运行。列车值守人员2做好故障列车的防溜工作。

二 相关案例——某城市轨道交通线路列车制动系统故障

某城市轨道交通线路如图4-11所示,D站出岔连接车辆基地。某日下午14:06,1312次列车运行至G站上行站台停车开关门作业后,正常按ATO驾驶启动,启动后不久,列车发生制动,随即自动停车。

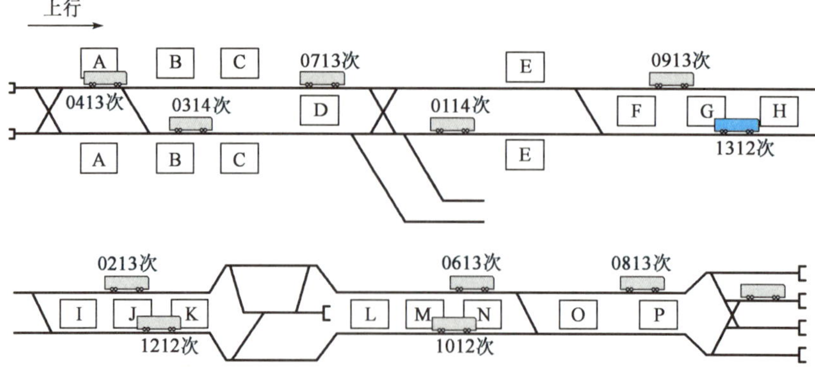

图4-11 1312次列车制动系统故障处理示意图(一)

此时列车大约越出站台一节车厢。司机立即向乘客广播解释，并改用手动 SM 模式驾驶，列车只能以 5km/h 速度缓慢运行。司机随即停车，向行车调度员汇报后，按规定程序处理故障，继续运行，发现列车故障仍然存在。1312 次列车于 14:15 到达 H 站，按规定开关门作业上下客。1312 次列车从 H 站开出后不久，列车产生紧急制动。司机缓解紧急制动后，再次进行处理，但列车故障仍然存在，手动 SM 模式驾驶时速度只能维持在 5km/h 左右，列车于 14:26 到达 I 站，接行车调度员命令清客后，按规定做好客室广播。14:35 行车调度员通知司机动车至 K 站存车线，司机便立即动车。因列车故障继续存在，运行速度较慢，14:54 通过 J 站。由于上行进 K 站线路上坡道坡度较大，列车运行速度呈缓慢间隙式牵引，不超过 5km/h，于 15:03 到达 K 站后直接进入存车线（图 4-12）。

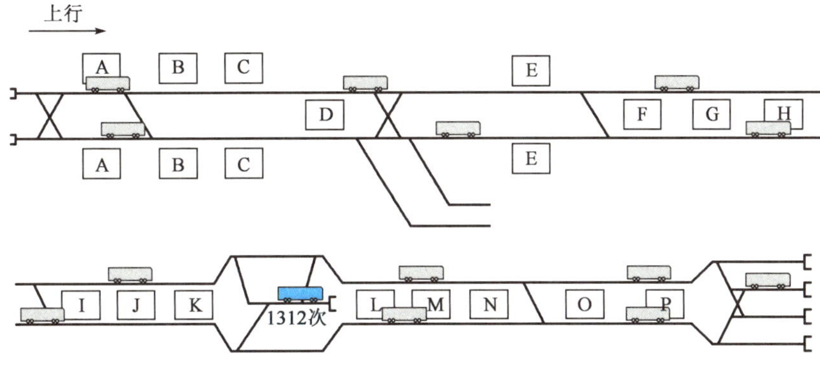

图 4-12　1312 次列车制动系统故障处理示意图（二）

虽然这起事故的直接原因是该车刚上线运行不久，还在磨合期内，因制动控制系统故障引起，但在事故应急处理过程中列车司机和行车调度员都存在明显操作失误和经验不足的情况：司机行车经验严重不足，只缓解了气制动，没缓解电制动，使得列车只能以 5km/h 的速度运行；行车调度员在应急处理过程中犹豫不决，没有在列车制动故障出现之初就果断采取救援措施，不应让司机以 5km/h 的速度运行 1 个多小时，给运营调整和客运服务工作都造成了非常不利的影响。

三　媒体报道——广州地铁 1 号线出故障，列车晚点 19min

2007 年 8 月 1 日 13:36，广州地铁 1 号线从广州东站开往西朗方向的一列车在杨箕站突然发生故障，无法启动。受此影响，广州东站至西朗方向线路晚点 19min。

地铁公司对故障给乘客造成的不便深表歉意，同时对现场乘客对地铁工作的支持和配合表示感谢。

2007 年 8 月 1 日 13:36，1 号线从广州东站开往西朗方向的一列车在杨箕站发生故障，列车无法启动。经司机紧急处理，列车故障仍无法排除，地铁控制中心立刻组织后续列车进行救援。

14:00 许记者赶至该站，只见车流已恢复正常，站台上也未见大批乘客滞留，站内的地铁工作人员正进行检查工作。

乘客李女士说，她是从体育中心站出发前往西门口，当时车厢内乘客很多，不少人都站着，几乎感觉不到空调。列车到达杨箕站之前一切都很正常。在杨箕站列车停靠约 4min 后，车门关了一次又打开。随后广播里通知临时停车，并没有解释原因，当时仍不断地有乘客上车。但不少乘客已经面露焦急之色。之后列车依旧没有开动,又过了七八分钟,他们被告知列车需要援助服务停开,可选择退票。大多数乘客因为赶时间就排队退票出站了。

事后,地铁工作人员表示,列车在杨箕站发生故障,无法启动。经司机紧急处理,列车故障仍无法排除。于是,地铁控制中心组织两列从西朗开往广州东方向的车,分别在公园前站和东山口站折返,并调度两列备用列车上线运行以缓解客流压力,最大限度地组织列车维持运行,减少故障对乘客的影响。

13:55,故障列车被推送回车辆基地进行处理,往西朗方向的列车恢复行车。受故障影响,广州东站至西朗方向线路晚点19min。

地铁公司对故障给乘客造成的不便深表歉意,同时对现场乘客对地铁工作的支持和配合表示衷心感谢。

最近,地铁故障时有发生。2007年7月24日8:10左右,1号线广州东站突发信号设备故障,抢修80min后恢复正常运行。由于事发当时正值上班高峰期,导致部分上班族迟到。

任务二 进行列车牵引制动系统故障应急处理单项演练

【任务书】

1. 理解下列各种列车牵引制动系统故障应急处理程序编制的原则和基本思路。

2. 如图4-13所示,1012次列车在开往N站途中突发制动系统故障,请根据列车牵引制动系统应急处理程序,编写“两节车厢制动单元严重故障”应急处理的单项演练方案,并分组进行模拟演练。

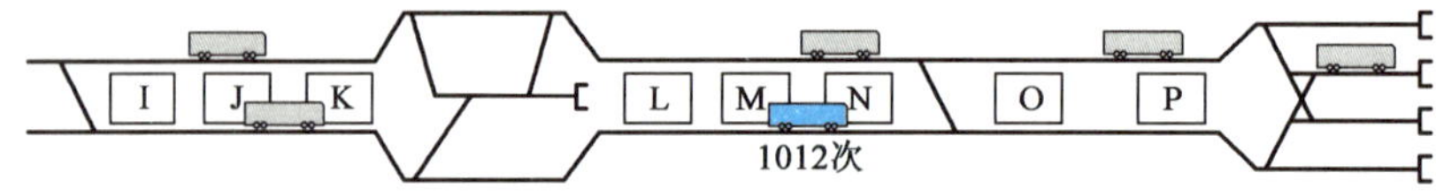

图4-13 1012次列车突发制动系统故障示意图

列车牵引制动系统故障的应急处理程序

(一)一节车厢制动单元严重故障应急处理程序

1. 发现故障

(1)故障列车司机

①确认一节车厢制动单元严重故障。

②向行车调度员报告列车编号、位置、故障情况。

(2)行车调度员

①接到故障车司机报告后,报告值班主任列车的编号、位置和故障状态。

②请示值班主任该故障列车在抵达终点站之后遣返车辆基地。

(3)值班主任

①接获列车故障报告后进行记录。

②指示行车调度员通知故障车司机在抵达终点站之后返回车辆基地、通知终点站的值班站长协助防止有乘客上车并保证所有的乘客已下车。

2. 抵达终点站之后退出运营

(1)行车调度员

①执行值班主任的指示,通知故障车司机在抵达终点站之后清客、返回车辆基地。

②通知故障车司机在抵达终点站之前密切注意故障车的另外五节车厢制动单元功能的操作是否正常。

③通知终点站的值班站长协助防止有乘客上车并保证所有的乘客已下车。

(2)故障列车司机

①根据行车调度员的指示,继续运行到终点站。

②到终点站后,通过车载广播系统通知列车乘客此列车将停止服务,请列车乘客不要留在车上。

(3)值班站长

根据行车调度员的通知,通知终点站站务人员到站台协助防止有乘客上车并保证所有的乘客已下车。

(4)站务人员

执行终点站值班站长的指示,到站台协助防止有乘客上车并保证所有的乘客已下车,作业完毕后报告值班站长及全部列车乘客已离开列车。

(5)故障列车司机、值班站长

报告行车调度员列车乘客已全部离开。

(6)行车调度员

①接到故障车司机及值班站长报告后,报告值班主任全部列车乘客已离开。

②请示值班主任可将故障列车遣返车辆基地。

(7)值班主任

指示行车调度员通知故障车司机可将列车遣返车辆基地。

(8)行车调度员

通知故障车司机可驾驶列车返回车辆基地。

(9)故障列车司机

根据行车调度员的安排,将列车驶回车辆基地。

(二)两节车厢制动单元严重故障应急处理程序

1. 发现故障

(1)故障列车司机

①确认两节车厢制动单元严重故障。

②向行车调度员报告列车编号、位置、故障情况。

(2)行车调度员

①接到故障车司机报告后,报告值班主任列车的编号、位置和故障状态。

②请示值班主任该故障列车将在下一站疏散列车内的乘客后,安排列车返回车辆基地。

(3)值班主任

①接获列车故障报告后进行记录。

②指示行车调度员通知故障车司机在将抵达的车站疏散列车内的乘客后,安排列车返回车辆基地。

③指示行车调度员通知列车将抵达车站的值班站长协助疏散列车内的乘客。

2. 抵达下站之后退出运营

(1)行车调度员

①执行值班主任的指示,通知故障车司机在抵达车站后疏散列车内的乘客、返回车辆基地。

②通知列车将抵达车站的值班站长协助疏散列车内的乘客。

(2)故障列车司机

执行行车调度员的指示,在抵达车站后通过车载广播通知列车乘客进行疏散。

(3)值班站长

在接获行车调度员有关疏散列车乘客的指示后,通知站务人员到站台协助疏散列车乘客。

(4)站务人员

执行值班站长的指示,到站台协助疏散列车乘客,作业完成后报告值班站长及列车司机全部乘客已离开列车。

(5)故障列车司机、值班站长

报告行车调度员列车乘客已全部离开。

(6)行车调度员

①接到故障车司机及值班站长报告后,报告值班主任全部乘客已离开列车。

②请示值班主任可将故障列车遣返车辆基地。

(7)值班主任

指示行车调度员通知故障车司机驾驶列车返回车辆基地。

(8)行车调度员

通知故障车司机可驾驶列车返回车辆基地。

(9)故障列车司机

根据行车调度员的安排,将列车驶入车辆基地。

(三)一节车厢常用制动无法缓解应急处理程序

1. 运行中突发制动故障

(1)故障列车司机

①确认一节车厢常用制动无法缓解。

②将情况报告行车调度员。

(2)行车调度员

①接到故障列车司机报告后,报告值班主任列车的编号、位置和故障状态。

②根据列车状况确定按向前限速驾驶模式运行。

③通知检修调度员指示下个站的驻站检修人员做好上车检修准备。

(3)值班主任

接获列车故障报告后进行记录。

2. 抵达下站之后抢修

(1)故障列车司机

①根据行车调度员的指示,按向前限速驾驶模式运行。

②密切注意车辆状况,在出现其他情况时,应及时通知行车调度员。

(2)行车调度员

密切注意故障车的运行。

(3)检修人员

①接到车辆检修调度员通知,在列车到站后进入列车进行检修。

②如故障不能很快排除,将检修情况通报给行车调度员及司机。

(4)行车调度员

接到检修人员及司机故障不能很快排除的报告后,请示值班主任该故障列车将在抵达终点站之后退出运营进行检修。

3. 到达终点站后退出运营

(1)值班主任

①指示行车调度员通知故障车司机在抵达终点站之后清客,退出运营检修。

②指示行车调度员通知终点站的值班站长协助,防止有乘客上车及保证所有的乘客已下车。

(2)行车调度员

①执行值班主任的指示,通知故障车司机在抵达终点站之后清客,退出运营检修。

②通知终点站的值班站长协助,防止有乘客上车及保证所有的乘客已下车。

(3)故障列车司机

①根据行车调度员的指示,继续运行到终点站。

②到终点站后,通过车载广播系统通知列车乘客此列车将停止服务,请列车乘客不要留在车上。

(4)值班站长

根据行车调度员的通知,指示终点站站务人员到站台协助,防止有乘客上车及保证所有的乘客已下车。

(5)站务人员

执行终点站值班站长的指示,到站台协助,防止有乘客上车及保证所有的乘客已下车,作业完成后报告值班站长和司机全部乘客已离开列车。

(6)故障列车司机

报告行车调度员乘客已全部离开列车。

(7)行车调度员

①接到故障车司机报告后,报告值班主任全部乘客已离开列车。

②请示值班主任可将故障列车退出运营进行检修。

(8)值班主任

指示行车调度员通知故障车司机可将列车退出运营进行检修。

(9)行车调度员

通知故障车司机可将列车退出运营进行检修。

(10)故障列车司机

根据行车调度员的安排,将列车退出运营进行检修。

任务三　进行列车牵引制动系统故障应急处理综合演练

【任务书】

在根据区间列车故障应急处理综合演练方案进行模拟演练的基础上，运用已掌握的有关区间列车故障救援的知识，分析阐述以下几种情况下，组织区间列车救援并进行运营调整的思路，编写综合演练方案。

1. 如图4-14所示，0109次列车车辆故障无法排除需要救援。

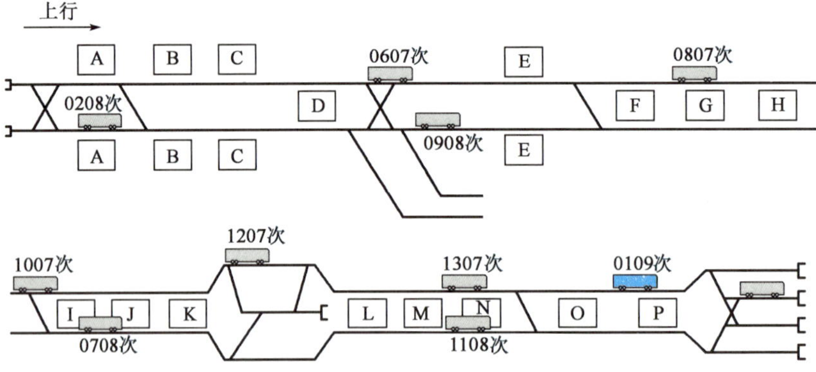

图4-14　0109次列车待救援示意图

2. 如图4-15所示，1007次列车车辆故障无法排除需要救援。

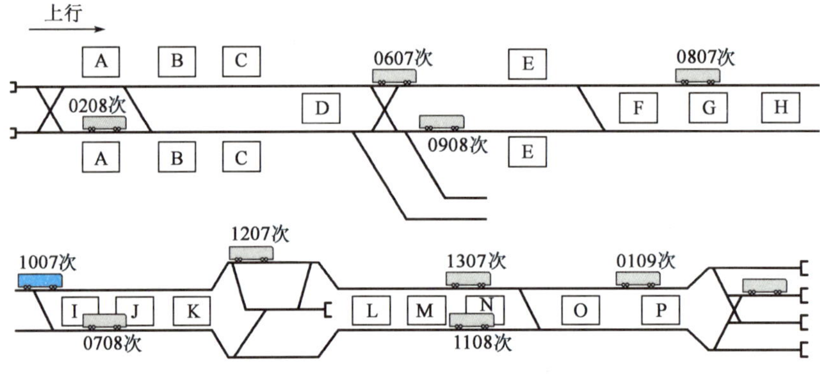

图4-15　1007次列车待救援示意图

3. 如图4-16所示，0908次列车车辆故障无法排除需要救援。

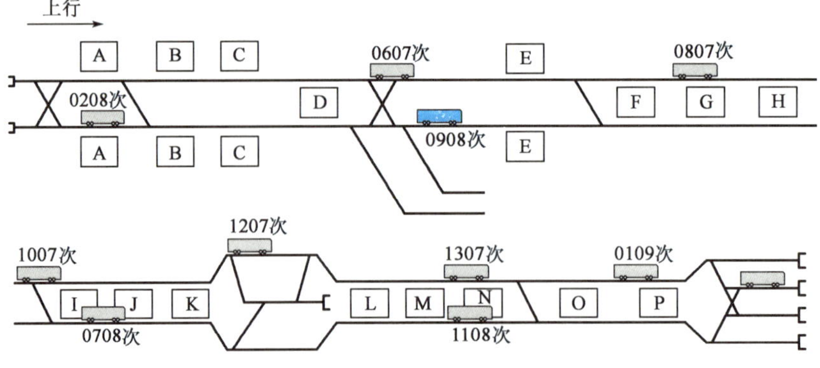

图4-16　0908次列车待救援示意图

区间列车故障应急处理综合演练方案

（一）故障概要

某日10:26，在某城市轨道交通线路上0607次运行至E站—D站区间时报车辆严重故障，司机处理后无法恢复，请求救援。OCC决定后续0807次担当救援任务，推进故障车至D站上行站台清客再牵引回基地。其间OCC组织P站—F站小交路运行，F站上行站台经D站渡线至D站下行站台反方向运行，10:53救援列车出清下行正线，11:00出清上行正线。

动画：列车救援综合演练

（二）模拟演练经过

10:26　0607次列车司机向行车调度员报告车辆严重故障，现已停在E站—D站区间的两个隧道间。

10:27　行车调度员1:0607次车辆严重故障，停在E站—D站区间的两个隧道间，做好乘客广播，按《车辆故障处理指南》处理。

10:27　行车调度员2（报告值班主任）：值班主任，0607次列车故障，在区间停车。

10:27　值班主任：注意全线列车调整，0208次扣在A站上行站台。

10:28　行车调度员1：（向上行列车发布命令）D站—P站上行各次列车沿途各站各多停40s，0708次复诵，行调01。（0708次列车司机复诵）

10:28　行车调度员1:0208次A站待令，行调01。（0208次司机复诵）

10:28　行车调度员1:0807次E站待令，行调01。（0807次司机复诵）

10:29　行车调度员1：（向下行列车发布命令）1207次、1307次沿途各站各多停40s，1207次司机复诵，行调01。（1207次列车司机复诵）

10:29　环控调度员向相关车站发布晚点信息。

10:29　行车调度员1：P站下行0109次晚开2min，行调01。（0109次司机复诵）

10:29　行车调度员2：（向车辆检修调度员通报故障情况）检调，0607次在E站—D站区间车辆严重故障，已停车处理。（车辆检修调度员回复）

10:30　环控调度员再次向相关车站发布晚点信息，通报故障处理情况。

10:31　行车调度员1:0607次司机故障处理如何？

10:31　0607次司机回答：正在处理，故障依然存在。

10:31　行车调度员2联系设备维修调度员指导司机处理故障。

10:32　行车调度员1:0908次、1007次列车到F站待令，0908次司机复诵，行调01。（0908次列车司机复诵）（图4-17）

10:32　0607次司机：故障处理不好，请求救援。

10:32　行车调度员1将情况报告值班主任。值班主任布置救援方案，后续0807次担当救援任务，推进故障车至D站上行站台清客再牵引回车辆基地。同时进行信息通报。

10:33　行车调度员1:0807次E站清客，行调01。（0807次列车司机复诵）

10:33　行车调度员1：（向0607次、0807次列车发布救援命令）因0607次在E站—D站区间故障请求救援，准E站—D站下行线加开601次到E站—D站间下行线担任救援工作，推进故障车至D站上行站台清客再牵引回车辆基地，601次由0807次担任，0807次司机复诵，行调01。（0807次列车司机复诵）

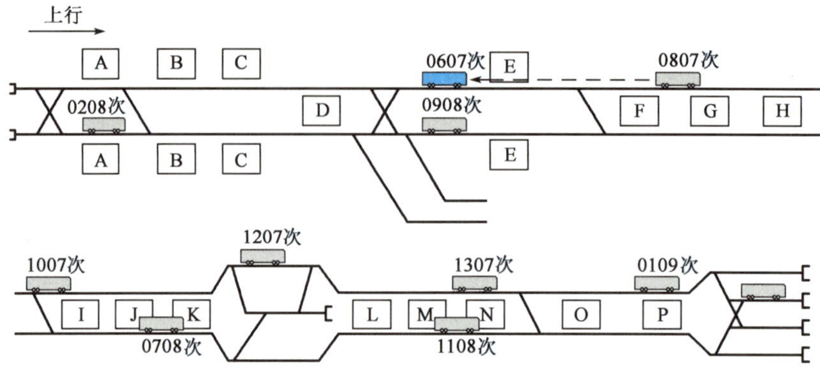

图4-17　0607次列车救援示意图

10:33　行车调度员2:（向E站、D站发布救援命令）因0607次在E站—D站区间故障请求救援，准E站—D站下行线加开601次到E站—D站下行线担任救援工作，推进故障车至D站上行站台清客再牵引回基地，601次由0807次担任，D、E站做好乘客服务工作，D站复诵，行调02。（D站行车值班员复诵）。

10:35　行车调度员1:1007次F站清客，凭行调指令折返到F上行站台改开2102次，行调01。（1007次列车司机复诵）

10:35　行车调度员1:0908次F站清客，换端后改开2101次F站载客，反方向运行经D站渡线至D站下行站台再运行至A站下行站台，行调01。（0908次司机列车复诵）

10:35　行车调度员2:1007次、0908次列车F站清客，0908次换端后改开2101次F站载客，反方向运行经D站渡线至D站下行站台再运行至A站下行站台。1007次折返到F站上行站台改开2102次。要求D站、E站、F站做好乘客服务，E站复诵，行调02。（E站行车值班员复诵）（图4-18）。

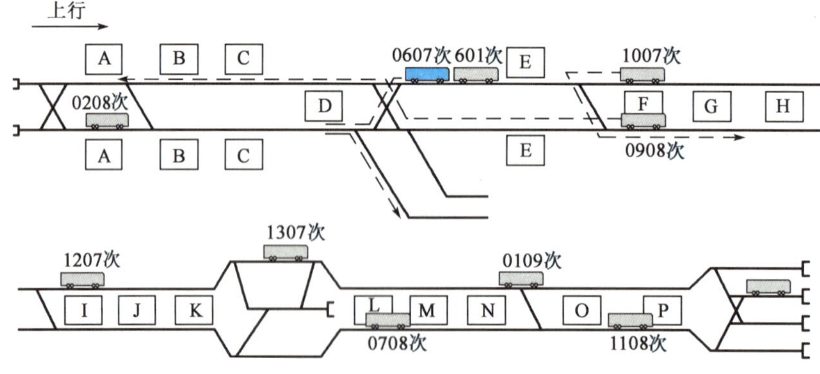

图4-18　救援过程中行车调整

10:36　行车调度员1:A站上行0208次改开0608次正点发车，行调01。（0208次列车司机复诵）

10:37　1007次司机:1007次F站清客完毕。

10:37　行车调度员1:1007次清客完毕,关门待令。(1007次列车司机复诵)

10:38　0908次司机:0908次F站清客完毕,请求换端。

10:38　行车调度员1:0908次换端后确认乘客上下完毕凭地面信号动车。(0908次列车司机复诵)

10:41　2101次F站动车。

10:42　行车调度员1:F站下行1007次凭地面信号折返至上行站台,确认乘客上下完毕凭车载信号动车。(1007次列车司机复诵)

10:46　2102次F站动车。

10:47　行车调度员2:P站,1道备用车替开0709次,0708次到达后替开0909次,行调02。(P站行车值班员复诵)

10:48　行车调度员1:P站1道备用车凭地面信号动车到P站下行站台替开0709次正点发车,行调01。(备用车司机复诵)

10:50　601次司机报告连挂成功动车,行车调度员1通知601次动车。

10:51　行车调度员1将上行列车扣在B站。

10:53　601次出清下行线。

10:58　601次报故障车清客完毕。

11:00　601次出清正线后组织车辆基地一列列车投入正线调整,恢复按图行车。

模块三　工程车参与列车救援和故障抢修的组织

【任务书】

1. 了解工程车开行的有关规定。
2. 掌握工程车参与故障抢修和列车救援的组织方法的相同点和不同点。
3. 掌握需要出动工程车执行的应急抢修或救援任务的种类和特点。

在前文有关列车救援工作的阐述中提到,当故障车靠近车辆基地时,行车调度员才会考虑动用车辆基地内的内燃机车(工程车)参与救援。在实际工作中,工程车除了参与列车救援外还有其他方面的工作需要完成,本模块将对工程车开行的管理规定、工程车参与事故救援或故障抢修的组织方法进行详细阐述。

相关理论知识

(一)工程车的作用

工程车是指使用内燃机动力的机车车辆,包括内燃机车、重型轨道车、接触网检修车等。工程车在施工维修作业中一般与平板车连挂共同执行任务,平板车是指无动力、用于装载货物的车辆,包括中间装设起重设备的车辆。

工程车的主要工作一方面是进行车辆基地日常的调车作业,另一方面是在城市轨道交通线路的施工养护中用来运载工具和人员。为了保证城市轨道交通线路中正线的运营秩序,一般情况下工程车担当的施工养护工作都在夜间运营结束后进行,只有在执行行车设备故障应急抢修或列车故障救援的任务时才会在正常运营时间内出动进入正线作业。

一般城市轨道交通运营企业的工程车都停在车辆基地,日常工作由车辆检修调度员和车辆基地值班员负责指挥。工程车的运用在日常工作中的调度指挥层次如图4-19所示。

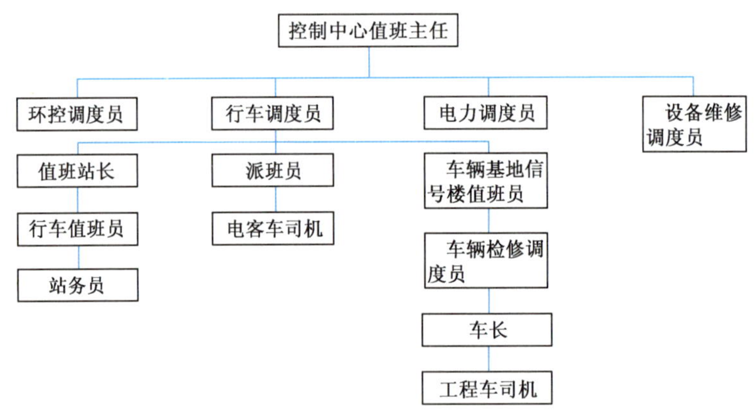

图4-19 城市轨道交通运营企业日常调度指挥层次

(二)工程车开行的一般要求

工程车为了施工工作的需要在开行中可以牵引运行,也可推进运行,各车站按正常列车办理。工程车在正线运行时,凭地面信号及调度命令行车。一个联锁区同一线路原则上只准有一列工程车运行,工程车之间至少应保证一个区间的间隔。同一联锁区必须开行多辆工程车或间隔不能满足时应由值班主任同意。

工程车出车辆基地前,工程车司机要与行车调度员试验无线电的性能,确保在作业过程中与行车调度员的联系保持畅通。在运行中,工程车司机和车长要加强与行车调度员联系(如联系不上时通过车站转达),掌握列车运行计划,确认进路。

工程车在进出车站、运行至曲线前或在站内、区间动车前,均须鸣笛示警,这样做的目的是为了保证施工人员、车站工作人员和线路养护人员的人身安全。

行车调度员组织工程车正线运行时,应尽量避免分段行车。当前方施工作业未按时结束或因特殊情况须组织工程车分段运行时,行车调度员经车站通知工程车司机允许运行的起、止站,司机必须复诵。

工程车在封锁区域内作业,原则上进路的道岔不得转动,若因作业确需转动道岔时,应由施工负责人向车长提出,车长与车站联系制订动车计划,车站值班员操作道岔转动,并单独锁定该道岔后通知车长动车。

因施工、装卸货物的需要,工程车编挂平板车需在车站甩挂作业时,必须经控制中心值班主任批准,做好安全防护及防溜措施并及时挂走。原则上工程车在区间内不允许甩挂作业。

工程车单独在正线运行的速度不得超过表4-4的规定。

工程车正线运行速度

表4-4

序　号	项　目	机　型	速度(km/h)	说　明
1	正线	内燃机车	45	通过侧向道岔及车站的限速为35km/h
2		重型轨道车	50	
		接触网作业车		
		接触网检修车		

工程车挂有其他车辆时的运行速度不得超过表4-5的规定。

工程车挂有其他车辆时的运行速度

表4-5

序　号	项　目	速度(km/h)
1	在正线上牵引运行	35
2	在正线上推进运行	20
3	大件货物运输列车的运行	15
4	进存车线、折返线	15
5	进入尽头线	10

(三)工程车参与故障抢修和列车救援的组织方法

城市轨道交通运营过程中突发列车或其他行车设备故障,需要工程车出动执行救援或抢修任务时,一般由设备维修调度员向行车调度员提出使用工程车的计划(包括需要跟车人员、设备的数量和上车地点等),行车调度员收到设备维修调度员的计划后立即向车辆基地信号楼值班员发布调车指令,信号楼值班员根据行车调度员的要求在10min内组织工程车开行到车辆基地内指定地点待令,抢修工作执行部门在工程车到达后10min内完成装载设备、物品等工作,并安排跟车人员上车。

当需要工程车执行抢修或列车救援任务时,由于工程车无ATP保护,可能会影响后续列车的行车安全,因而行车调度员必须发布封锁工程车作业区间的命令。向封锁区间发出执行任务的工程车时,不办理行车闭塞手续,以行车调度员命令作为进入该封锁区间的许可。在未接到开通封锁区间的调度命令前,不得将执行任务的工程车以外的其他列车开往该区间。

工程车执行设备抢修任务时,行车调度员负责组织工程车从车辆基地至封锁区间一端车站的运行,在封锁区间一端车站把工程车交给设备维修调度员指挥,同时命令该站向工程车交付封锁命令。设备维修调度员负责通知现场指挥指派一名联络员登乘工程车驾驶室,将进入区间的作业计划交给车长,由车长引导进入封锁区间,并按计划指挥动车。如封锁区间内有道岔、辅助线时,由车长与车站联系调车进路计划,车站排好进路后通知车长,由车长指挥动车。工程车使用完毕,由联络员引导回到原交接站,由设备维修调度员向行车调度员交出。

工程车执行列车救援任务时,从车辆基地至封锁区间一端车站的运行以及进入封锁区间的救援工作都由行车调度员单一指挥,工程车进入封锁区间后应在距被救援车20m外停车,以5km/h速度接近故障车并在3m处一度停车,听候救援负责人(被救援列车司机)的指挥连挂。故障车在连挂之前可继续排除故障,但不能动车,如故障排除则报告行调解除救援。已申请救援的故障列车严禁动车,司机打开救援列车开来方向的头灯,进行防护,待救援列车到达,双方联系确认可以连挂后,关闭头灯并关闭司机室钥匙。

列车连挂完毕后,工程车司机要进行试拉,确认连挂可靠后通知故障车司机缓解制动。工程车司机和故障车司机联系确认列车完全缓解后即可动车。运行中两车司机可通过司机室对讲进行联系确认。救援的工程车牵引运行时前方进路由工程车司机负责瞭望和确认;推进运行时前方进路由故障车司机负责瞭望和确认,并用无线电话通知工程车司机,遇有危及行车安全的情况应立即通知工程车司机停车。

(四)需要出动工程车执行的应急抢修(救援)任务

1. 对靠近车辆基地的故障列车进行救援

在列车运行过程中,如果发生列车故障,司机应在很短时间内判断出故障能否现场应急处理,如需救援,应立即向行车调度员提出救援申请,并简要说明故障列车的车次、车号、故障情况、故障地点、是否妨碍领线以及其他必须说明的事项。一般情况下行车调度员会命令故障列车的后续列车担任救援工作,但在列车故障地点靠近车辆基地,行车调度员经常命令车辆基地的内燃机车出动到正线将故障列车直接牵引回基地。

如图 4-20 所示,当 0114 次列车在 D 站—E 站上行区间发生故障需要救援时,一般情况下行车调度员既可以考虑让故障车附近的 0713 次列车或 0314 次列车担任救援任务,同时由于故障车所在地点紧靠车辆基地,行车调度员也可以考虑让车辆基地出动工程车将故障车牵引至 D 站清客后推进回车辆基地。这样和利用正线运行的其他列车担任救援任务比较起来,一方面如果工程车能在需救援列车刚刚发生故障时就做好出动的准备,故障车司机一旦请求救援,工程车就能根据行车调度员的命令立即出动,一般会比由正线其他列车担任救援任务节省时间;另一方面,由工程车担任救援工作只需对故障车进行清客,而由其他列车执行救援任务还需要对担任救援任务的列车进行清客,这样增加了清客的列车数量导致城市轨道交通服务质量的降低。因此,当靠近车辆基地的城市轨道交通线路上的列车发生故障需要救援时,行车调度员往往会考虑让车辆基地出动工程车进行救援,只有当工程车执行其他任务无法立即出动时才会命令正线运行的其他列车救援故障车。

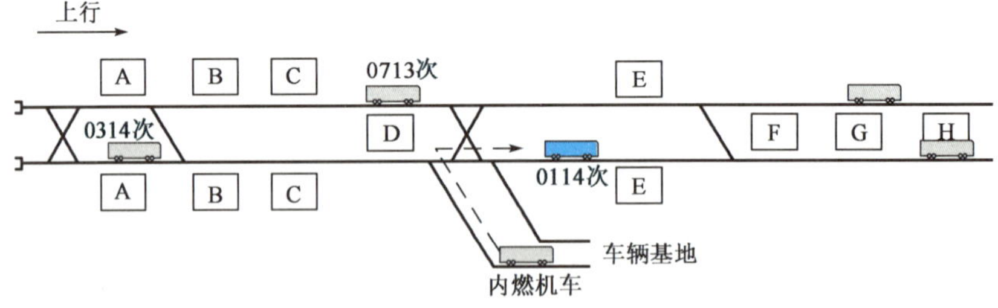

图 4-20　出动工程车救援故障列车示意图

需要特别指出的是,对于在车辆基地既有轨道车又有内燃机车充当工程车的城市轨道交通运营企业来说,执行列车救援任务的工程车一般由内燃机车而不是轨道车来担任,因为轨道车功率较小,较难完成牵引或推进一列电客车的任务。

2. 参与行车设备故障(事故)的紧急抢修

当城市轨道交通线路在运营中出现断轨、挤岔、接触网断线等严重影响行车安全的设备故障(事故)时,需要出动工程车进行紧急抢修。根据以往的数据统计,在需要工程车出动参与抢修的故障(事故)中发生频率最高的是接触网断线等室外供电设备故障。

当发生接触网断线等室外供电设备故障时,在故障区的列车会由于接触网失电而在区间停车。这时,行车调度员会命令失电区间的列车尽量惰行进站停车后降弓待令,如果无法惰行进站则原地降弓待令。当电力调度员查找到故障原因,确认是由于室外设备故障造成接触网失电且必须出动工程车进行抢修后,行车调度员会立即根据设备维修调度员的用车计划通知车辆基地值班员做好内燃机车或接触网检修车出动的准备,有时甚至会出现需要内燃机车和接触网检修车同时出动的局面,这对调度员灵活应变和组织协调的能力都提出了较高的要求。

例如当0506次列车由于接触网断线故障被迫停在E站—F站上行区间时(图4-21),电力调度员经检查后确认必须出动接触网检修车才能将故障修复,此时行车调度员必须立即根据设备维修调度员的用车计划通知车辆基地信号楼做好接触网检修车出动的准备。

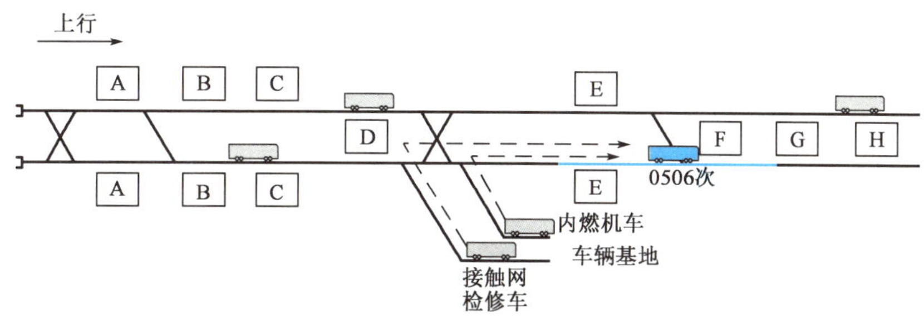

图4-21　出动内燃机车和接触网检修车处理供电设备故障示意图

对于这种故障的处理还可能出现两种情况:一种情况是接触网检修车单独出动到达失电区段后很快完成抢修工作,电力调度员对失电区段送电成功,0506次列车升弓继续运行;另一种情况是由于种种原因必须先出动工程车将0506次列车推进至F站后,再出动接触网检修车到达故障地点进行抢修。显然,后一种情况对运营工作的影响相对于前一种情况要大得多。关于供电设备抢修的具体方法将在本书的项目五"供电设备故障的应急处理"中加以详细阐述。

模块四　列车挤岔(脱轨)的应急处理

【任务书】

1. 了解城市轨道交通列车发生挤岔事故的原因。
2. 了解挤岔事故的抢修程序和基本方法。
3. 了解城市轨道交通车辆起复中使用的工具。
4. 了解城市轨道交通脱轨事故救援的基本方法。

如果说城市轨道交通列车的车门故障、牵引制动系统故障还比较常见的话,那么列车冲突、列车挤岔和列车脱轨事故都比较罕见。到目前为止,国内城市轨道交通线路中,只上海地铁 1 号线发生过一起因信号设计错误造成的列车冲突事件、上海地铁 10 号线发生过一起因人为失误造成的列车冲突事件。相对而言,列车挤岔或脱轨事故的发生概率要比列车冲突的发生概率高一些,本模块就针对这两种情况介绍国内城市轨道交通运营企业的应急处理方法。

城市轨道交通列车在正线运行或在车辆基地进行调车作业时,由于司机或车站工作人员的工作失误,有可能造成道岔被挤,挤岔后相关人员如果不能正确的处理,还有可能造成列车脱轨,这就必然使得部分城市轨道交通线路无法正常运营。

需要强调的是,由于城市轨道交通列车具有的自动防护功能,在正常情况下列车挤岔或脱轨事故是不可能发生的。那为什么说司机或车站工作人员的工作失误有可能造成挤岔或脱轨事故呢?我们可以先看看以下两个案例。

一 相关案例

(一)列车脱轨事故

某日清晨,某城市轨道交通公司司机在驾驶列车从车辆基地出发准备投入正线运营,车辆基地信号楼值班员要求该司机在某线等信号,该司机在前方调车信号未好且未联系信号楼的情况下,臆测行车,挤上前方道岔,之后司机未向信号楼汇报便擅自违反规定退行,造成列车脱轨事故,如图 4-22 所示。

图 4-22 列车脱轨事故

此次事故造成一组轨道岔尖损坏,电动道岔 1 台、尖端杆 1 根、密贴调整杆 1 根、外表示杆 1 根、$95mm^2 \times 1.5m$ 钢轨连接线 2 根不同程度受损,列车 A 车一位端转向架部件多处损坏。

本案例事故的原因是司机违反作业规定,未按信号要求行车,造成挤岔。挤岔后司机又擅自向后倒车,造成脱轨。

事故发生后,该城市轨道交通公司采取了一系列加强员工管理、完善规章制度的措施。例如:编制《司机预防违章指南》,进一步完善规章制度,指导司机正确作业;严格作业标准化,按信号行车,杜绝臆测行车;重新梳理作业标准化,制订车辆基地内动车的详细作业标准;加强人性化管理,司机长和派班员要加强对司机的精神状态、生理状态的观察,及时发现异常情况;对带病作业的司机,要果断阻止其出乘等。

(二)挤岔事故

某日晚间交接班时，某城市轨道交通线路终点站 A 站突发道岔故障，2 号道岔失去表示无法操纵，此时折 2 道有一列故障列车临时停放，另一列车在上行站台等待转线(图 4-23)。

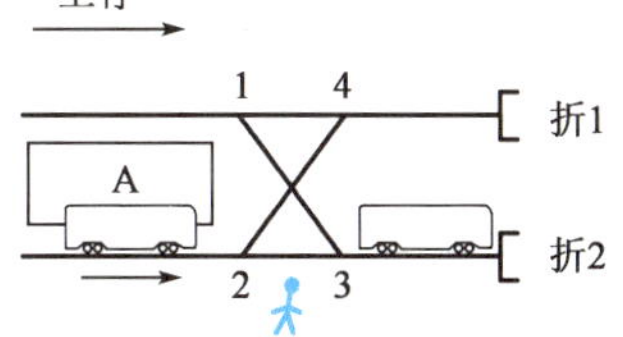

图 4-23　挤岔事故示意图

这时，行车值班员命令站务员小陈下到轨行区人工准备列车折返进路，将 2 号道岔手摇至反位并加锁，开通折 1 道折返进路。站务员小陈在执行行车值班员命令到轨行区手摇道岔时，竟然将 3 号道岔摇到了反位，当列车司机看到小陈的手信号驾驶列车进行折返时，将 3 号道岔挤坏，并险些撞上停在折 2 道的故障列车。

这起事故的后果是该线路部分车站停止运营近 1h，由于正值晚高峰时间，造成极大的社会影响。

二 相关理论知识

(一)挤岔事故的应急处理方法

如同案例 1 中所述情况，发生挤岔事故后应急处理的基本原则就是司机必须立即停车并向调度员汇报事故情况，等候工务和信号维修人员前来处理，只有当受损尖轨被固定且得到维修人员同意后方能缓慢驶离岔区，否则有可能造成列车脱轨，进一步加大事故的影响和处理的难度。

1. 信息报告与抢险人员响应

发生挤岔事故后，当事司机应第一时间报告控制中心，控制中心的维修调度员应立即通知工务和信号维修部门，工务和信号维修部门接到指令后立刻成立抢修小组，并安排部分维修人员先期赶赴现场进行前期勘查，同时与抢修小组保持联系，以便准备工具和材料，待后继人员赶到后共同对损坏设备进行修复。

2. 工务和信号人员的抢修程序

(1)先期到达维修人员的处置方法

工务和信号维修人员到达现场后，立即请点，到现场查看道岔损伤情况，并报告本部门抢修小组和 OCC 设备维修调度员。随后维修人员到临近车站车控室登记，申请停用损坏的道岔，并请点封锁故障所在区间。在区间封锁后，维修人员进入现场拆除与尖轨相连的转辙机连接杆，做好更换尖轨的准备。

(2)现场抢修过程

工务抢修人员到达现场后，做好施工防护，对损伤尖轨进行丈量确认，寻找备用的尖轨并复核尺寸，并运送至该故障道岔处。待信号抢修人员拆除损伤尖轨上安装的接续线，做好更换准备后，工务抢修人员拆除损伤尖轨，更换新尖轨，调整线路几何状态，把线路恢复到可以行车状态，最后由信号抢修人员进行信号调试，恢复道岔功能。

工务、信号抢修人员确认设备符合行车条件，故障处理完毕后，到临近车站的车控室登记销点，交付正常使用，并报告 OCC 设备维修调度员，事故抢修结束。

挤岔事故的现场抢修流程如图 4-24 所示。

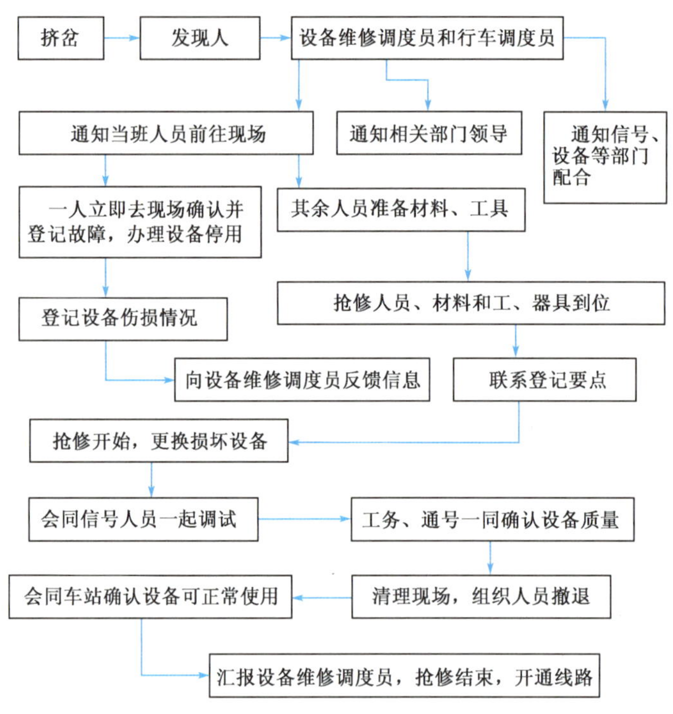

图 4-24　挤岔事故现场抢修流程图

(二)脱轨事故的应急处理方法

1. 车辆脱轨的起复工具

国有铁路发生车辆脱轨事故时使用的起复工具包括人字形复轨器、海参形复轨器和手动简易复轨器等。其中人字形复轨器、海参形复轨器安装方法如图 4-25 所示。

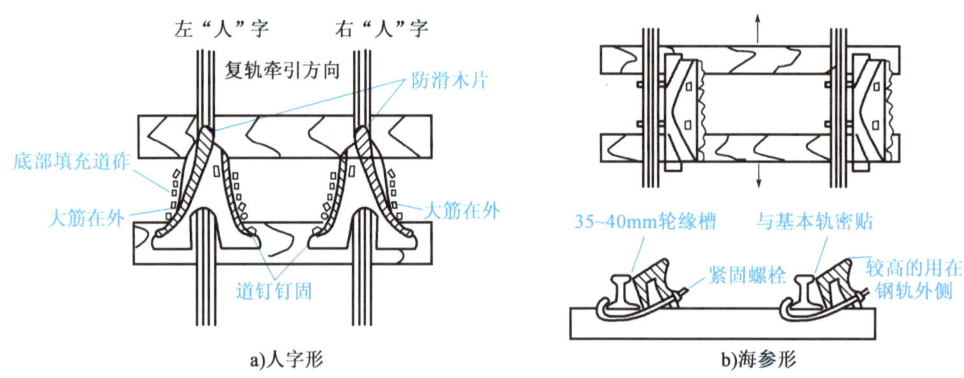

图 4-25　人字形复轨器和海参形复轨器的安装

人字形复轨器和海参形复轨器在车辆起复中都需安装在脱轨车辆前方的钢轨上，再由机车将脱轨车辆向前拉复。

由于城市轨道交通车辆的脱轨大多发生在车辆基地、高架桥或隧道内，不利于重型起复工具的运送，且脱轨轮对离钢轨较近，因而城市轨道交通列车的起复工作大多采用手动简易复轨器进行。

手动简易复轨器是起复脱轨车辆的简易工具，它具有使用轻便、灵活、起复迅速、操作简便安全、便于携带、不需要动力机械等特点。

简易复轨器的组成如下：

起重部件——垫木、下滑铁板、滑盘、上滑铁板、顶起千斤顶、支撑千斤顶、千斤顶托、千斤顶托软盘。

横向位移部件——横向移动千斤顶、拉链钩、拉杆、卸扣、牢销。

2. 城市轨道交通列车脱轨的处理程序

(1)列车脱轨后的先期处理

发生列车脱轨后，如果列车上有乘客，司机应按照相关预案立即组织人员疏散。如列车脱轨时造成其他设备、设施损坏，事故处理现场指挥小组应安排相关部门进行先期处理，确保车辆起复时人员和设备的安全。考虑到车辆起复可能对供电系统的影响，在救援队员进入现场前需由供电维修人员将脱轨车辆附近接触网(或接触轨)断电，并挂好接地线。

(2)列车起复前的准备工作

列车起复前救援人员要先对脱轨车辆上止轮器，防止其移动。然后研究确定起复的车体支撑点和移动支撑点，并制订救援方案报现场指挥批准。如果脱轨发生在碎石道床处，选择顶升位后救援人员需平整碎石道床以保证顶升点的稳固。如果车辆发生多轮对脱轨，一般先选择容易复轨的轮对先复轨，其他的轮对根据现场实际情况再分别复轨。

(3)使用手动简易复轨器起复车辆的作业过程

第一步，用顶起千斤顶，从脱轨轮对下方顶起脱轨车辆。

第二步，用横向移动千斤顶，将脱轨轮对推至钢轨上方并对准钢轨。

第三步，落下顶起千斤顶，将轮对落在轨面上复位。

第四步，撤出手动简易复轨器。

车辆复位后救援人员要迅速检查脱轨车辆，确认车辆能满足基本行车条件，然后汇报救援现场指挥，由其报控制中心恢复列车运行，事故救援结束。

三 相关技术文件摘录：某地铁公司列车事故(故障)应急预案

(一)总则(略)

(二)组织体系及职责(略)

(三)应急处置

1. 事故(故障)等级及区域划分

依据可能造成的危害程度、涉及范围、影响大小、中断行车时间、人员伤亡及财产损失等情况，划分为一级、二级两个等级。

(1)一级

在正线、辅助线、转换轨或在车辆基地咽喉地段影响列车出入库的线路上发生的列车倾覆、脱轨、挤岔、冲突、轮对卡死，造成影响正线运营。

(2)二级

在车辆基地发生的列车倾覆、脱轨、挤岔、冲突、轮对卡死不影响正线运营以及列车在运营过程中出现故障需进行救援。

2. 应急处置原则

处置列车事故遵循“先抢救伤者,及时恢复运行,后处理事故”的原则。处理列车故障救援时,要遵循“先通后复”的原则,尽快开通线路。

3. 应急响应

(1)列车事故先期处置

①先期处置原则:属地负责、救人优先、先通后复。

②先期处置内容:

a. 根据人员伤亡情况及时抢救受伤乘客和员工。

b. 根据事故影响范围及时封锁线路。

c. 根据情况决定接触网是否停电,合上轨电位开关。

d. 及时下达事故列车乘客疏散指令,做好疏散乘客工作。

e. 通知相关专业确认设备,保护现场并及时取证。

(2)列车故障先期处置

①列车出现故障不能正常行车后,司机立即汇报行车调度员,进行前期的故障处理。如司机确认无法处理或处理3min后仍不能动车,行车调度员及时通知车辆检修调度员,对司机进行技术支援。

②司机经过6min的处理后,如仍不能动车,由值班主任决定采取救援措施。

(3)指挥机构响应

①总指挥在地铁控制中心指挥。

②事故(故障)发生后指挥机构自然成立,控制中心主任未到达之前,当班值班主任为最高指挥,控制中心主任到达之后将指挥权上交给控制中心主任,公司领导进行技术支持及建议。

(4)调度响应

控制中心调度:根据现场情况,按照指挥机构的指示,决定行车组织调整方案,发布封锁救援通知,及时与设备维修调度员、车辆检修调度员联系安排现场救援。

(5)救援队伍响应

①车辆救援队伍由车辆检修调度员负责调派,设施设备救援队伍由设备维修调度员负责调派。

②救援队伍接到命令后,及时携带相关工具、配件赶赴事故现场,根据现场指挥的命令进行救援工作。

(6)各级响应时间

①事故(故障)发生后,控制中心立即通报相关人员、启动应急预案,指挥机构人员应及时到达指定地点。

②车辆救援队、设备设施救援队要在接报后10min内出发,赶赴事故(故障)现场。

4. 指挥与协调

(1)指挥机构负责地铁各部门与公安、消防、新闻、卫生等部门的组织协调。

（2）现场指挥负责事故现场相关专业及救援人员的指挥与协调。

5. 安全防护

（1）发生倾覆、脱轨、挤岔、冲突、轮对卡死事故以及列车故障时应将该段线路以及该线路两端的区间进行封锁，如影响邻线的车辆通行，也应对邻线的线路进行封锁，严禁除救援列车之外的机车车辆驶入。

（2）区间乘客疏散应将轨电位开关闭合。

（3）现场救援时应根据实际情况决定是否停电、接挂地线，救援人员进入线路应在作业区域的两端设置红闪灯及派专人防护。

（4）现场救援人员需要进入线路进行救援时，需经行车辆调度员同意后进入作业区域，做好防护措施之后，开始进行救援工作。

（5）封锁线路两端车站应设置红闪灯及采取执行扣车命令进行防护。

（6）现场救援时做好对其他设备的保护。

6. 现场救援

（1）列车倾覆的现场救援

列车倾覆按照事故发生地点可分为：隧道倾覆、高架倾覆、车辆基地倾覆、整体道床倾覆、碎石道床倾覆；按照事故发生时倾覆的列车数量可分为：单车倾覆、多车倾覆；按照事故发生时车辆的损坏程度可分为：一般倾覆、严重倾覆。

处理方法：在隧道内发生该类事故时，在查看现场后，选择气垫设备和扶正设备将车辆复原。在车辆基地发生事故时，在将事故车从列车编组中分离以后，动用扶正设备将事故车辆复原。

（2）列车脱轨的现场救援

脱轨时，首先判断事故的类型，并将情况及时向控制中心汇报。控制中心在接报后，及时将事故概况向车辆检修调度员作通报。

脱轨事故按照事故发生地点可分为：隧道脱轨、高架脱轨、车辆基地脱轨、尽头线脱轨。按照事故发生时轮对的状况可分为：单轮脱轨、对角线脱轨、多轮脱轨。按照事故发生时车辆的损坏程度可分为：一般脱轨、严重脱轨。

处理方法：根据现场的条件和事故车的状况，制订合适的起复方案。起复一般按照“先易后难，先顶、再移、后复”，即先起复容易复轨的轮对。对于需要多次横移才能复轨的轮对，根据现场条件选择横移的次数和落轨的位置。

（3）列车挤岔的现场救援

列车挤岔按照事故发生的位置可分为：正线挤岔、车辆基地挤岔。按照事故发生时道岔的损坏程度可分为：一般挤岔事故、严重挤岔事故。

处理方法：挤岔时，列车禁止后退，在维修专业人员的确认和监护下，列车可缓慢开出岔区或固定好道岔后再行后退，最大可能地减少事故对整个地铁运营的干扰和影响，将事故损失降低到最低限度。

（4）列车冲突的现场救援

列车冲突按照事故发生的位置可分为：正面冲突、侧面冲突、追尾；按照事故发生时车辆的损坏程度可分为：一般冲突、严重冲突。

处理方法：列车出现冲突时，以最短的时间将故障车辆拖走，出清线路，最大限度地减少事故对整个地铁运营的干扰和影响,将事故损失降低到最低。

(5)列车轮对卡死的现场救援

按照事故发生时轮对的状况可分为:单对轮对卡死、多对轮对卡死。

处理方法:列车出现车轮卡死时,以最短的时间将故障车辆拖走,出清线路,最大限度地减少事故对整个地铁运营的干扰和影响,将事故损失降到最低。

(6)列车发生故障后的现场救援

①处置程序。

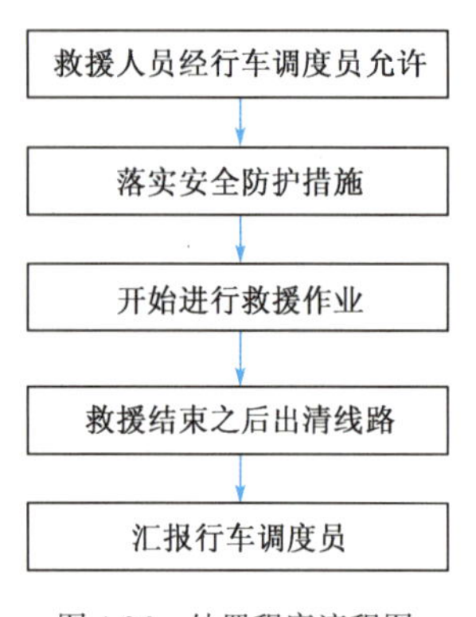

图4-26　处置程序流程图

处置程序流程如图4-26所示。

②救援措施。

a. 客车故障情况下行车组织由控制中心全权负责,故障的判断和处理由司机负责,行车调度员有责任提出辅助处理意见,但司机离开驾驶室处理故障前须报告行车调度员。

b. 请求救援客车需要疏散乘客时,行车调度员发出命令通知司机和有关车站,要做好乘客疏散及救援工作。

c. 行车调度员决定救援或接到司机的救援请求后,向有关车站、司机(车辆检修调度员、派班员)发布开行救援列车的命令。

d. 已申请救援的列车严禁动车,司机应做好安全防护及救援准备工作。

e. 原则上救援列车空车前往救援。救援列车司机接到救援命令,清客广播两次后,可关闭客室照明,2min内未能清客完毕,带客前往救援。列车到达存车线(车辆基地)前,安排车站、公安配合再次清客。

f. 救援列车应距被救援车20m外停车,以5km/h速度接近故障车并在3m处停车,听候救援负责人或被救援列车司机的指挥连挂。

g. 故障列车在连挂之前可继续排除故障,但不能动车,如故障排除则报告行车调度员解除救援。

h. 运营期间如需使用工程车进行救援,进行客车救援的工程车应采用内燃机车,并加装过渡车钩。

i. 遇到发生人员伤亡、设备损坏时,按公司有关应急预案规定执行。

j. 故障发生后,受影响车站做好运营服务工作,站务中心对工作人员进行合理的站间调配。

k. 救援列车与故障列车连挂时注意事项:

(a)救援列车得到行车调度员救援命令后协助清客。

(b)救援列车司机必须清楚故障列车的停车位置,在接近故障车的行进过程中,应严格按照行车调度下达的救援命令执行,列车以ATP或ATO方式运行至收到零码处停车,然后以RM模式接近故障车(具体行车模式可根据调度命令办理)。

(c)连接时在3m处停车,得到可以连挂的信号后,救援列车以洗车模式(3km/h)进行连挂。

(d)列车连挂后,司机要进行试拉,确认连挂可靠后通知故障车司机缓解制动;司机逐个关闭各节车内BIPS阀。

(e)救援车司机和故障车司机联系确认列车完全缓解后即可动车,推进时限速

25km/h，牵引故障车运行限速 45km/h，运行中两车司机可通过司机室对讲进行联系确认。

(f)救援牵引运行时前方进路由救援车司机负责瞭望和确认。推进运行时前方进路由故障车司机负责瞭望和确认，并用无线电话通知救援列车司机，遇有危及行车安全的情况应立即通知救援车司机停车。

l. 救援结束后，解钩时注意事项：

(a)解钩前故障列车司机与救援列车司机联系，恢复列车制动后，通知解钩。

(b)救援列车司机可使用自动解钩按钮进行解钩，如该功能故障可使用手动解钩。

m. 因列车故障造成大客流时。

(a)当列车故障发生后，造成客车始发、到达晚点，车站乘客拥挤时，车站应及时通知公安部门协助。

(b)车站用广播向乘客解释，请乘客排队上车或转乘其他交通工具。

(c)售检票员及站台安全员告知乘客客车延误信息，同时做好退票准备工作。

(d)站台拥挤时，车站应立即组织人员到站台维持候车秩序，先让下车出站的乘客出站后，再放乘车的乘客进入站台，控制进站的乘客人数。利用广播宣传，提醒站台边缘乘客注意自身安全。

7. 应急终止

(1)应急终止条件

现场抢险、救援工作完毕，救援人员、工具出清线路，具备恢复运营条件，应急终止。

(2)救援完毕汇报

各专业救援、抢修完毕后立即向现场指挥汇报，所有专业救援、抢修完毕并检查确认具备恢复运营条件后，现场指挥及时向总指挥汇报。

(3)应急终止命令的发布

总指挥在接报恢复运营条件后，发布或授权发布应急终止命令，恢复正常运营。

(四)应急保障(略)

(五)调查报告(略)

(六)培训与演练(略)

(七)附则(略)

项目五　供电设备故障的应急处理

【能力目标】

1. 使学生能掌握各种供电设备故障的应急处理程序。

2. 学生能进行各种供电设备故障处理的演练。

【素质目标】

1. 通过学习各类供电故障的应急处理方法,使学生认识到城市轨道交通运营中即使发生大面积停电、变电所停电或供电分区停电这样的严重故障,运营指挥人员也能采取各种手段迅速处理,确保乘客的人身安全,增强将来作为运营指挥人员的责任感和自豪感。

2. 通过供电分区停电和弓网纠缠导致供电故障案例的学习,使学生认识到供电故障处理的复杂和困难,激发学生的学习兴趣。

3. 通过参与大单边供电或供电分区停电综合演练,使学生体会到运营指挥人员尤其是行车调度员工作的复杂性和严谨性,增强对将来从事工作的职业荣誉感、自豪感、大局意识及协作意识。

【学习任务】

1. 按应急处理程序处理正线大面积停电故障。

2. 按应急处理程序处理牵引变电所停电故障。

3. 按应急处理程序处理牵引供电分区停电故障。

4. 按各种供电设备故障应急处理演练方案分组进行模拟演练。

模块一　城市轨道交通供电系统的基本组成和功能

【任务书】

1. 了解城市电网对城市轨道交通的不同供电方式。

2. 了解城市轨道交通供电系统供电要求和电压等级。

3. 了解城市轨道交通供电系统的基本功能。

相关理论知识

(一)城市轨道交通供电系统的组成

目前,世界各国的城市轨道交通无一例外地采用电力牵引,电能的供应和传输是城市轨道交通安全、可靠运行的重要保证。供电系统的服务对象除运送乘客的电动车辆外,还有保证乘客在旅行中有良好卫生环境和秩序的通风换气、空调设施、自动扶梯、自动售检票设备、屏蔽门、排水泵、排污泵、通信信号、消防设施和各种照明,这些构成了城市轨道交通的庞大用电群体。供电系统就是保证城市轨道交通的各种用电设施发挥各自的功能和作用,给不同电压等级、不同电压制式的用电设备供电,保证城市轨道交通的电动车辆畅行无阻、安全而快速地运送乘客。可以说,供电系统是城市轨道交通的大动脉。

城市轨道交通一般都采用直流供电制式,这是因为城市轨道交通运行的列车功率并不是很大,其供电半径(范围)也不大,因此供电电压不需要太高;另一方面直流制式比交流制式的电压损失小(同样电压等级下),因为直流制式没有电抗压降。另外由于城市内的轨道交通,供电线路都处在城市建筑群之间,供电电压不宜太高,以确保运行安全。基于以上原因,世界各国城市轨道交通的供电电压均在直流 550 ~ 1500V 之间,但其档级很多,这是由于各种不同交通形式和不同发展历史时期造成的。

在我国城市轨道交通的供电制式中,电压制式有直流 750V 和直流 1500V 两种。我国大部分城市选择直流 1500V 接触网供电,北京地铁的多数线路采用直流 750V 接触轨供电,但为了应对大客流的需要,北京地铁的一些新建线路也开始采用直流 1500V 接触网供电。另外,在深圳地铁 3 号线和广州地铁 4 号、5 号线开始采用直流 1500V 接触轨供电系统。

城市轨道交通供电系统由两大部分组成:由城市电网引入的电源和城市轨道交通内部供电系统。城市轨道交通内部供电系统即通常所说的供电系统,包括主变电所、牵引供电系统、供配电系统。城市轨道交通供电系统对城市电网是用户,对城市轨道交通内部的用电设备是电源,作为城市电网的一个重要用户,一般都直接从城市电网取得电能,无须单独建设电厂。城市电网对城市轨道交通供电的电压等级目前国内有 110kV、63kV、35kV 和 10kV 4 种,究竟采用哪一种电压等级,由不同城市电网构成的特点和城市轨道交通的实际需要而定。

1. 城市电网对城市轨道交通的供电方式

城市电网对城市轨道交通的供电方式有 3 种:集中式供电、分散式供电和混合式供电。

(1)集中式供电

集中式供电是指城市轨道交通在其线路附近建设自己专用的主变电所,主变电所的电压等级根据地区不同,一般为 110kV,东北地区为 63kV。根据城市轨道交通线路的长短,可以建设一座或几座主变电所。采用集中式供电方式,除考虑主变电所的负荷平衡,还应考虑与其他城市轨道交通线路的资源共享,可为几条线路同时供电。根据城市轨道交通路网规划,并结合城市电网规划,规划好轨道交通所需建设的主变电所,其站位应尽量在几条线路的交汇点。我国南方城市如上海、广州、深圳和南京地铁等多采用 110/35kV集中式供电方式。集中式供电系统构成如图 5-1 所示。

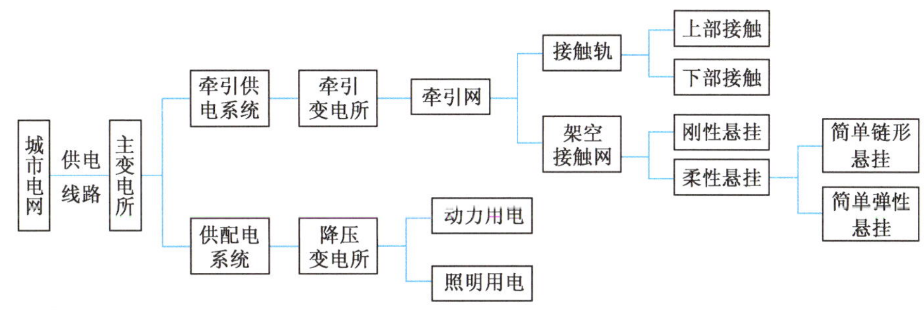

图 5-1　集中式供电系统构成示意图

项目五　供电设备故障的应急处理

集中式供电由以下几部分组成。

①主变电所:为城市轨道交通建设的专用变电所,只有采用集中式供电方式时才设置,专为城市轨道交通牵引供电系统和供配电系统供电。主变电所一般沿城市轨道交通线路靠近车站的位置建设,以便于电缆线路的引入。

②中压网络:联系主变电所、牵引变电所、降压变电所的供电网络,一般采用电缆线路、环网供电方式。

③牵引供电系统:专为电动车辆服务,包括牵引变电所、沿线敷设的接触网、馈电线、走行轨及回流线等。直流牵引变电所的作用是将三相高压交流电变成适合电动车辆应用的低压直流电。馈电线的作用是将牵引变电所的直流电送到接触网上。接触网是沿列车走行轨架设的特殊供电线路,电动车辆通过其受流器与接触网的直接接触而获得电力。走行轨道构成牵引供电回路的一部分。回流线的作用是将轨道回流引向牵引变电所。牵引供电系统的组成如图5-2所示。

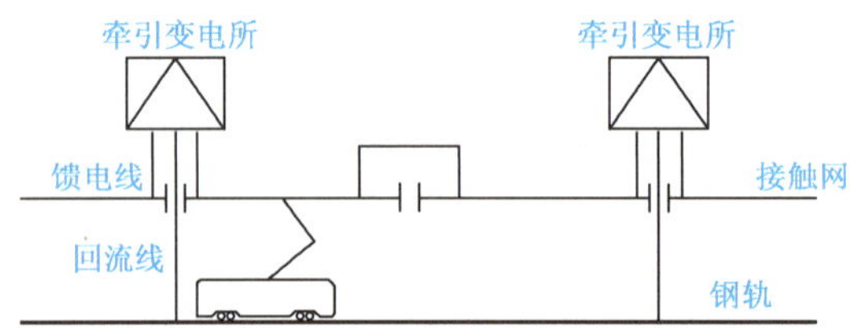

图5-2　牵引供电系统组成示意图

④供配电系统:专为城市轨道交通除电动车辆以外的所有动力照明负荷供电,如车站和区间的动力、照明及其他为城市轨道交通服务的机电设备。供配电系统包括降压变电所、低压配电系统。

牵引供电系统和供配电系统的电源电压一般是一致的,如北京地铁、平壤地铁、莫斯科地铁为10kV,广州地铁、南京地铁为35kV,巴黎地铁为15kV,纽约地铁为34.5kV,德黑兰地铁为20kV。之所以各城市的城市轨道交通供电系统电源电压等级不同,主要是因为不同城市的电网结构不同。目前国内的城市轨道交通线路一般将牵引变电所和降压变电所合建在一起。但也有牵引供电系统和供配电系统电源电压不相同的,如上海地铁和香港地铁,牵引供电系统电源电压为33kV,供配电系统电源电压为10kV,它们的电源均来自110kV主变电所。33kV这一电压等级是按国际标准设备成套引进而形成的,并非我国标准。由此可见,牵引供电系统和供配电系统是城市轨道交通供电系统不可分割又相互联系的两个组成部分。

(2)分散式供电

分散式供电是指沿城市轨道交通线路从城市电网直接引入城市轨道交通所需要的电源,国内一般为10kV,如北京地铁和大连轻轨等。分散式供电与集中式供电相比只是少建了主变电所,其系统组成如图5-3所示。

(3)混合式供电

混合式供电是以集中式供电为主,分散式供电作为补充的一种供电方式。这种供电方式只能是10kV电压。

2. 供电要求与电压等级

一般大工厂和企业用电多集中在一个地方,而城市轨道交通用电则在沿线路的几千米到几十千米范围内的一条线上，这是城市轨道交通作为城市电网用户与其他用户不同的地方。

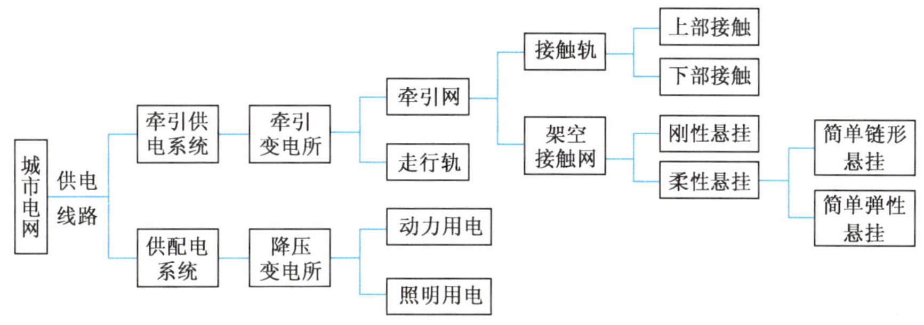

图 5-3 分散式供电系统构成示意图

城市轨道交通作为城市电网的重要用户，属一级负荷。城市轨道交通供电系统的主变电所、牵引变电所、降压变电所都要求能获得两路电源。

城市轨道交通供电系统对双路电源的要求是：

(1)双路电源要求来自不同的变电所或同一变电所的不同母线。

(2)双路电源应分列运行，互为备用，即当一路电源故障时，由另一路电源承担全部一、二级负荷。

(3)电源容量按城市轨道交通远期用电量设计。为便于运营管理和减少损耗，要求集中式供电的主变电所的站位和分散式供电的电源点要尽量靠近城市轨道交通线路，以减少引入城市轨道交通电缆通道的距离，同时减少电缆通道对城市地下管网的干扰。

城市轨道交通供电系统电压等级有以下几种。

(1)交流 110kV、63kV：为主变电所的电源电压，其中 63kV 电压等级为东北地区电网所特有。

(2)交流 35kV：上海、广州、香港、南京、深圳地铁的牵引供电系统电源电压皆为这一电压等级。35kV 这一电压等级在各大城市电网中将逐渐由 110kV 取代，但作为城市轨道交通内部专用，35kV 电压等级还将继续存在下去。

(3)交流 10kV：牵引供电系统和供配电系统可用这一电压等级，北京地铁、大连轻轨为这一电压等级。通常把 3～35kV 电压等级称为中压。

(4)交流 380/220V：动力、照明等低压负荷用电的电源电压。

(5)直流 1500V：一般为架空接触网电源电压，随着技术的不断发展，广州地铁接触轨供电方式也开始采用这一电压等级。

(6)直流 750V：接触轨电源电压，轻轨线路的架空接触网也采用这一电压等级。

(7)直流 220V：变电所操作电源、应急照明电源电压。

由以上各种不同等级的电压构成城市轨道交通完善、适用、安全、可靠的供电系统，以保证城市轨道交通正常运行所必需的电源供应。

(二)城市轨道交通供电系统的功能

城市轨道交通供电系统应具备安全可靠、调度方便、技术先进、功能齐全、经济合理的特点，并应具备以下所述的一些功能。

1. 全面的服务功能

城市轨道交通供电系统是为城市轨道交通安全运营服务的，保证城市轨道交通的所有电气用户安全、可靠地用电是它的职责。在城市轨道交通这个庞大的用电群体中,用电设备有不同的电压等级、不同的电压制式,既有固定的,也有时刻在变化着的。供电系统就是要满足这些不同用途的用电设备对电源的不同需求,使城市轨道交通的每种用电设备都能发挥各自的功能和作用,保证城市轨道交通安全可靠地运营。

2. 故障自救功能

系统的安全性、可靠性是供电系统首先要考虑的重要因素,无论供电系统如何构成,采用什么样的设备,安全、可靠地供电总是第一位的。在系统中发生任一故障,系统本身都应有备用措施,以保证城市轨道交通的正常运营不受影响。双电源是构成城市轨道交通供电系统的主要原则,当一路电源故障时,另一路电源应能保证系统的正常供电。主变电所、牵引变电所和降压变电所为双电源、双机组,对动力照明的一级、二级负荷采用双电源、双回路供电,接触网同一馈电区采用双边供电(双电源供电)方式,当一座牵引变电所故障解列时,靠两相邻变电所的过负荷能力对接触网进行大双边供电,保证列车可以照常运行不受影响,这些都是系统故障自救功能的体现。

3. 系统的自我保护功能

系统应有完善、协调的保护措施,供电系统的各级继电保护应相互配合和协调,当系统发生故障时,应当只切除故障部分的设备,从而使故障范围缩小。系统的各级保护应当满足可靠性、灵敏性、速动性、选择性的要求。对牵引供电系统而言,为保证乘客的安全,保护的速动性是第一位的,其保护的原则是“宁可误动作,不可不动作”,误动作可以用自动重合闸校正,而保护不动作则很危险,因为直流电弧在不切断电源时可以长时间维持,从而威胁乘客安全。直流系统的短路电流与交流短路电流不同,后者过零点时电弧可以自动熄灭,而前者可以长时间维持燃烧而不熄灭。

4. 防止误操作的功能

系统中任何一个环节的操作都应该有相应的联锁条件,不允许由于误操作而发生故障。尤其是各种隔离开关(无论是电动还是手动)的隔离触头,都不允许带负荷操作。防止误操作的条件可以是机械的,也可以是电气的,还可以是电气设备本身所具备的。防止误操作是使系统安全、可靠地运行必不可少的条件。

5. 方便灵活的调度功能

系统应能在控制中心进行集中控制、监视和测量,并应能根据运营需要,方便灵活地进行调度、变更运行方式、分配负荷,使系统的运行更加经济合理。当系统发生故障使一路或两路电源退出运行时,为保证城市轨道交通列车的正常运行,电力调度可以对供电分区进行调度和调整。

6. 完善的控制、显示和计量功能

系统应能进行就地和远动控制,并可以方便地进行操作转换,系统各环节的运行状态应有明确的显示,使运行人员一目了然。各种信号显示应明确,事故信号、预告信号分别显示。各种电量的测量和电能的计量应准确,并便于运行人员查证和分析,牵引用电和动力照明用电应分别计量,以利于对用电指标进行考核与经济分析。在控制中心应能对整个供电系统进行控制、信号显示、各种量值的计量统计。

7. 电磁兼容功能

按照国际电工委员会对电磁兼容的定义,电磁兼容是指设备或系统在电磁环境中能

正常工作且不对该环境中任何事物构成不能承受的电磁骚扰。其中“任何事物”可以是设备、装置、系统，也可以是有生命或无生命的物体。

城市轨道交通是强电、弱电多个系统共存的电磁环境，为了使各种设备或系统在这个环境中能正常工作，且不对该环境中其他设备、装置或系统构成不能承受的电磁骚扰，各种电气和电子设备的系统内部以及与其他系统之间的电磁兼容显得尤为重要。在城市轨道交通这个电磁环境中，供电系统及其设备首先是作为电磁骚扰源存在的，同时也是敏感设备。其与其他设备、装置或系统应是电磁兼容的。在技术上应采取措施，抑制骚扰源、消除或减弱电磁耦合，提高敏感设备的抗干扰能力，以达到各系统的电磁兼容，使城市轨道交通安全可靠地运行。

模块二　正线大面积停电的应急处理

城市轨道交通正线大面积停电一般是指城市轨道交通的主变电所停电，城市轨道交通线路的主变电所是城市电网的重点保障单位，出现停电事故的可能性极小，但一旦发生主变电所停电事故，将给城市轨道交通线路的正常运营带来重大影响。

任务一　分析并理解主变电所停电的应急处理程序

【任务书】

1. 要求学生了解城市轨道交通线路供电系统的组成和供电方式。
2. 要求学生了解主变电所停电对城市轨道交通线路运营的影响。
3. 要求学生掌握主变电所停电时运营关键岗位的应急处理措施。

相关理论知识

(一)城市电网对城市轨道交通供电方式

1. 城市电网对城市轨道交通供电的接线方式

城市轨道交通供电系统包括四部分：电源、主变电所、牵引供电系统和供配电系统。

城市轨道交通线路的电源由城市电网引入，根据不同城市电网构成，应采用合适的供电方式。城市轨道交通作为城市电网的特殊用户，一般用电范围多在几千米到几十千米之间，采用何种供电方式，与城市电网的构成及城市轨道交通线路的分布有密切的关系。供电系统的构成，在可行性研究阶段即需要与当地供电部门共同协商，并请当地供电部门作供电电源的可行性研究报告，为城市轨道交通供电系统初步设计提供充分的依据和可靠的基础，为后续工作的顺利开展创造条件。究竟采用哪种供电方式，主要取决于城市电网的构成、分布及电源的容量。城市轨道交通供电系统对城市电网是用户，对城市轨道交通的各类负荷又是电源。

在模块一中已经介绍了城市电网对城市轨道交通 3 种供电方式的系统构成，本模块将着重介绍这 3 种供电方式的具体接线方式。

(1)集中式供电的接线方式

由城市轨道交通专用主变电所构成的供电方案，称为集中式供电。在城市轨道交通沿线,根据城市轨道交通线路的长短和用电容量大小,建设一座或几座城市轨道交通专用的主变电所。在采用集中式供电的城市轨道交通系统中,主变电所向牵引变电所供电的形式由于电源线路的具体分布情况不同,主要可分成以下几种典型的形式。

①环行供电。如图5-4所示,由两个或两个以上主变电所和所有的牵引变电所用输电线连成一个环行网络。环行供电是很可靠的供电接线方式,因为在这种情况下,一路输电线和一个主变电所同时停止工作时,只要其母线仍保持通电,就不致中断任何一个牵引变电所的正常供电。但其投资较大。

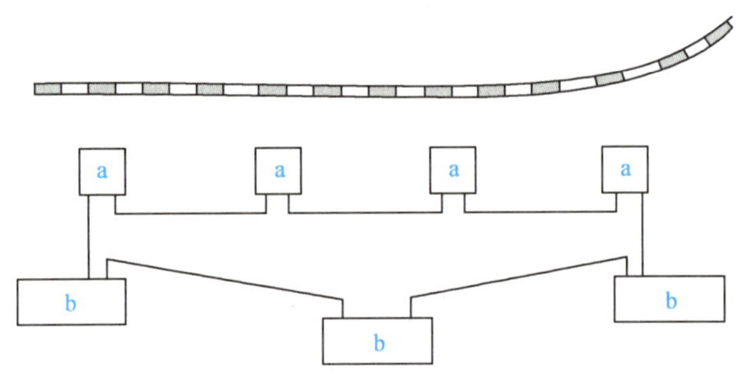

图5-4　环行供电示意图

a-牵引变电所;b-主变电所

②双边供电。如图5-5所示,由两个主变电所向沿线牵引变电所供电,通往牵引变电所的输电线都经过其母线连接,为了增加供电的可靠性,用双路输电线供电,而每路按输送功率计算。这种接线可靠性稍低于环行供电。当引入线数目较多时,开关设备多,投资增加。

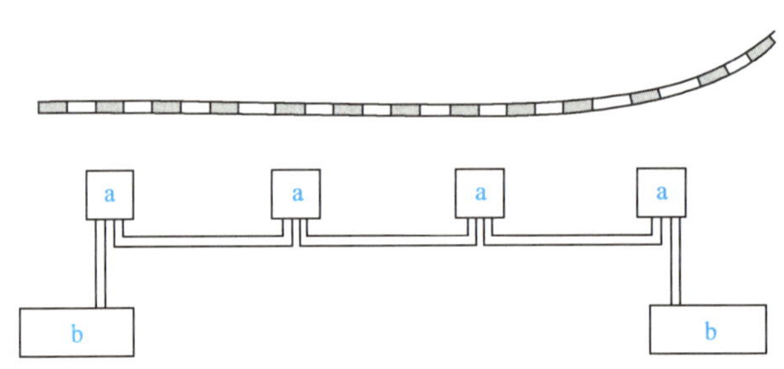

图5-5　双边供电示意图

a-牵引变电所;b-主变电所

③单边供电。如图5-6所示,当轨道沿线只有一侧有电源时,则采用单边供电。单边供电较环行供电和双边供电的可靠性差,为了提高可靠性,应用双回路输电线供电。单边供电设备较少,投资也少些。在双边供电和单边供电的情况下,每路输电线可以不必都进入所有的牵引变电所,而是轮流地每隔一个进入一个,这样可以减少进线的数目而降低变电所的投资。

④辐射形供电。如图5-7所示,每个牵引变电所用两路独立输电线与主变电所连接。这种接线方式适合于轨道线路成弧形的情况。这种接线简单,但当主降压变电所停电时,将全线停电。

目前,国内集中式供电的城市轨道交通线路为了保证供电的可靠性大多采用了双边供电的接线方式。

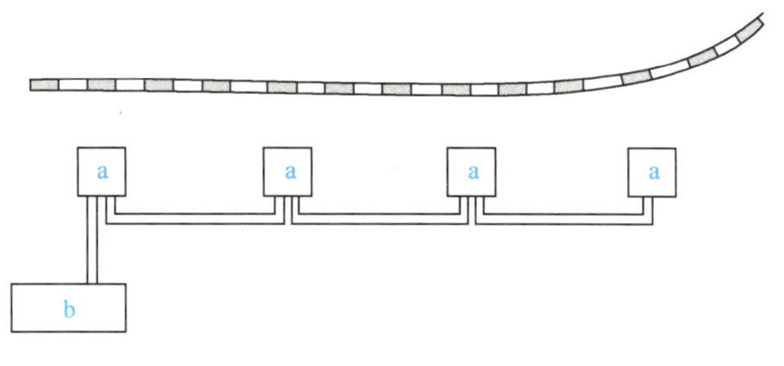

图 5-6 单边供电示意图
a-牵引变电所;b-主变电所

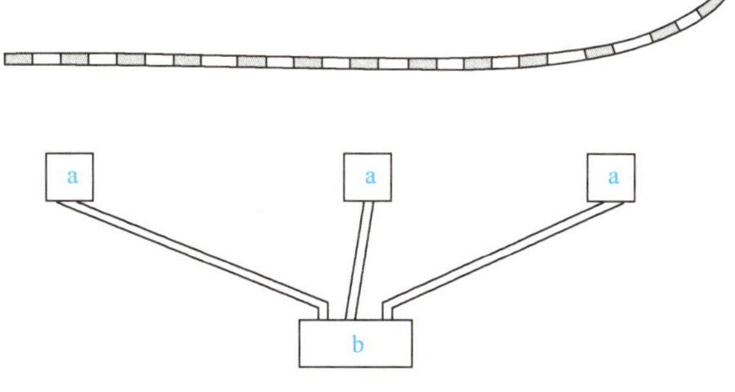

图 5-7 辐射形供电示意图
a-牵引变电所;b-主变电所

主变电所电源电压一般为 110kV 或 63kV,城市电网的高压电由主变电所变压为城市轨道交通供电系统所需的各种电压等级。主变电所应有两路独立的电源。上海、香港地铁牵引供电系统电压为 33kV,供配电系统电压为 10kV;广州地铁牵引供电系统和供配电系统电压均采用 33kV,而德黑兰地铁主变电所电源电压为 63kV,牵引供电系统和供配电系统电压为 20kV。在采用双边供电接线方式的集中式供电系统中,具体的接线方式又可分为图 5-8 和图 5-9 所示的两种情况。

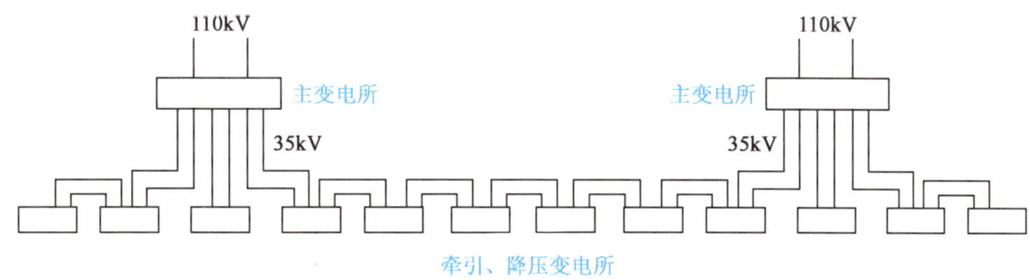

图 5-8 集中式供电系统的接线方式一

目前国内采用集中式供电的城市多为图 5-8 所示的接线方式,国内只有香港和上海两城市存在图 5-9 所示的接线形式。

(2)分散式供电的接线方式

在城市轨道交通沿线直接由城市电网引入多路城市轨道交通所需要的电源而构成的供电系统称为分散式供电。这种供电方式多为 10kV 电压等级。因为我国各大城市的电网在逐渐取消或改造 35kV 这一电压等级,要想在几千米到几十千米的范围内引入多路

35kV 电源是不可能的。分散式供电要保证每座牵引变电所和降压变电所皆能获得双路电源。北京地铁、大连轻轨采用分散式供电方式。分散式供电系统的接线方式如图 5-10 所示。

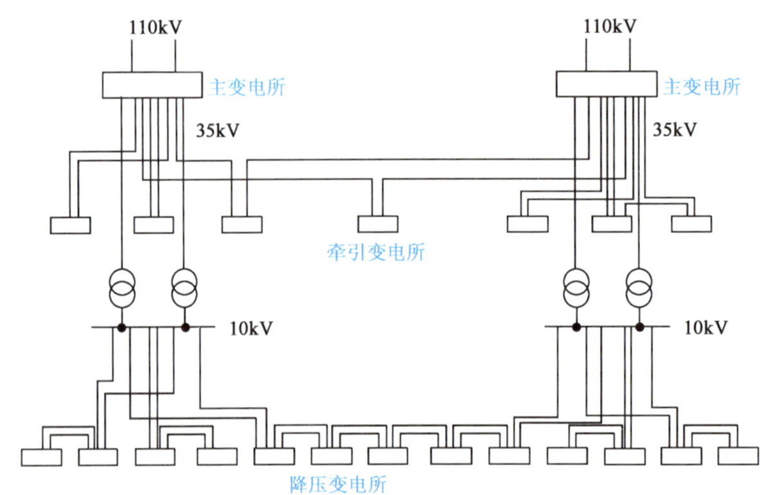

图 5-9　集中式供电系统的接线方式二

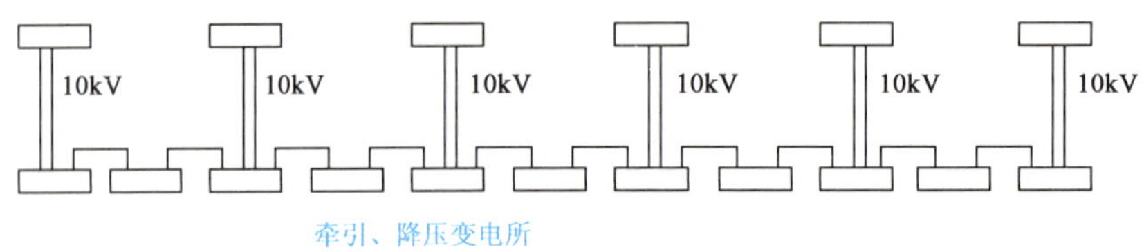

图 5-10　分散式供电系统的接线方式

(3)混合式供电的接线方式

以集中式供电为主,个别地段直接引入城市电网电源作为补充的供电方式称为混合式供电。它的接线方式是前两种供电系统接线方式的结合,使供电系统更加完善和可靠。北京地铁 1 号线和环线工程在建成初期即采用这种供电方式,即以 35kV 主变电所为主,个别地点引入 10kV 电源,后因北京城市电网规划取消了 35kV 电压等级,把原有的主变电所改建为 10kV 开闭所。

2. 主变电所的设计原则

主变电所的位置、容量应根据牵引供电系统和供配电系统计算结果确定,并应征得供电、规划部门的确认,遵循靠近线路、负荷平衡、资源共享的原则,达到节能的效果。

(1)主变电所位置的选择,应按下述原则确定:

①应尽量靠近城市轨道交通线路、接近负荷中心。

②各主变电所的负荷平衡,并使其两侧的供电距离基本相同。

③靠近城市轨道交通车站,以缩短电缆通道的距离,减少对城市地下管网的交叉和干扰,具体位置应与城市供电、规划部门共同商讨确定。

④应考虑路网规划与其他城市轨道交通线路资源共享,并预留电缆通道和容量。

(2)每座主变电所从城市电网引入两路独立的 110kV 或 63kV 电源。当一路电源故障时，另一路能承担重新调度后供电区域内全部一、二级负荷。

(3)为减少占地面积，主变电所应设计成室内式，设两台主变压器和两台自用电变压器。主变压器应按城市轨道交通远期最大运量设计。

(4)主变电所按三级控制设计。即就地、距离和远动，二次回路应与城市轨道交通牵引变电所相协调，采用综合自动化系统。近期为有人值守，条件成熟时也可以考虑无人值守。

城市轨道交通主变电所属城市电网的一级负荷，需要引入双路110kV或63kV高压电源对城市轨道交通供电系统供电，既然属一级负荷，应按照国家标准对一级负荷的要求进行建设。

根据国家标准《供配电系统设计规范》(GB 50052—2009)第2.0.2条和《地铁设计规范》(GB 50157—2013)第15条，一级负荷的供电电源应符合下列规定：

(1)一级负荷应由两个电源供电。当一个电源发生故障时，另一个电源不应同时受到损坏。

(2)一级负荷中特别重要的负荷，除由两个电源供电外，应增设应急电源，并严禁将其他负荷接入应急系统。另外，设备的供电电源的切换时间，应满足设备允许中断供电的要求。

《供配电系统设计规范》(GB 50052—2009)规定下列电源可作为应急电源：

(1)独立于正常电源的发电机组。

(2)供电网络中独立于正常电源的专用的馈电线路。

(3)蓄电池。

(4)干电池。

城市轨道交通的基本功能是安全快捷地运送乘客，在保证这一基本功能的前提下，确定纳入应急电源系统的负荷为：

(1)保证一定运输能力的牵引负荷：一定运输能力的负荷应是指城市轨道交通线路处在高峰小时以下的运输能力时的电力牵引负荷。

(2)保证城市轨道交通正常运营必需的动力和照明负荷，包括通信、信号、自动售检票机、屏蔽门、工作照明、变电所自用电、自动扶梯等。

以上是当一座主变电所故障解列时，另一座主变电所容量选择的底线。本模块将只讨论一条城市轨道交通线路采用双边供电接线方式时，发生大面积停电时的应急处理方法。

(二)正线大面积停电的应急处理方法

1. 正线大面积停电对运营工作的影响

正线大面积停电一般是指主变电所停电，城市轨道交通线路的主变电所是城市电网的重点保障单位，出现停电事故的可能性极小，但一旦发生主变电所事故，将给城市轨道交通线路的正常运营带来重大影响。

按照停电的范围、性质和对城市轨道交通运营的影响程度不同，正线大面积停电一般可分为两座110kV主变电所同时停电和一座110kV主变电所停电两类。两座110kV主变电所同时停电时，会导致一条城市轨道交通线路全部停运，严重影响行车和乘客安全。一座110kV主变电所停电时，城市轨道交通车站的三级负荷必须切除，在一定程度上影响城市轨道交通的行车和乘客服务。

城市轨道交通车站低压动力照明负荷按其用途和重要性可分为3级：一级负荷包含排烟风机、消防泵、排水泵、自动售检票机、屏蔽门、电力监控、变电所操作电源、防灾报警设备、通信信号、地下车站站台、站厅的照明及应急照明等；二级负荷包含局部通风机、普通风机、排污泵、自动扶梯、电梯等；三级负荷包含空调、冷冻机、热风幕、广告照明、维修电源等。

对3种负荷供电的技术要求为：

一级负荷为双电源、双电缆，供电末端自动切换，来电自复；二级负荷为双电源、单电缆，在电源端自动切换，来电自复；三级负荷为单电源、单电缆，当电源失压时，可以自动切除。

对于一级负荷，大功率设备的双电源可以来自变电所两段母线，小功率设备的双电源可来自不同母线上的配电箱；对于二级负荷，两路电源，单回路供电，电源在变电所自动切换；对于三级负荷，由一路电源供电，当一台配电变压器故障解列时，可根据运行需要自动切除。

大面积停电对城市轨道交通正常运营产生的影响主要有以下几个方面：

(1)接触网停电，列车停止运行并可能停在隧道。

(2)通信受影响，应急指挥、乘客疏散不通畅。

(3)信号设备无显示或道岔不能正确表示和转动。

(4)OCC与车站、司机无法联系，且对车站和变电所失去监视和控制功能。

(5)空调、通风设备停运，列车、车站环境质量变差。

(6)车站应急照明、导向和列车照明、通风设备仅能维持较短时间。

(7)人员可能被困在电梯中。

(8)乘客可能发生受伤事件。

(9)供水中断，消防、生活用水不能保证。

(10)可能发生火灾、治安事件。

(11)排水不畅可能造成水淹钢轨、隧道。

(12)车站闸机、自动售票机停止工作。

(13)可能发生服务质量投诉。

大面积停电演习
(视频来源于网络)

2. 正线大面积停电的应急处理措施

(1)两个主变电所同时停电的应急处理措施

两个110kV主变电所同时停电，城市轨道交通一整条线路全线停电时，应启动一级应急预案，各运营部门要根据不同的情况采取应对措施，确保乘客人身安全。

①客运组织措施：控制中心向车站和司机发布列车停运、急救和车站关闭命令，及时将灾情报告上级部门。列车司机负责维持列车到站停车，组织列车上乘客向车站疏散；如果列车在区间停车，必须立即报告行调，由行调通知相关车站进行支援，组织列车上乘客向车站疏散。车站启用紧急照明，站长负责组织有关人员疏散乘客，巡查各部位如升降电梯中是否有人员被困等，需要关站时清站后关闭车站，并将情况报告控制中心，若通信中断应设法与外界取得联系，并做好自救工作。

②给排水组织措施：停电后所有相关设备(主要指加压泵、消防泵与排水泵)都会因断电停止运行，导致排水系统无法运行、生活用水与消防用水无法补给，设备操作人员要加强检查各类集水井水位和地下水位，以免由于积水水位过高影响到行车信号及扶梯等

相关设备的安全，同时应保护好灭火器等消防设施，严防发生火灾，一旦发生火灾事故，应及时报告控制中心和消防部门。

③机电组织措施：停电后扶梯、升降梯、空调、风机等设备都会因断电停止运行，事故照明、BAS 工作站停电后备用电源（蓄电池）可维持 1h 供电，FAS 停电后正常情况下监控可维持 8h，火警联动状态可维持 0.5h；停电和送电均为自动切换。

④车站要启动紧急的疏散预案，实施与公交公司的接驳方案，保证乘客的安全转移。

（2）一个主变电所停电的应急处理措施

一个 110kV 主变电所停电，城市轨道交通线路的三级负荷必须切除，这在一定程度上影响了城市轨道交通的行车和乘客服务，应该启动二级预案。

①行车组织措施：控制中心发布部分停电影响信息，指挥退出冷冻机组、冷冻冷却泵、电热设备、广告照明、清洁设备等三级负荷供电，组织另一主变电所向全线一、二级负荷供电，车站、列车维持正常运营，车站、列车司机向乘客广播城市轨道交通线路停电受影响程度的信息，组织乘客维持正常的乘车秩序，并将受影响情况报告控制中心，控制中心及时将情况报告有关领导。

②给排水组织措施：给排水系统由于冷却泵停止运行，导致无法供冷。车站值班人员应注意地下环境温度，必要时增设排气扇，加强通风。同时检查各类集水井水位，以免积水水位过高影响到行车信号及扶梯等相关设备的安全。

③机电组织措施：由于全线只有一个主变电所供电，控制中心应通知相关部门密切关注设备运行状态，确保全线一级负荷、二级负荷供电正常。

（3）停电后的各运营岗位的应急处理措施

①发生大面积停电时，车站工作人员应判明现场情况，启用紧急照明，在控制中心和值班站长的指挥下，积极开展疏导乘客工作；设备值班人员应关闭正在操作的设备，切断电源开关后，设法与外界取得联系，协助乘务人员共同开展疏导乘客工作。

②发生接触网停电导致列车停运时，当班的客车司机是组织该列车所载乘客疏散的第一责任人，首先应通过广播稳定乘客情绪，在有通信条件时，听从控制中心值班调度或邻站值班站长的指挥。若列车停在隧道中，又与控制中心失去联系时，司机必须指挥、引导乘客有步骤、有组织地向最近的车站疏散。一旦到达车站，服从车站值班员、值班站长的组织指挥，直至将乘客安全引导至地面安全地带。

③行车调度、电力调度、环控调度、变电所等关键岗位值班人员，应坚守岗位，确保本部门设备、设施和人员的安全，并采取一切可能措施减少停电损失。同时着手调查，收集管辖范围内人员、设备、设施停电影响情况，速将险情及初步救援方案向有关领导汇报。

④各设备使用部门应做好停电后的设备保护，控制中心负责把失电主变电所高、低压侧开关分开，断开各类负荷开关；来电后经值班主任同意，按照主变电所、变电所、一级负荷、二级负荷、三级负荷的顺序，逐步恢复供电。

任务二　进行一个主变电所供电故障应急处理演练

【任务书】

1. 理解下列一个主变电所失电的应急处理程序编制的原则和基本思路。

2. 按照下列一个主变电所供电故障应急处理程序编写模拟演练方案并进行分组模拟演练。

某城市轨道交通线路一个主变电所供电故障应急处理程序

(一)某城市轨道交通线路供电系统概况

本模块将以某城市轨道交通线路为例说明城市轨道交通供电系统故障的应急处理方法,因此首先需要对该城市轨道交通线路的供电系统概况加以简要说明。

该城市轨道交通线路设有 ADM、MGQ 两座主变电所,主变电所将 110kV 降压为 35kV 后,通过环网电缆向牵引降压混合变电所和降压变电所供电,其中 ADM 主变电所负责向 A 站—I 站的变电所供电,MGQ 主变电所负责向 I 站—P 站的变电所供电。

该城市轨道交通线路在 A 站、C 站、E 站、G 站、J 站、L 站、O 站和车辆基地分别设有牵引降压混合变电所,分别将 35kV 交流电降压整流为 1500V 直流电和 220V 交流电,分别供给接触网和动力、照明系统使用。

该城市轨道交通线路同时还设有 9 座降压变电所和 15 座跟随式变电所,降压变电所分别为:B 站、D 站、F 站、H 站、I 站、K 站、M 站、N 站和 P 站。跟随式变电所分别为:A 站、B 站、C 站、车辆基地、G 站、H 站、I 站、I 站商业中心、J 站、K 站、L 站、O 站和 N 站。它们的主要作用都是将 35kV 电压降压为 380/220V 交流电供动力、照明系统设备使用。

该城市轨道交通线路的正线接触网分区如图 5-11 所示。

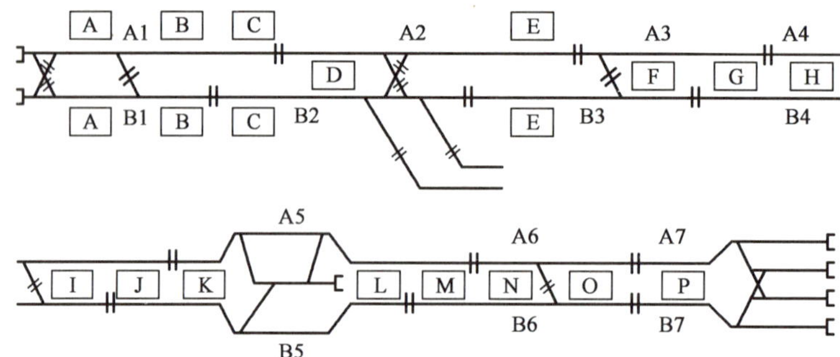

图 5-11　某城市轨道交通线路正线接触网分区示意图

(二)MGQ 主变电所供电故障应急处理程序

1. 确认主变电所失电

(1)电力调度员

接收到 MGQ 主变电所供电故障报警,包括 I 站—P 站的变电所失电。

①通过工作台确认 MGQ 主变电所的跳闸报警类型和开关动作情况。

②通知 MGQ 主变电所值班员现场确认开关分/合闸情况。

③联系城市供电局调度,了解供电局电力系统运行是否出现故障、供电恢复正常操作的时间。

④城市供电局调度证实故障但无法即刻给予供电恢复正常操作的时间。

⑤通知值班主任、行车调度员,MGQ 主变电所全所失电。

⑥要求供电巡检人员赶往失电的变电所检查设备动作情况。

(2)值班主任

①通知控制中心所有调度故障概况,并启动相应应急方案。

②向有关领导汇报故障概况。

2. 车站和列车紧急调整

(1)行车调度员

①通知所有值班站长及列车司机有关事故。

②指示所有列车司机利用车载广播系统通知列车乘客列车延误的信息。

③指示所有穿行于 I 站—P 站的列车司机,尽可能把列车惰行至车站。

④提醒到站的列车司机把车门打开,将列车扣留在站台。

⑤指示所有值班站长进行车站广播列车延误的信息。

(2)司机

执行行车调度员的指示:

①用车载广播系统向列车乘客广播列车延误的信息。

②穿行 I 站—P 站的列车,尽量将列车惰行至车站。

③到站的列车司机把车门打开。

(3)值班站长

执行行车调度员的指示,向全站播放列车延误广播。

3. 改单边供电

(1)电力调度员

①接收到城市供电局调度证实供电事故及恢复正常操作时间超过 15min(如 MGQ 主变电所供电故障恢复时间小于更改主变电所供电方式所需时间,则不宜更改主变电所供电方式),马上通知值班主任,在值班主任的许可下,电力调度员通知 ADM 主变电所值班员进行规定的操作,使 ADM 主变电所暂时负担 MGQ 主变电所的供电负荷,以使列车服务得以照常运行。

②通知值班主任、行车调度员,失电分区已临时恢复供电。

③观察失电变电所的运行情况,通知供电巡检人员检查设备运行正常后及时恢复 400V 重要设备的用电。

④通知城市供电局有关利用 ADM 电源暂代 MGQ 供电负荷的运作。

(2)电力调度员

在接收到供电巡检人员检查设备运行正常以及恢复 400V 重要设备的用电后,通知值班主任。

(3)值班主任

通知控制中心调度员 400V 重要设备的用电已恢复。

(4)行车调度员

①通知所有值班站长失电分区已恢复供电,将车站机电设备复位。

②制订行车调整方案。

(5)环控调度员

通过工作台尝试把环控系统复位,如有需要,通知设备维修调度员派遣维修人员到 I 站—P 站,将环控系统复位。

(6)设备维修调度员

如环控调度员请求,派遣维修人员到I站—P站将环控系统复位。

(7)值班站长

①执行行车调度员的指示,指示站务人员执行恢复车站运营的工作,将所有的车站保护、监控系统复位。

②检查车站照明一切恢复正常。

(8)站务人员

①执行值班站长的指示,检查车站所有的系统,确保所有的车站保护、监控系统恢复正常操作,车站照明一切恢复正常。

②任务完成后向值班站长汇报。

(9)值班站长

通知行车调度员车站各设备已恢复正常。

(10)行车调度员

①通知所有列车司机失电分区已恢复供电,提醒已降下受电弓的列车司机升弓,做好运行准备。

②在值班主任的许可下,进行行车调整。

③通知所有列车司机及值班站长恢复正常列车服务运作。

④指示所有列车司机及值班站长:利用广播系统通知列车及车站乘客列车恢复正常运营的信息。

(11)司机

①已降下受电弓的列车司机升弓,做好运行准备。

②依照行车调度员指示执行行车调整。

③通过车载广播通知乘客列车恢复正常服务。

④向行车调度员报告,列车运行正常。

(12)值班站长

①通过车站广播重复地进行全站恢复正常运营的广播。

②密切注意车站供电负荷情况。如有异常,需即刻采取措施维持站内秩序及确保乘客安全。

(13)电力调度员

通过系统提供的画面及资料,注意全线牵引降压混合变电所整流机组的负荷情况,如有必要,可以通知行车调度员,要求列车限速运行或减少上线的列车数目,也可以切除车站三级负荷。

(14)行车调度员

在接收到所有的值班站长证实车站各设备及列车运行已恢复正常后,报告值班主任。

(15)值班主任

在接收到行车调度员的报告后,向城市轨道交通运营企业领导汇报。

(16)电力调度员

①经常向城市供电局查询供电恢复的进展。

②当城市供电局确定供电已恢复正常,请示值班主任批准在非运营时间调整运行方式至正常供电方式。

模块三　牵引变电所故障的应急处理

任务一　掌握牵引变电系统的运行方式

【任务书】

1. 掌握牵引供电系统的基本运行方式。
2. 掌握双边供电和单边供电的主要区别。
3. 掌握大双边供电和大单边供电的适用范围及特点。

相关理论知识(牵引供电系统的运行方式)

(一)牵引供电系统的运行方式概述

牵引供电系统由牵引变电所、接触网、馈电线、走行轨及回流线等部分组成,各个部分在运行中应相互协调、统一调度。牵引供电系统因其本身的特点,与地面工程的其他供电系统或配电系统的运行方式有差异,因此在设计上应满足这些要求,用最小的投资最大限度地发挥系统的效能,保证列车的安全正常运行。

牵引供电系统根据需要可以有以下几种运行方式:

(1)牵引变电所正常为双机组并列运行,以构成等效 24 脉波整流。

(2)一台机组退出运行时也可以有条件地单机组运行。

(3)系统中允许几座牵引变电所解列退出运行,条件是解列的变电所必须至少相隔两座牵引变电所。

(4)接触网正常实行双边供电,当一座牵引变电所故障解列退出运行时,应实行大双边供电。

(5)只有在末端牵引变电所故障解列时才采用大单边供电,如列车在牵引末端启动时电压降超过允许值,可通过横向电动隔离开关将上下行接触网并联,以减小回路电阻,降低电压损失。

(二)单边供电

单边供电指馈电区只从一侧牵引变电所取得电源,单边供电只是运行中一种可能采用的临时供电方式,而不是牵引供电计算的限制条件。单边供电只是在特定条件下(如试车线、线路终端的牵引变电所等)运营中可能采用的一种措施,并不是设计上必须满足的限制条件,更不是运营中的首选方案。因为采用单边供电时的电压损失、功率损耗和杂散电流等方面都是双边供电的 3 ~4 倍,显然这对运营是非常不利的。从节能的角度,双边供电也是牵引供电系统的首选方案。单边供电方式如图 5-12 所示。

(三)双边供电

双边供电是指任何一个馈电区同时从两侧牵引变电所取得两路电源。城市轨道交通的牵引供电系统在正线的设计和运营中,均应采用双边供电方式,因为双边供电比单边供电具有明显的优点。双边供电是设计必须满足的条件,也是正常运营的首选方式。即使在一座牵引变电所故障解列时,也应采取技术措施实行大双边供电,同时应自动完成双边联跳条件的转换,这样可以减少牵引变电所数量,既节省一次建设投资,又减少运营费用,同时减小列车启动时的电压损失,降低功率损耗,有利于列车运行,并且不影响运送乘客的能力,这对运营是非常有利的。

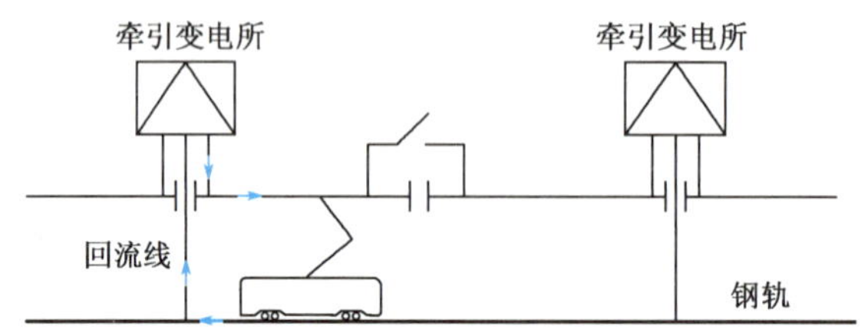

图 5-12　单边供电方式示意图

总之,双边供电是城市轨道交通最基本的供电运行方式,是设计遵循的前提,也是运营首选方案。牵引供电系统无论是正常运行还是牵引变电所故障时运行,双边供电都是其首选的运行方式。双边供电方式如图 5-13 所示。

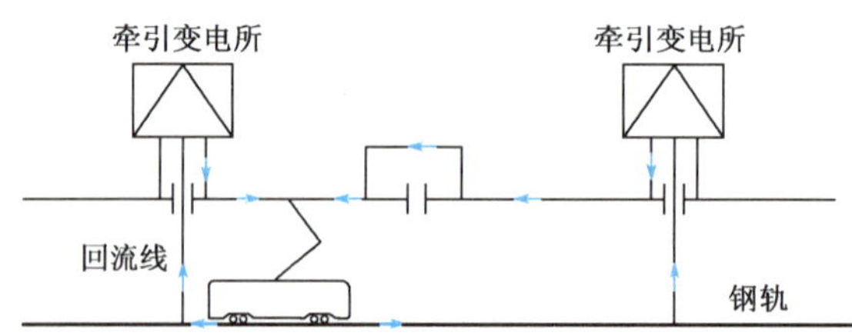

图 5-13　双边供电方式示意图

双边供电和单边供电相比,有如下优点:

(1)接触网的平均电压损失,双边供电是单边供电的 1/4 ~ 1/3。平均电压损失是指列车在区间运行时的平均电压损失,它对电机的运转具有重要意义。

(2)列车启动时最大电压损失,双边供电是单边供电的 1/4;满足列车启动时的最大电压损失要求。该指标是决定牵引变电所间距必须满足的条件。

单边供电列车启动时最大电压损失发生在供电区的终点,双边供电列车启动时最大电压损失发生在供电区的中点。从上面分析可知,无论哪种电压损失,双边供电都是单边供电的 1/4 ~ 1/3。

(3)接触网的功率损失,双边供电是单边供电的 1/4 ~ 1/3。接触网中的功率损失等于接触网中诸列车各自的电流与电压损失的乘积之和。

(4)双边供电时,列车的再生能量可以被同行列车吸收,当车流密度高时再生能量更易被同行列车利用;而单边供电时,再生能量被其他同行列车吸收的可能性极小。

(5)杂散电流值双边供电是单边供电的 1/4 ~ 1/3。直流接触网采用接触网正极送电,走行轨负极回流,随着列车的运行,绝大部分回流电流沿着走行轨流回牵引变电所,同时也不可避免地要从走行轨向地下(道床、结构钢筋)泄漏电流(杂散电流)。

杂散电流的大小主要由下列两个主要因素决定:

(1)走行轨对地电位的高低。

(2)走行轨对地过渡电阻的大小。

当然,走行轨对地电位越低、走行轨对地过渡电阻越高,杂散电流就越小。牵引供电系统在向列车供电的同时，也在随列车的移动从走行轨向地下泄漏电流。采用双边供电方式是减小杂散电流最有效的措施。接触网无论是正常运行方式还是事故状态（一座牵引变电所解列）时都应采用双边供电。走行轨对地电位双边供电是单边供电时的 1/4 ~ 1/3，在线路条件相同的情况下，单边供电比双边供电时杂散电流要大 3 ~4 倍。双边供电的优越性是显而易见的。

(四) 大双边供电

鉴于双边供电比单边供电有很多优点，系统中任何一座牵引变电所故障解列时，也应采取技术措施，实行大双边供电。大双边供电方式如图 5-14 所示。

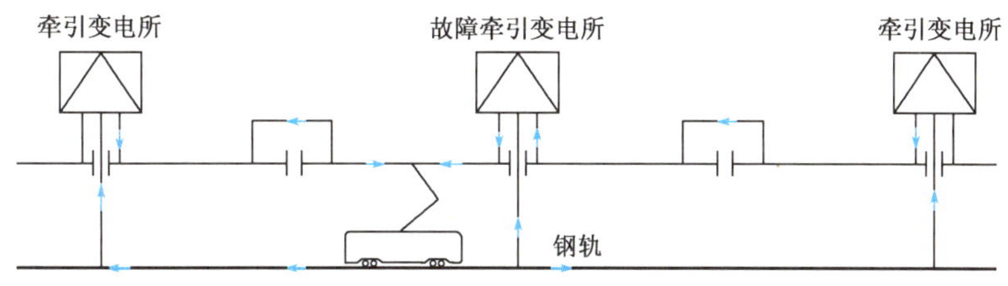

图 5-14　大双边供电方式示意图

实现大双边供电有以下两种方式：

(1) 利用解列的牵引变电所的直流母线构成大双边供电

利用牵引变电所直流母线构成大双边供电的条件是：

①牵引变电所两套整流机组全部退出运行。

②直流母线、上下行 4 路馈线开关及其二次回路完好无损且能正常运行。

如图 5-15 所示，大双边供电的具体做法是利用故障变电所的直流母线将不同电分段的接触网并联起来，图中 4 台横向电动隔离开关 1DG、2DG、3DG、4DG 处于合闸状态。这样构成大双边供电的优点是简单方便，容易实现；缺点是凡涉及直流母线或 4 路馈线开关的任何故障都不适用这种方式。必须指出的是，这样做虽然改善了电压质量、降低了损耗，但同时也会扩大事故范围，因接触网一点发生短路故障时，可能引起多路馈线开关跳闸，从而使事故范围扩大。

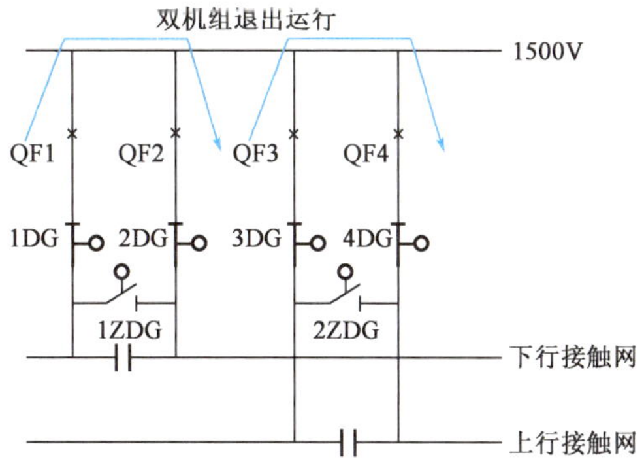

图 5-15　利用直流母线构成大双边供电方式示意图

(2) 利用纵向电动隔离开关构成大双边供电

当牵引变电所故障解列时，利用电分段处的纵向电动隔离开关构成大双边供电，使整座牵引变电所退出运行，接触网运行不受故障牵引变电所的影响，图中 2 台纵向电动隔离开关 1ZDG、2ZDG 处于合闸状态，如图 5-16 所示。

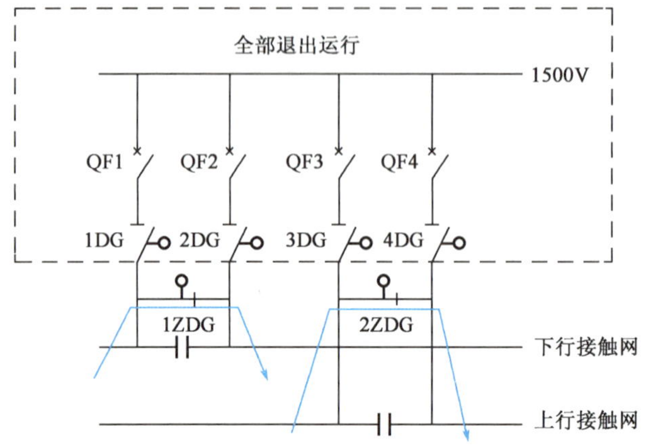

图 5-16　利用纵向电动隔离开关构成大双边供电方式示意图

纵向电动隔离开关的用途：

①作为牵引变电所 4 路馈线开关的备用开关。当牵引变电所电分段两侧上（下）行任何一路或两路直流馈线开关故障退出运行时，由纵向电动隔离开关构成大双边供电，此时上（下）行接触网是大双边供电，而下（上）行接触网可仍为正常双边供电。牵引变电所直流侧不需另设备用开关。

②作为牵引变电所的备用开关。当整座牵引变电所故障解列退出运行时，由纵向电动隔离开关构成大双边供电，使城市轨道交通列车正常运行。

纵向电动隔离开关操作的联锁条件可以是以下条件中的任何一种：

①监测故障牵引变电所纵向电动隔离开关两侧接触网有无电压，只有当确认纵向电动隔离开关两侧的接触网没有电压时，才可以进行操作。

②故障牵引变电所向上（下）行接触网馈电的 2 路馈出开关与左右两侧相邻牵引变电所向同一馈电区供电的 2 路馈出开关皆处于分闸状态时，才可以操作。

③故障牵引变电所向上（下）行馈电的两路馈出开关处于分闸状态，由行车调度员确定该区间无车辆运行时才可以进行操作。

鉴于双边供电比单边供电有很多优点，系统中任何一座牵引变电所故障解列时，也应采取技术措施，实行大双边供电。"系统中任何一座牵引变电所故障解列"指的是当系统中任何相隔两座的牵引变电所故障解列时，靠其相邻牵引变电所的过负荷能力，应仍能保证列车的正常运行，不影响运送乘客的能力。也就是说在牵引供电系统中可以有几座牵引变电所退出运行而不影响最大客流的运输能力，它们的条件是故障或退出运行的牵引变电所必须是相隔两座牵引变电所，如图5-17所示。

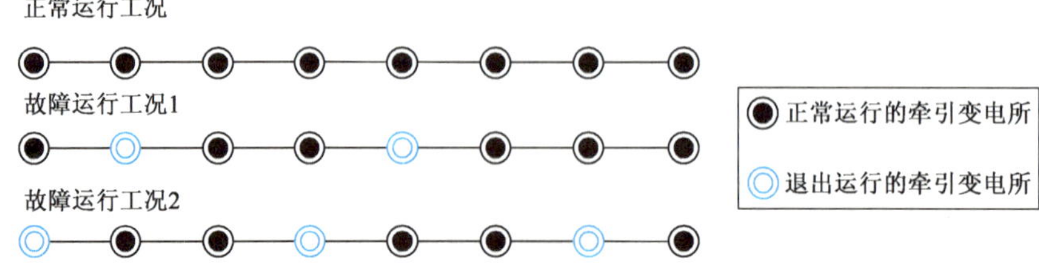

图 5-17　牵引变电所退出运行示意图

实现大双边供电对运营极为有利,尤其是改善列车启动条件和减少功率损失,减少杂散电流,同时还可以减少牵引变电所的数量,降低一次性投资和运行费用。

(五)大单边供电

由于一般城市轨道交通线路末端的牵引变电所在正常工作状态下采用的是单边供电,因此当其故障解列时只有采用大单边供电维持线路运行。大单边供电方式如图5-18所示,故障解列的牵引变电所右边线路的供电方式由单边供电改为大单边供电。

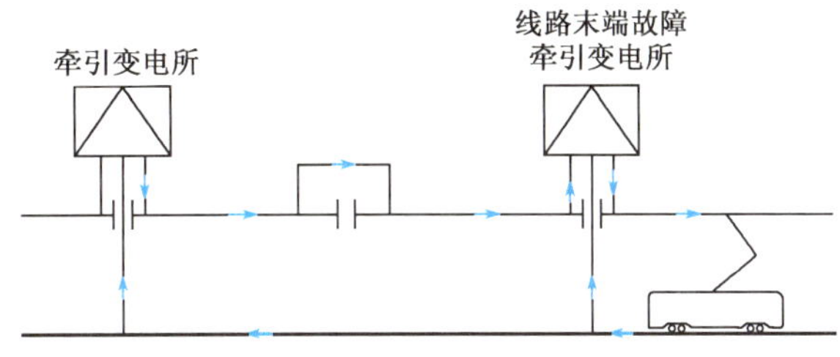

图5-18 大单边供电示意图

构成大单边供电采用的方法与构成大双边供电的方法相同,都是利用解列的牵引变电所的直流母线或纵向电动隔离开关构成大单边供电。

任务二 进行牵引降压混合变电所故障应急处理演练

【任务书】

如图5-19所示,在某城轨线路运营过程中,C站—G站上下行区间接触网因E站牵引降压混合变电所突发故障失电,失电时0808次列车在D站上行站台,0508次列车和0109次列车在E站—F站区间,控制中心在紧急调整后采用大双边供电的方法恢复行车。

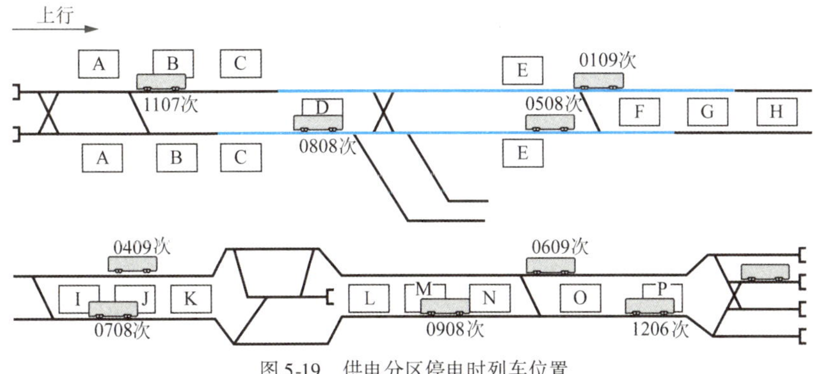

图5-19 供电分区停电时列车位置

请按照E站牵引降压混合变电所故障的应急处理程序和大双边供电综合演练方案,编写相应的演练方案,并分角色进行配合演练。

一 E站牵引降压混合变电所故障应急处理程序

本应急处理程序是以某城轨线路上相邻的三个牵引降压混合变电所(C站、E站、G站为不相邻的车站)为分析对象,假设E站牵引降压混合变电所室内设备故障,使得E站动力和照明设备失电,所有直流馈线断路器211、213、212、214跳闸,同时引发相邻的C站牵引降压混合变电所的直流馈线断路器213、214和G站牵引降压混合变电所的直流馈线断路器211、212联跳，造成A2、A3、B2、B3供电分区失电（图5-20），调度员利用大双边供电方式，从相邻的牵引降压混合变电所向失电分区越区供电，维持列车的正常运行。

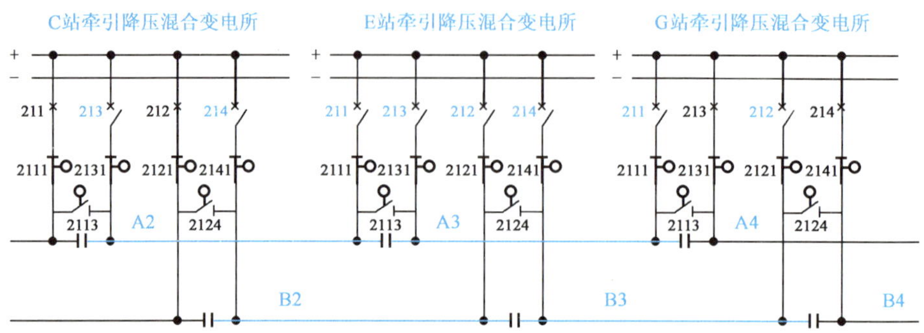

图5-20　E站牵引降压混合变电所故障示意图

需要说明的是，牵引降压混合变电所既要向两边供电分区牵引网供电，又要向本站动力和照明负荷供电，通过大双边供电方式可以恢复失电分区牵引网的供电，但无法恢复本站动力和照明负荷的供电；另外，由室内设备故障引起的牵引变电所解列既可能引起相邻的牵引变电所直流馈线断路器联跳，也可能不引起相邻的牵引变电所直流馈线断路器联跳，只是供电分区由双边供电变成单边供电，这样就避免了行车中断，减少了调度员行车调整的难度。

（一）E站牵引降压混合变电所失电

1. 电力调度员

（1）通过电力监控系统工作台确认E站牵引降压混合变电所的跳闸报警类型和开关动作情况。

（2）E站牵引降压混合变电所的直流馈线断路器和相邻牵引降压混合变电所（C站、G站）的直流馈线断路器发生跳闸。

（3）通知值班主任有关跳闸事故。

（4）通知供电巡检人员即刻到E站牵引降压混合变电所检修发生故障跳闸的原因，同时到受影响的变电所检查400V动力设备的用电情况，及时恢复重要设备的用电。

（5）通知行车调度员C站—G站上行、下行接触网失电及E站牵引降压混合变电所全所失压的信息。

2. 值班主任

（1）通知控制中心所有调度故障概况，并启动相应应急预案。

（2）指示行车调度员根据电力调度员提供的影响范围制订行车调整方案。

（3）向有关领导汇报故障概况。

（二）车站和列车紧急调整

1. 行车调度员

（1）通知所有列车司机与值班站长：E站牵引降压混合变电所故障，C站—G站上、下行区间将受影响,进行列车与车站有关列车延误的广播。

(2)指示 C 站—G 站上、下行的列车司机把列车惰行至车站待命,提醒到站的列车司机把车门打开。

(3)确认列车运行状态,发现任何异状立刻报告。

(4)注意防止其他列车进入受影响车站和区间。

(5)在值班主任的许可下,执行全线行车调整。

(6)通知值班站长行车调整的信息,并指示列车司机执行行车调整。

2. 司机

(1)执行行车调度员的指示,用车载广播系统向乘客广播列车延误的信息。

(2)依照行车调度员指示执行行车调整。

3. 值班站长

(1)执行行车调度员指示,做好乘客服务工作和播放列车延误广播。

(2)随时向行车调度员汇报事故处理的进展。

4. 环控调度员

(1)如行车调度员确定地下站受影响区间有列车停留超过 5min,立即启动隧道阻塞通风模式。

(2)如电力调度员有限制电负荷需要或控制三级负荷需求,按其要求对 C 站和 G 站下达停开部分或全部环控设备的命令。

(三)实现大双边越区供电

1. 电力调度员

(1)按规定程序操作,实现大双边越区供电。

(2)通知值班主任与行车调度员:C 站—G 街站上行、下行已恢复供电。

(3)在故障抢修时,协助抢修人员与行车调度员进行联系,审核抢修设备时所采取的安全措施,配合抢修人员进行操作。

2. 值班主任

(1)通知控制中心所有调度员有关供电恢复的信息。

(2)指示行车调度员制订行车调整方案。

3. 行车调度员

(1)制订行车调整方案。

(2)在电力调度员证实 C 站—G 站上行、下行已恢复供电后,指示第一列车限速通过故障区间,待电力调度员证实无异常后,在值班主任的许可下,指示全线列车司机执行行车调整。

(3)通知所有列车司机与值班站长:C 站—G 站上、下行区间已恢复供电,恢复列车与车站运营。

4. 司机

(1)按行车调度员的指示进行广播,告知乘客列车运营恢复正常的信息。

(2)执行行车调整方案。

5. 值班站长

执行行车调度员的指示,向车站乘客广播列车运营恢复正常的信息。

6. 行车调度员

待列车运营恢复正常后,报告值班主任,通知环控调度员。

7. 环控调度员

把隧道阻塞通风模式复位。

8. 值班主任

向有关领导汇报运营已恢复正常。

二 大双边供电综合演练方案

(一)故障概要

某城轨线路如图 5-21 所示,某日 11:58,电力调度员报 G 站—M 站接触网失电。12:02,电力调度员汇报 G 站—M 站上行越区供电成功;12:03,电力调度员汇报 G 站—M 站下行越区供电成功。12:10,值班主任宣布应急预案终止。

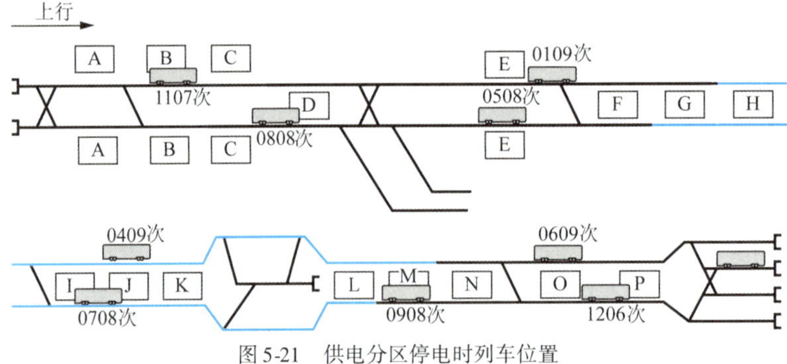

图 5-21 供电分区停电时列车位置

(二)演练经过

11:58 电力调度员:值班主任,G 站—M 站接触网失电。

11:58 行车调度员 1:E 站上行站台开出的 0508 次限速 30km/h 到 F 站上行待令,O 站下行站台开出的 0609 次限速 30km/h 到 N 站下行待令 ,0508 次复诵。(0508 次列车司机复诵)

11:58 行车调度员 1: 0708 次惰行进 J 站待令,0409 次 J 站待令,各次列车做好乘客服务, 0708 次复诵。(0708 次列车司机复诵)

11:59 电力调度员向值班主任提供越区供电方案(G 站—M 站上下行大双边供电)。

12:00 如图 5-22 所示,0708 次列车到达 J 站上行站台后,行车调度员:J 站上行的 0708 次、下行 0409 次降双弓,并做好乘客服务,0409 次复诵。(0409 次列车司机复诵)

12:00 值班主任令电力调度员按照先上行、后下行的顺序进行越区供电。

12:00 电力调度员拉开 J 站牵引降压混合变电所 2111、2121、2131、2141 刀闸,确认分位,如图 5-23 所示。

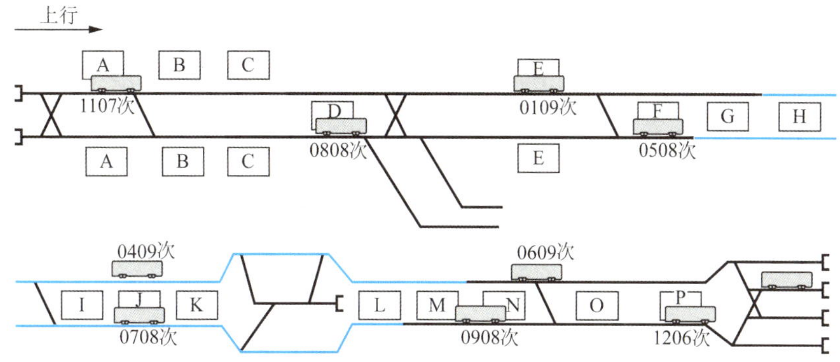

图 5-22　列车惰行到达 J 站

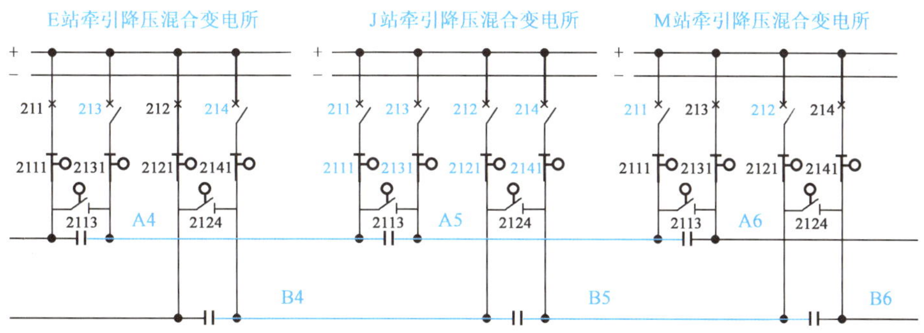

图 5-23　J 站牵混所拉开刀闸

12:01　行车调度员 2 通知电力调度员:G 站—M 站上下行接触网失电区域内列车受电弓已全部降下。

12:01　行车调度员 1:0808 次 E 站上行待令,做好乘客服务工作。(0808 次列车司机复诵)

12:02　行车调度员 2 呼叫 F 站—N 站各站:因 G 站—M 站供电故障(图 5-24),上下行各次列车在各站停站时间有所延长,各站做好乘客服务,M 站复诵。(M 站行车值班员复诵)

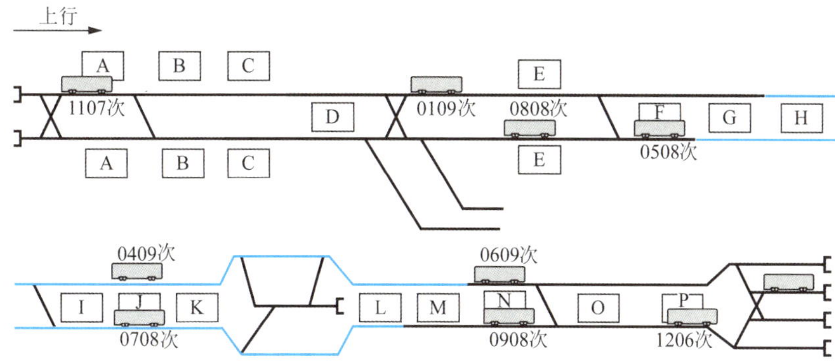

图 5-24　行车调度员通知车站时各列车位置

12:02　电力调度员合 J 站牵引降压混合变电所 2124 越区开关,确认合位。

12:02　电力调度员确认 E 站牵引降压混合变电所 214 开关、M 站牵引降压混合变电所212开关重合闸成功。

12:02　电力调度员汇报:G站—M站上行越区供电成功。

12:03　电力调度员合J站牵引降压混合变电所2113越区开关,确认合位。

12:03　电力调度员确认E站牵引降压混合变电所213开关、M站牵引降压混合变电所211开关重合闸成功。

12:03　电力调度员汇报:G站—M站下行越区供电成功(图5-25)。

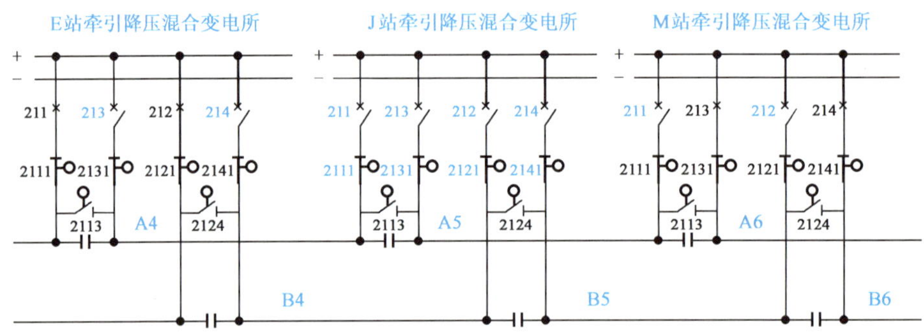

图5-25　电力调度员越区送电过程

12:04　行车调度员1:J站上行的0708次升后弓,限速25km/h至K站,J站下行的0409次升后弓,限速25km/h至I站,0708次复诵。(0708次列车司机复诵)

12:04　行车调度员1:F站上行的0508次,E站上行0808次,N站下行0609次恢复正常运行,0508次复诵。(0508次列车司机复诵)

12:04　行车调度员2呼叫F站—N站各站:各站加强对上下行进站列车的弓网配合情况的观察,有异常及时汇报行车调度员 ,M站复诵。(M站行车值班员复诵)

12:05　行车调度员1:0409次、0708次、0609次、0508次司机加强对列车网压及车辆状态的监控,有异常及时采取措施,汇报行车调度员。

12:06　行车调度员1:0708次到达K站后恢复正常速度驾驶,单弓运行到M站后恢复双弓运行,加强对列车网压及车辆状态的监控。(0708次列车司机复诵)

12:07　行车调度员1:0409次到达I站后恢复正常速度驾驶,到G站下行后恢复双弓运行,加强对列车网压及车辆状态的监控。(0409次列车司机复诵)

12:10　值班主任宣布应急预案终止,行车调度员通报各车站、司机(图5-26)。

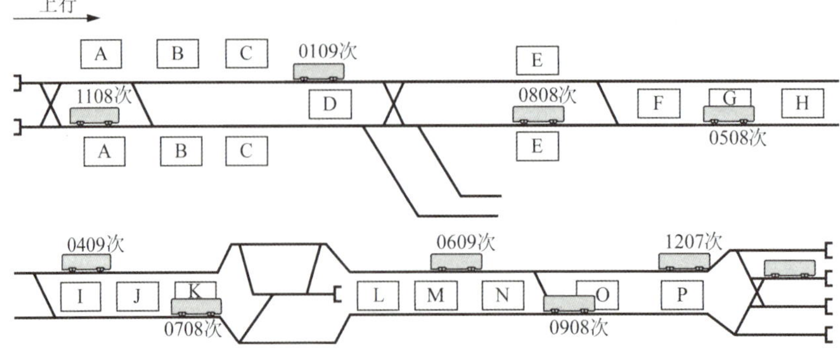

图5-26　故障恢复后列车位置

模块四　牵引供电分区停电的应急处理

牵引供电分区停电是城市轨道交通线路运营中常见的设备故障，一旦发生牵引供电分区停电，就会造成一段线路停运，有时根据设备故障的不同情况和故障处理所需的时间长短，行车调度员还会采取区间清客或出动工程车救援等不常用的手段，应急处理的复杂程度一般要高于其他种类的设备故障。

任务一　理解接触网类和弓网类故障应急处理方法的区别

【任务书】

1. 要求学生掌握接触网类故障的应急处理程序。
2. 要求学生掌握弓网纠缠类故障的应急处理程序。
3. 要求学生能理解接触网类故障和弓网纠缠类故障应急处理方法的不同点及其原因。

一　相关理论知识——牵引供电分区停电应急处理方法

在城市轨道交通供电设备故障中，由于牵引变电所设备大多采取冗余设置，因此牵引变电所解列造成牵引供电分区临时停电的情况并不常见，而多数牵引供电分区停电故障是供电线路的个别位置短路等室外设备故障造成的相邻牵引变电所的直流馈线断路器跳闸所引起，如图5-27所示。

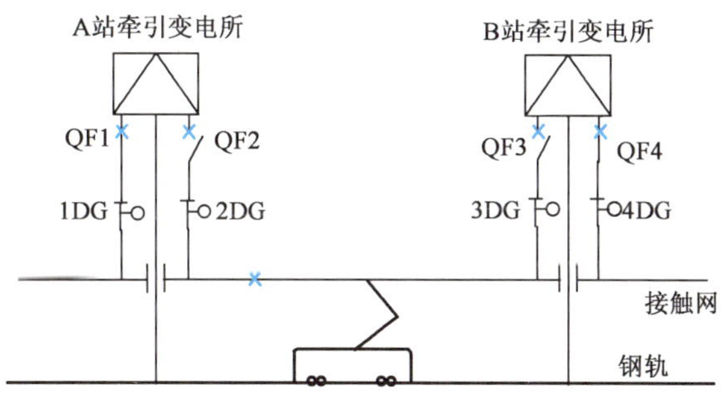

图5-27　室外设备故障引起牵引供电分区停电示意图

引起牵引供电分区停电的故障按故障点位置可分为室内设备故障和室外设备故障。室内设备故障在调度员判断准确、运行方式调整果断的情况下对正线行车的影响还是可以控制的。而由于室外供电设备的唯一性，大多需要供电维修人员现场抢修后才能排除，因此对运营工作的影响比较大。本模块将以我国南方地区较常见的柔性接触网为例来说明牵引供电分区的应急处理方法。

当某个供电分区停电而故障原因不明时，电力调度员必须先对故障点进行判断，然后再有针对性地采取抢修措施。如图5-16所示，当A站—B站间的供电分区失电时，电力调度员一般会采取排除法确定故障点：在确认失电区域所有列车降弓后，先分开A站牵引变电所馈线隔离开关2DG，试送B站牵引变电所馈线断路器QF3，如果送电成功，则说明故障点在A站牵引变电所内；如果送电不成功，则说明故障点在B站牵引变电所内或两座变电所间的牵引网上。下一步措施是合上A站牵引变电所馈线隔离开关2DG，分开B站牵引变电所馈线隔离开关3DG，试送A站牵引变电所馈线断路器QF2，如果送电成功，则说明故障点在B站牵引变电所内；如果送电不成功，则说明故障点在两座变电所间的牵引网上，这样就使得故障检查的范围大为缩小。

在找到故障点后，接下来的工作就是由设备维修调度员和电力调度员组织人员进行设备抢修，行车调度员在设备抢修的同时组织在非故障区的列车维持适度运营。

对于行车组织工作来说，根据对行车秩序影响程度的大小和故障维修方法的不同，一般可将牵引供电分区停电故障分为接触网类故障和弓网类故障。接触网类故障既有可能由室内设备故障引起，也有可能由室外设备故障引起，而弓网类故障一定属于室外设备故障。

（一）接触网类故障的应急处理方法

在牵引供电系统的故障中，发生频率最高、影响最严重的莫过于接触网设备的故障，譬如绝缘瓷瓶破损、雷击造成设备损坏、外部设施碰触接触线和异物缠绕在接触网上等情况，在城市轨道交通的运营过程中均有发生。

接触网设备的故障既可能由室外设备故障引起，也可能由室内设备故障引起。室内设备故障的抢修由于不需要下到轨行区，对行车工作的干扰相对于室外设备故障要小。而室外设备一旦故障，由于室外设备的唯一性，需要抢修人员停电下到轨行区现场处理，因此室外接触网设备出现问题将会对城市轨道交通的运营服务造成严重的影响，行车指挥人员对列车运行秩序调整的难度也比较大。

接触网设备故障发生后，接近故障地点的列车司机、车站应在第一时间将故障的地点、位置和是否影响行车等情况通报控制中心，控制中心电力调度员应立即通过电力监控系统确认故障区域电力设备的运行状态，并通知专业值班人员迅速前往事发地点确认接触网故障情况。

如果接触网发生跳闸失电，行车调度员应立即扣停驶往无电区的列车，并要求失电区段的列车司机尽量维持列车进站停车。如果列车不得已停在区间，并且接触网短时间内无法恢复供电，司机应经行车调度员同意后组织区间清客，相邻车站的工作人员要做好接应准备。同时行车调度员还要通过小交路或单线双向运行等调整手段，最大限度地维持非故障区间的运营服务。

列车不得已停在区间时，如果因接触网短时间内无法恢复供电而进行了区间清客，在一般情况下清客后的列车可以在接触网恢复供电后自行驶离故障区，在接触网断线等个别严重故障的情况下，需要先出动工程车将列车拖离，再出动接触网检修车进行检修作业后方能恢复供电。

如果接触网没有失电，仅是个别地点的设备故障影响行车，行车调度员应命令故障区段的列车司机尽量以换弓或降弓惰行的方式通过故障地点，如果无法通过故障地点，则行车调度员应在采取运营调整措施后命令列车司机退回车站，然后再封锁区间组织力量进行抢修。

当需要对接触网故障进行停电抢修时，行车调度员应及时将故障区间封锁，由设备维修调度员组织力量进行故障抢修作业。抢修人员的抢修工作应遵循“先通后复”的原则，尽可能减少中断行车的时间，在确保行车安全的前提下，可以采取临时措施恢复行车，待运营结束后对故障地点设备进行进一步检修，确保不影响次日运营服务。

接触网设备故障的基本处理程序如图 5-28 所示。

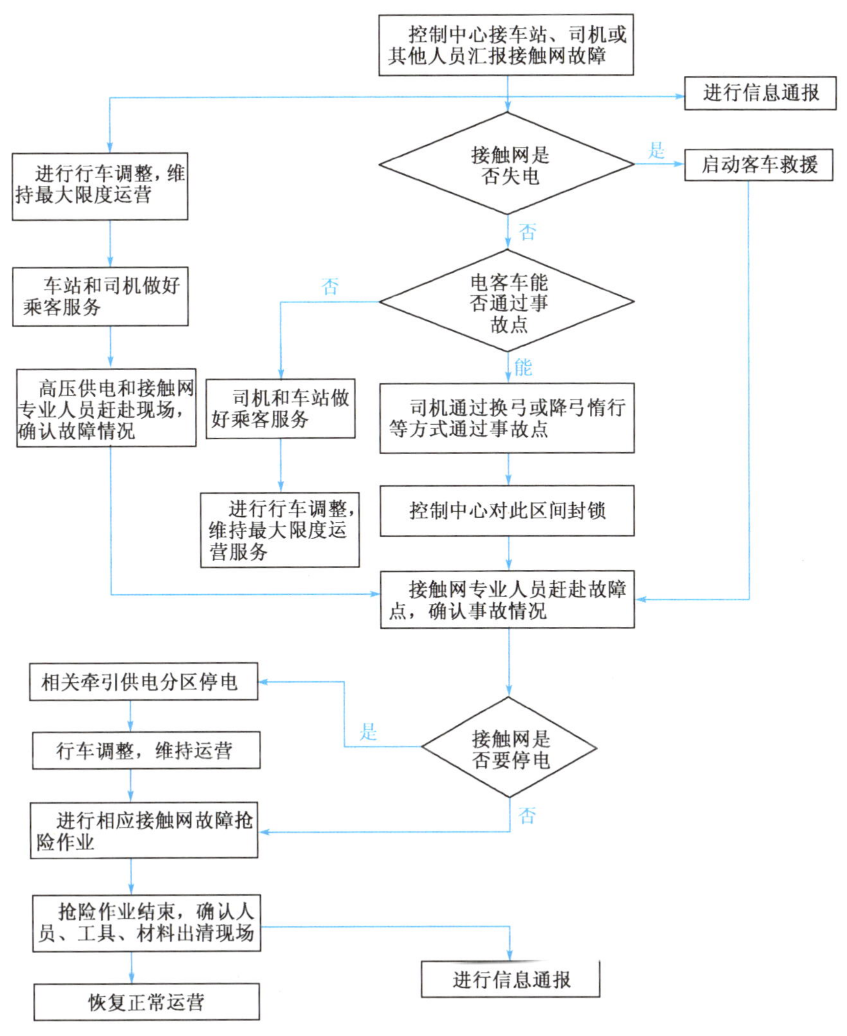

图 5-28　接触网设备故障基本处理程序

(二)弓网类故障的应急处理方法

一般城市轨道交通线路接触网的供电方式是：地面、高架线路采用柔性接触网，地下线路采用刚性接触网。由于柔性悬挂接触网系统常用于地面和高架线路，为列车提供电能，而柔性接触网线索较多，在恶劣天气下显得相当柔弱，列车在高速运行过程中受电弓和接触网容易产生弓网绞织或打火等弓网异常故障。

弓网类故障的处理方法和接触网类故障的处理方法基本相同，都需要行车调度员和司机先对故障进行确认，如果能换弓或降弓惰行通过，尽量要求故障区段的列车进站停车后处理；如果无法通过故障区段，则一般需要封锁区间进行故障抢修。

弓网类故障的处理方法和接触网类故障的处理方法的不同之处主要表现在两个方面,一方面是产生的原因不同,弓网类故障的产生主要由受电弓和接触网的接触摩擦引起,而接触网故障主要来自供电设备本身;另一方面是故障处理的难度不同,由于受电弓和接触网设备的唯一性,因此一般来说弓网类故障的处理难度要大于接触网类故障。一旦弓网类故障引起接触网停电,由于既牵涉到受电弓,又牵涉到接触网,所以在故障抢修中经常需要供电专业和车辆专业的人员配合作业,在抢修过程中很可能出现既需要出动接触网检修车维修接触网,又需要出动内燃动力的工程车拖走故障列车,同时由于耽误时间较长还要组织区间清客的复杂局面,这就对调度员在设备抢修过程中的组织协调能力和调度指挥水平提出了很高的要求。

弓网类设备故障的基本处理程序如图 5-29 所示。

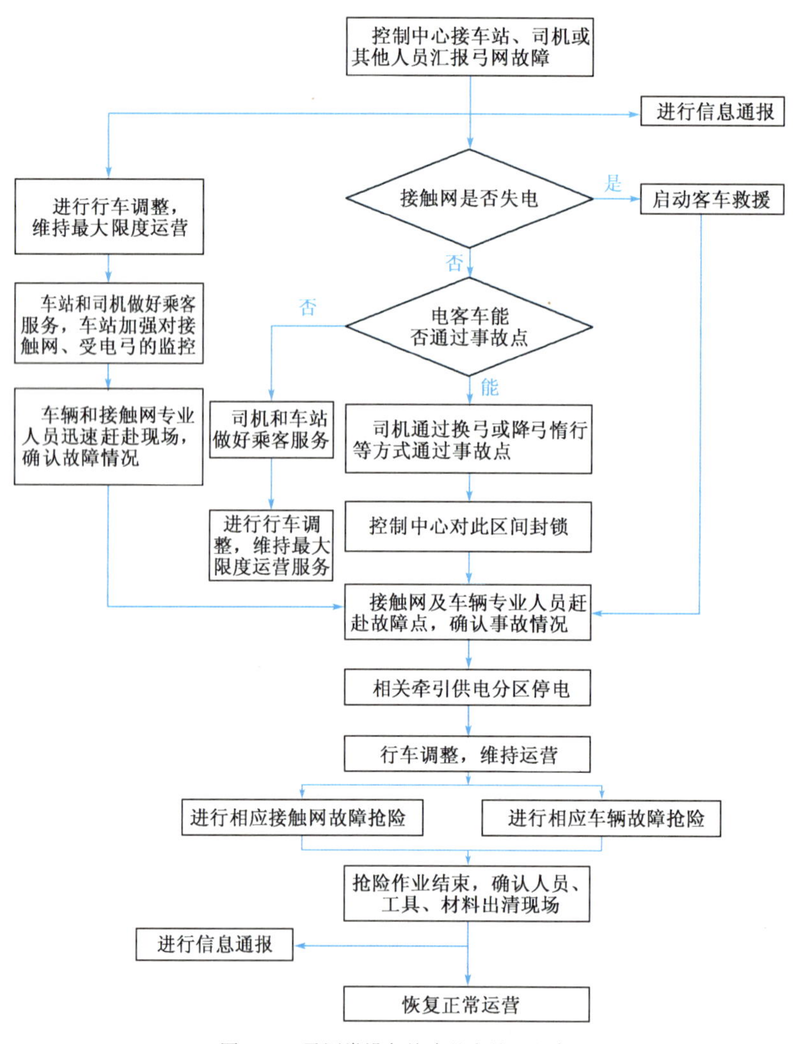

图 5-29　弓网类设备故障基本处理程序

需要强调的是,在城市轨道交通列车运行过程中经常发生的弓网打火现象,必须引起运营人员的高度重视,因为弓网打火往往是弓网纠缠类故障的前兆,运营人员必须能够区分弓网接触中的正常打火、异常打火。弓网打火的判断方法和处置原则如表 5-1 所示。

弓网打火的判断方法和处置原则　表 5-1

打火类型		现　象	处置方法
正常打火		列车受电弓通过接触网锚段关节、分段绝缘器、线岔、汇流排接头处、刚柔过度处(包括折返线、存车线、出入车辆基地)等,发生的轻微拉弧或打火	列车正常运行
异常打火	一般异常打火	在正常打火区间以外的地点所发生的轻微打火现象,特征是:不发生连续拉弧、不产生大的火花	后续列车根据专业人员建议采取相应措施(限速或换弓运行)通过该段接触网,运营结束后,对该段接触网进行调整
	严重异常打火	列车受电弓在不同地点发生连续拉弧或产生较大火花	1. 在同一地点,连续 3 辆列车受电弓发生严重异常打火,该段接触网必须停电抢修; 2. 同一列车在不同地点发生严重异常打火两次以上时,就近下线退出服务(换弓、限速运行)

二 相关案例

(一)广州地铁接触网停电事故

广州地铁 1 号线 2004 年 7 月 21 日 11:55—13:50,因长寿路站供电接触网断线短路停电,广州地铁 1 号线下行线公园前站至芳村站行车中断。事故中,正在此段行驶的列车滑行到车站打开车门,没有乘客被困车厢。其间,地铁总公司启动紧急预案并采取降级运行模式,把全线的影响减到最低,如图 5-30 所示。14:00 左右,地铁逐渐恢复正常运营。

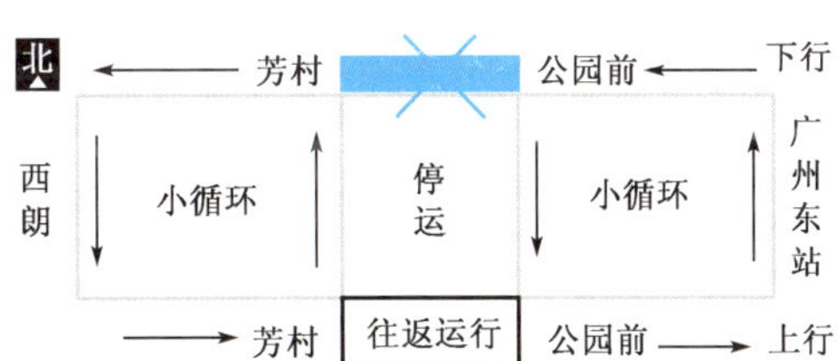

图 5-30　地铁 1 号线故障运行模式

事故发生后,维修人员在 5min 内到达现场,由于维修需要时间,地铁方面采用了降级运行,并提供了公交车接驳。广州地铁 1 号线的公园前站成了分界线,以东向东站方向行车正常,以西的下行线至芳村站停止行车。公园前站至芳村站段的西门口站、陈家祠站、长寿路站、黄沙站上的乘客全部被疏导下车。据悉,退票共有 3900 多张。

为了不让一段单线路停运造成对全线运营的影响,广州地铁 1 号线每 3 ~5 个车站就设有折返线。事故发生后,地铁总公司立即采取了降级运行模式,把 1 号线的全线分成三段运行:由芳村站至西朗站通过折返线,环状双线行驶;上行方向芳村站至公园前站实行单线双向运行,停止下行公园前站至芳村站停电的单线;从公园前站至火车东站也是通过折返线,环状双线运行。与此同时,为减少停车段对乘客的影响,地铁公司还启动紧急预案,请来公交车接驳,由公交车沿着停电的公园前站至芳村站地铁线路开行,停电 45min 后,22 辆公共汽车开到沿线的各站,其中在公园前站有 10 辆、在长寿路站有 9 辆、芳村站有 3 辆。

(二)某市地铁弓网纠缠事故

2006年某日,某市的城市轨道交通线路发生了一起严重的因弓网缠绕造成的事故。

该条城市轨道交通线路运营调整示意图如图5-31所示,有从A站—P站共15个车站,其中F站和I站设有渡线。

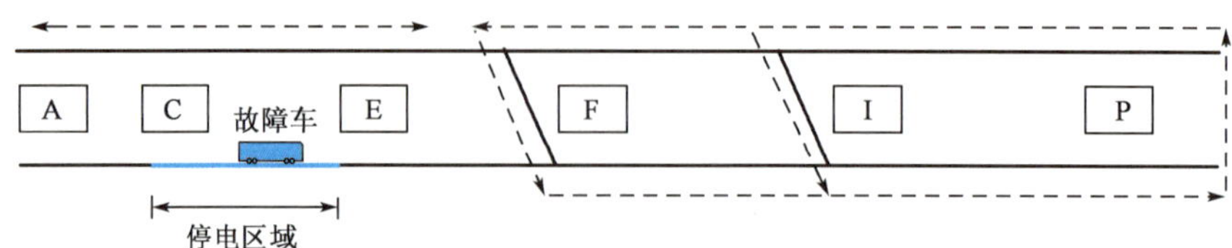

图5-31 运营调整示意图

事故的大致经过是这样:

15:08 C站报附近下行接触网异常打火,接触网专业人员检查后认为接触网设备运行正常。

16:49 C站—E站间的牵引供电分区跳闸。

17:10 行车调度员确认在故障分区的列车因弓网缠绕不能降弓,在这种情况下行车调度员组织运营调整,分别在F站和I站组织小交路运行,在A站—E站之间进行单线双向运行。

17:17 行车调度员组织工程车前往故障地点救援。

17:24 供电抢修人员到达事件现场,发现接触网已经大面积受损,故障车被困于隧道口,受电弓已损坏。

17:29 救援车与故障车联挂成功,但救援车启动后,故障车发生弓挂网现象。

18:03 车辆专业维修人员赶到现场支援,并配合接触网专业人员,上车顶拆除故障受电弓。

18:22 救援车启动,将故障车推回车辆基地。

18:42 车辆基地出动另一辆接触网抢修作业车到达事件现场,实施抢修作业。

19:47 故障区段接触网受电成功,运营恢复。

这个事故的教训非常深刻,有很多教训可以总结,其中主要有以下几个方面:

(1)故障车从15:08发现异常打火,仍然运营了近2h,最后发生弓网碰撞,导致受电弓部分解体,发生弓挂网事故。期间接触网专业人员已经在现场看到打火情况,控制中心也接到多次打火报告,但未引起足够重视。从这起事故中可以看出,一方面触网人员安全意识不够,现场勘查不够细致,没有按有关规定进行处理;另一方面调度人员由于经验不足,没有及时采取有效的处置措施,未能避免事件的发生。

(2)在事故救援工作中,行车组织不够紧凑,抢修组织较慢,接触网抢修作业车也未能及时出动,以致影响正常运营近2h。

(3)现场抢修指挥不明确,各方信息不对称,没有在事故发生时做好最坏的准备,在列车连挂好故障车后才发现损坏的受电弓未完全降下,导致弓网缠绕进一步加剧。

(4)故障列车未及时执行区间疏散程序,导致乘客在车内被困28min后才决定进行区间清客,使得乘客服务受到影响。

三 媒体报道

(一)南京地铁供电事故

2010年6月25日17:23,在南京汉中门站—大行宫站运营区间的1412次列车因失电,不具备运行条件,随后在距离大行宫站5m多处停车。现场有乘客在此期间听到“砰”的一声巨响,紧接着新街口地铁2号线站台冒出白色烟雾。据了解,当时南京地铁2号线汉中门站往大行宫站区段接触网突发停电故障,导致运行该区间的1412次列车失电,经紧急抢修,17:48,该区域接触网供电恢复。

18:09,停电区域的1412次列车恢复运营。其间造成2号线最长一列车延误达28min,影响700多名乘客出行。

1.17:40 乘客听到巨响以为爆炸

乘客孙先生告诉记者,昨天傍晚17:39左右,他在新街口地铁站乘上了开往经天路的地铁2号线列车,车子驶出仅1分多钟,孙先生只听见车外传来一声巨响,他还没有反应过来怎么回事,便感觉列车速度慢了下来,之后车子缓缓停下。“声音很大,我还以为发生爆炸了!”孙先生称,当时车内空调停了,只剩下照明,乘客都不知道怎么回事,大家议论纷纷,有的乘客急得四处张望。“过了一会,我看到车外有烟雾,因为当时地铁广播没有说明原因,我们都很担心!”孙先生后怕地说。

2.17:45 首次在地下打开逃生门

由于当时正值晚高峰,车厢内乘客很多,大家都很焦急,但过了5min左右,孙先生注意到前方有乘客下车了,于是他与其他乘客一起往前走,看到列车上的一个紧急通道打开了,不少乘客从紧急通道下了车。乘客黎先生当时也是通过紧急通道下车的,“我们下车后,顺着铁轨往前走,轨道内黑乎乎的,不过我们走了2min左右就来到了大行宫地铁站。”黎先生称,有不少乘客看到车厢内没有危险,便没有下车。后来记者了解到,这个紧急通道是列车上的逃生门,这是南京地铁列车首次在地下开启逃生门。

3.18:00 一阵烟雾只维持1min

傍晚18:00左右,在新街口地铁2号线入口处,很多乘客围在刷卡机前,一名保安手持扩音器大喊:“往经天路方向的乘客先不要进站,地铁出故障了。”

记者刷卡进站后,发现黑压压的人群几乎将站台站满。乘客黄先生焦急地说,他已经在站台上等了20多分钟了。四五名警察在乘客当中巡逻,但面对乘客的询问,警察也称不清楚发生了什么事。

就在大家焦急等待时,突然从站台东侧冒出一阵浓烟,并传来一股刺鼻的味道,乘客们见状纷纷往楼上跑,记者到站台东侧察看,可根本看不清浓烟到底是从哪个位置冒出来的。过了1分多钟,浓烟逐渐散去,乘客又纷纷返回站台候车。

曹先生埋怨说:“工作人员不及时公告,让乘客摸不着头脑,刚刚那一阵烟,把我们吓死了!”

此时地铁广播里传出“地铁正在调整,请乘客们耐心等候”的声音,不少乘客围着在场的地铁工作人员询问情况,打听地铁什么时候恢复正常,但工作人员也表示不清楚。

4. 18:16　一列地铁这时缓缓进站

傍晚18:16左右,一列地铁列车缓缓进站,车内的乘客并不多,聚集在站台上的乘客一窝蜂地往车里挤。在列车上,记者看到列车启动后开得非常慢。“我还想早点回家看世界杯比赛呢,这下可能来不及了。”谷先生称,他17:00多便在兴隆大街站乘上了这趟列车,准备坐到仙林大学城站,急着回去看球,想不到列车开了1h才到新街口。市民黄先生也是一个球迷,他在奥体中心地铁站候车,可等了近半个多小时,列车迟迟不来,他索性走出地铁站打车回家了。

5. 18:38　人多挤不上,保安帮忙推

到了傍晚18:24,记者所乘的地铁列车来到大行宫站,“平时从新街口到大行宫坐地铁只要2分多钟,这一趟车却开了七八分钟!”有乘客抱怨。

此时开往经天路的列车正常出站,这一方向的乘客有积压,但等候前往油坊桥的乘客越来越多。直到18:38,一趟列车才高速驶进站,两趟列车的间隔时间达20多分钟。车子进站后,站在站台上的乘客们纷纷往车里挤,但由于人太多,不少人挤不上车。记者看到一名保安将一个男乘客用力往车里推,男乘客才勉强进了车,但另一名年轻女孩却没能上车。记者数了一下,至少还有几十名乘客没能上车。

“现在列车已经恢复正常了,下面的车次很快就能正常开了。”一名地铁工作人员称,地铁2号线双向都已经恢复正常。

6. 地铁乘客换乘,挤爆公交车

昨天地铁2号线发生故障时,正逢晚高峰。2号线往经天路方向,从汉中门到大行宫的各站均暂停上客。不少乘客只得改乘公交车。傍晚17:50左右,新华书店门前的新街口东站公交站台上站满了人。人群议论纷纷,不少人都是刚刚从地铁站里出来的。着急的乘客越聚越多,很多人站到了原本停靠公交车的那股快车道上,以至于公交车都无法靠边停车。几乎每一辆靠站公交车的司机都在吆喝:“麻烦往后面动动啦,往后走!”高峰时间,中山东路和汉中路一线积压的车流一直排到了上海路附近。晚上18:00后,往经天路方向的地铁交通恢复,各公交站又陆续恢复正常上下客。

分析思考:发生类似事故后车站运营工作人员可以做些什么?南京地铁的应对措施有哪些值得改进的地方?

(二)气球飘上供电网　地铁停运20min

2005年12月5日早上8:00多,市民何先生像往常一样到西朗地铁站坐地铁上班,没想到一贯准时的地铁却姗姗来迟,等了20多分钟才恢复正常。记者从有关方面得知,原来,昨天上午8:11,地铁1号线一列从坑口开往广州东方向的列车在行至芳村站站台时,一名乘客携带的气球飘到了为列车供电的接触网上,危及地铁运营安全,致使列车晚点。后经地铁工作人员紧急处理,该列车于20min后恢复运营,肇事乘客被地铁公安带走,并被依法处罚500元。

1. 地铁迟发:20min不开车乘客议论纷纷

记者接到这一反映时,停靠在西朗的列车已投入正常运行。何先生等人说,他们在8:15左右上了地铁列车,但许久也不见地铁列车开动。10多分钟过去了,越来越多的乘客涌进车厢,大家都不知道发生了什么事情。后来列车广播开始播放“暂停开车,请大家

安静”的通告,才逐渐平息了众乘客的恐慌情绪。

约莫过了20min,列车终于徐徐开动了。也就在此时,他们听到了关于列车迟发的种种说法:一说是有小偷逃进了该线路某个地铁站影响了正常开车;一说是某站的电路出了问题影响了开车;一说是有乘客强行闯入了地铁线路影响了开车。

记者从相关地铁管理部门了解到,影响该地铁线路正常运行的真正原因,是当日上午8:11,一列从坑口开往广州东方向的列车在行至芳村站站台时,一名乘客携带的气球竟飘到了为列车供电的接触网上,从而危及了地铁运营的安全。后经地铁工作人员紧急处理,方使列车于20min后恢复运营,肇事乘客被依法处罚500元。

2. 事件真相:气球飘上了供电接触网

具体经过是,一列开往广州东站方向的列车在芳村站上行站台上客完毕,正准备开动,站台护卫人员发现一名30岁左右的男子,手持一个卡通气球越出了黄色安全线。护卫人员便要求该男子不要越出安全线,告知他地铁车站内不能携带气球,请其立即处理。但该男子不顾工作人员劝阻放飞了气球(内充气体不明),致使气球飞入了列车轨行区,挂到了接触网上方。列车司机发现此情况后,向地铁控制中心做了报告,控制中心当即决定停车进行处理。

因当时正值运营高峰期,地铁公司迅速组织下行的两列车在公园前站以“小交路”方式运营,使上行线公园前至广州东区段的列车保持正常运营。另外,地铁维修工作人员赶到现场后,先将黏着气球的区段接触网断电,然后用长杆慢慢将气球取下,受影响区段列车就此恢复了正常运营。受此事件影响,地铁1号线芳村站—长寿路站接触网停电,三列运营列车清客改变运行。

3. 地铁呼吁:携带球类物品请放在袋内

肇事乘客的行为已违反了《广州市地下铁道管理条例》第26条第7款和《广州市地铁乘客安全守则》第1条第3款。依据《广州市地下铁道管理条例》第27条第8款,地铁公司对该乘客进行了行政处罚。

地铁公司呼吁广大乘客,请遵守地铁乘客守则,切勿携带易燃、易爆、有毒等危险物品及气球进站,请携带篮球、足球等易滚动的球类物品的乘客将其装在袋子里搭乘地铁。若乘客不听工作人员劝告,有危及地铁安全运营的行为,将依照条例的规定,视其情节轻重承担相应的责任。

分析思考:怎样最大限度地避免发生类似事故?

任务二　掌握区间清客的应急处理措施

【任务书】

1. 掌握需要进行区间清客的突发事件或设备故障种类及清客时机。
2. 掌握区间清客过程中各工种的工作职责。

相关理论知识——区间清客的应急处理措施

(一)需要进行区间清客的事故种类

区间清客也叫区间乘客疏散,是指当城市轨道交通列车运行到两个车站间的区间内,因种种原因停车，且在短时间内无法恢复运行时，由行车调度员下令列车司机和站务人员配合完成的乘客救援行动。区间乘客疏散分为横向疏散和纵向疏散两种情况，横向疏散是指乘客通过位于线路两侧的疏散通道自行走到附近车站的方法；纵向疏散是乘客在列车司机的指挥下，由列车两端的紧急疏散门下到轨面，再在站务人员的引领下沿着轨道徒步走到较近车站。区间清客是城市轨道交通应急救援中采用的独特手段，明显区别于大铁路处置同类事故时采用的方法，其根本的原因就在于城市轨道交通相邻两车站间的区间较短，而大铁路显然不适合采取同样的措施。

由于区间清客需要全列车的乘客在高架桥上或隧道内的区间线路上走行较长的距离，尽管此时日常关闭的区间照明全部打开，且有站务人员的引领，但乘客心理依然会感到较为恐惧，再加上道床高低不平难以行走，行动不便的乘客极易跌倒造成人身伤害，从而导致城市轨道交通运营企业承担赔偿责任。因此不到万不得已，行车调度员都会想尽一切办法维持列车进站停车，一般不会轻易下达区间清客的命令。在2009年上海地铁“12・22”撞车事故中，调度员没有命令事故列车区间清客，而是创造性地命令另一列车在后方车站清客后到区间接运事故列车上受到惊吓的乘客，避免了矛盾的进一步激化，表现出高度的责任心和高超的业务水平。

影响列车运行的三大类故障：列车类故障、信号类故障、供电类故障。其中，最有可能迫使行车调度员下达区间清客命令的是供电类故障。因为供电类故障中，如果调度员预判较长时间内接触网（轨）无法恢复供电，为了避免乘客惊慌产生更为严重的后果，调度员一般会命令区间清客；而其他两类故障要么可以采取降级措施维持运行，要么可以采取列车救援措施将故障列车送到车站后再清客，一般不需要区间清客。至于究竟多长时间无法动车才需要行车调度员下令清客，各城市轨道交通公司的规定不尽相同，但基本在半小时左右。如果仔细研究，这里面应该还包含着心理学方面的课题。

在列车火灾、恶劣天气、路外伤亡、列车事故等突发事件中，只要能维持进站，行车调度员都不会命令区间清客，相对而言，如果发生列车脱轨、挤岔、撞车等严重事故时，行车调度员采取区间清客措施的可能性较大。

（二）区间清客时各岗位人员的应急处理措施

在区间清客过程中为尽量避免人身伤害事故的发生，城市轨道交通运营人员要分工明确、各负其责，采取各种防护措施确保乘客的安全。

地铁区间疏散
（视频来源于网络）

1. 列车司机的处理措施

（1）做好车内广播，安抚列车上乘客情绪。

（2）按行车调度员通知的疏散方向打开紧急疏散门，并不断进行广播做好乘客引导工作。

（3）待车站救援人员到达后，打开客室通道门，组织乘客有序地从紧急疏散门下轨道向车站方向疏散。

（4）确认客车上无乘客后，关闭紧急疏散门，等待故障排除后按行车调度员的命令行事。

2. 行车调度员的处理措施

（1）接司机汇报后报告值班主任，并确定处理方案。

(2)向相关站、司机发布封锁某段线路和疏散乘客的命令。

(3)根据现场情况确定疏散乘客时是否需要扣停邻线的列车。

(4)接车站报告故障列车乘客清客完毕线路出清后,向值班主任汇报。

3. 环控调度员的处理措施

(1)及时了解现场情况,加强观察被堵塞区间的各项环境指标,确定送排风模式。

(2)保持与现场的联系,及时发布相关的环控调度命令。

4. 车站值班站长的处理措施

(1)接行车调度员命令后打开区间照明,指示站务工作人员做好防护及疏散乘客的工作准备。

(2)通知驻站公安到站台协助,并做好进站乘客控制及广播宣传。

(3)在车站广播有关情况,解释并做好车站内乘客的安抚工作。

(4)通知客运值班员因列车延误做好乘客退票相关工作。

(5)待故障列车上所有乘客到达站台后,向行车调度员报告区间清客完毕,线路已出清。

5. 站务人员的处理措施

(1)穿上荧光服,带好通信工具、应急照明灯、手提广播,带领站台安全员进入区间,前往故障客车停车地点,引导车上乘客疏散。

(2)手提广播指挥引导乘客跟随站台安全员前往车站,在与邻线有通道处派人看守,防止乘客误进。

(3)与故障车司机共同确认客车清客完毕,尾随乘客返回车站,沿途仔细检查线路有无遗留乘客及物品,确保线路出清。

(4)到达站台后立即用电台通知车控室线路已出清。

6. 车站站台安全员的处理措施

(1)穿好荧光服,在站台尾端墙处放置红闪灯,在头端墙处打开疏散道的铁门,放置上站台用梯,带好手提广播及应急照明灯跟随站务人员进入隧道。

(2)手提广播,在前端带领乘客沿着轨道到达车站,从疏散通道或临时梯上站台。

(3)做好后续站台服务和安全监控。

7. 驻站公安干警、治安保安的处理措施

(1)维持车站秩序,协助车站疏散乘客上站台。

(2)如在疏散过程中有人受伤,应协助车站进行救助工作并做好调查取证工作。

任务三　进行牵引供电分区停电应急处理单项演练

【任务书】

如图5-32所示,在某城市轨道交通线路运营过程中,B站—D站上行区间接触网突发失电故障,经检查暂时无法排除,此时2次列车停在B站—C站区间隧道内,需要区间清客,请模仿下列牵引供电分区突发停电应急处理单项演练方案,编写相应的应急演练方案,并分角色进行配合演练。

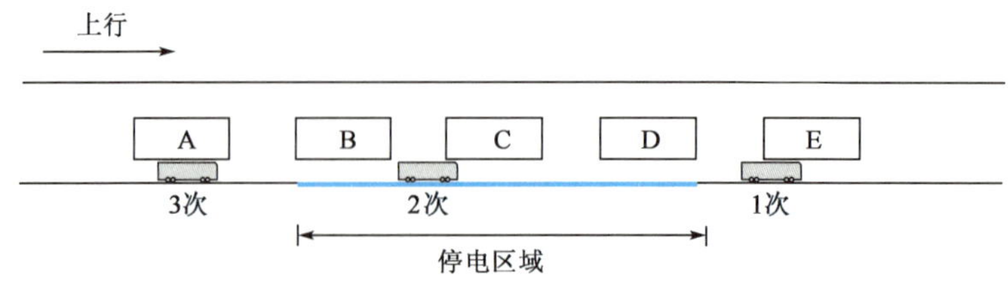

图 5-32　牵引供电分区突发停电故障示意图

牵引供电分区突发停电故障应急处理单项演练方案

本单项演练方案(图 5-33)假设 G 站—J 站上行牵引供电分区突发失电故障,失电时 3 次列车刚离开 G 站,2 次列车即将到达 I 站,失电时的情况如图 5-25 所示。

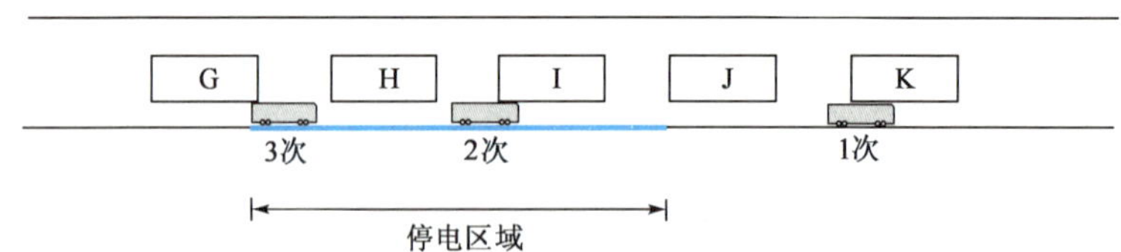

图 5-33　G 站—J 站上行牵引供电分区突发失电故障示意图

(一)牵引供电分区突发失电故障

1. 电力调度员

(1)通过电力监控系统接收到 G 站—J 站上行线接触网失电的信息。

(2)通知控制中心值班主任及电力维修人员:"G 站—J 站间上行线接触网断电"。

2. 3 次列车司机

(1)3 次列车刚刚离开 G 站就发现列车已失电,为使列车靠近车站站台,司机果断制动,车尾部停在离 G 站 50m 附近。

(2)向行车调度员报告:"3 次列车因失电停在上行线离 G 站 50m 附近。"

3. 2 次列车司机

(1)失电后司机操纵列车惰行到 I 站停车。

(2)向行车调度员报告:"2 次列车因失电已惰行到 I 站停车。"

(二)启动应急预案

1. 行车调度员

(1)接到司机报告后要求司机降弓并注意事态发展,随时报告:2 次、3 次列车司机,请降弓并注意事态发展,随时报告情况。1 次列车各站多停 2min。

(2)向值班主任报告:3 次列车因失电停在上行线距 G 站 50m 处,2 次列车已惰行到 I 站。

2. 值班主任

通知控制中心所有调度故障概况,并启动相应应急方案:"各调,G 站—J 站间上行线接触网断电,请做好应急处理准备。”

(三)向乘客发布延误信息

1. 行车调度员

(1)通知相关列车司机与值班站长有关受影响车站电源中断的信息,要求列车与车站进行有关列车延误的广播,并要求立刻报告任何异状:“相关列车司机与值班站长,因 G 站—J 站间上行线接触网断电,请做好应急处理准备,及时向乘客进行列车延误广播。”

(2)注意防止其他列车进入事故区。

2. 设备维修调度员

通知电力维修人员到有关车站进行抢修。

3. 3 次列车司机

执行行车调度员的指示,用车载广播系统向列车乘客广播列车延误的信息:“非常抱歉,因列车断电暂时不能行驶,请乘客不要慌张,我们会采取措施,保证大家的安全。”

4. 2 次列车司机

执行行车调度员的指示,用车载广播系统向列车乘客广播列车延误的信息:“非常抱歉,因地铁系统临时故障,导致列车延误,请大家谅解。”

5. 其他列车司机

其他列车司机:“非常抱歉,因地铁系统临时故障,导致列车延误,请大家谅解。”

6. 相关车站值班站长

执行行车调度员指示,向全站播放列车延误广播:“非常抱歉,因地铁系统临时故障,导致列车延误,请大家谅解。”

(四)确认为非临时故障,采取运营调整措施

1. 行车调度员

在确定列车已全部停下和现场无任何异常情况后,通知电力调度员尝试向失电区段送电:“电调,事故区间的列车已全部停下并已降弓,请试向失电区段送电。”

2. 电力调度员

(1)与行车调度员确认后,尝试向失电区段送电。

(2)跳闸情况再次发生后通知值班主任:“值班主任、行调、设调,试送电失败,请设调安排人员到现场进行检查和维修。”

3. 设备维修调度员

通知检修人员尽快到现场检查和维修设备。

4. 值班主任

(1)通知公司高层以决定是否需向有关部门要求启动公交应急预案:“领导,G 站—J 站之间接触网故障停电,现已采取紧急预案,有情况随时向你报告。”

(2)决策并监督运营调整方案的执行。

5. 行车调度员

通知所有列车司机所必须执行的运营调整方案:“因G站—J站间发生供电事故,2、3次列车按照规定程序进行乘客疏散,其他受影响列车清客。请遵照执行。”

(五)乘客疏散

1. 3次列车司机

在接收到行车调度员的指示后,准备执行隧道列车乘客紧急疏散程序。

(1)联系G站值班站长,告知所属的列车正确位置以便值班站长能马上调派人员配合乘客疏散的工作:“G站值班站长,3次列车因失电停在G站—H站间上行线距G站50m处,请派人来协助疏散乘客。”

(2)用车载广播系统通知本车乘客事故状况及应遵守的秩序:“各位乘客,因列车失电暂时不能恢复,请大家在工作人员的引导下到列车尾部下车,沿轨道走50m到G站出站。请大家不要慌张,车内有通风,隧道内有照明,能保证大家绝对安全。”

(3)在确定列车完全停止及前方光线充足后,配合行车调度员的指示,开启正确方向的紧急疏散门以进行紧急疏散。

(4)向行车调度员报告事故处理的进展:“行调,现已开始组织乘客向G站方向疏散。”

2. 2次列车司机

(1)向列车乘客做疏散广播:“各位乘客非常抱歉,因地铁系统故障暂时未能消除,请乘客出站,改乘其他交通工具,请大家谅解。”

(2)与站务人员配合,引导乘客尽快离开列车。

3. 其他受影响列车司机

(1)通过车载广播通知乘客关于事故区车站关闭和运营调整的情况:“各位乘客,非常抱歉,因地铁系统故障暂时未能消除,请乘客出站,改乘其他交通工具,请大家谅解。”

(2)遵照行车调度员的指示在正确的地点折返。

4. 公安人员

接获通知后,迅速调派人员赶往各地铁站协助维持秩序,确保人群能尽快地疏散。

5. G站、I站值班站长

当行动调度员命令封站时,采取行动疏散站内乘客。

(1)在车站入口处立好临时事故告示牌,防止公众进入车站。

(2)通知乘客疏散:“各位乘客,非常抱歉,因地铁系统故障暂时未能消除,请站内乘客出站,改乘其他交通工具,准备进站的乘客请暂停进站,车站入口已关闭。”

(3)派遣人员到站台上为从列车上疏散的乘客引路。

(4)派遣人员随行到列车所困位置协助列车乘客疏散并担任清线职责,要确保清线路径除清。

(5)启动AFC“紧急放行”模式,打开票检闸门,关闭自动售票机(Ticket Vending Machine,TVM)。

(6)把自动扶梯调至上行或下行以便尽快疏散人群。

(7)组织站务人员指引乘客尽快离开车站。

(8)调派人员在车站出口处维持秩序,确保人群能尽快安全疏散。

(9)与控制中心保持联系:"行调,现正组织乘客疏散,各项工作进展顺利。"

6. H 站值班站长

当行车调度员命令封站时,采取行动疏散站内乘客,关闭车站。

(1)在车站入口处立好临时事故告示牌,防止公众进入车站。

(2)通知乘客疏散。

(3)启动 AFC"紧急放行"模式,打开票检闸门,关闭 TVM。

(4)把自动扶梯调至上行或下行,以便尽快疏散人群。

(5)停止电梯运行,并确保无人被困。

(6)组织站务人员指引乘客尽快离开车站。

(7)时刻与控制中心保持联系:"行调,乘客疏散进展顺利,无任何事故发生。"

7. G 站站务人员

(1)负责引导区间列车乘客安全地回到车站站台,进行疏散。

(2)在确定列车与车站乘客安全地疏散后,报告值班站长:"值班站长,乘客已疏散完毕,清客路径已出清。"

8. 3 次列车司机

(1)负责检查列车内已无乘客,确定区间已无乘客或工作人员后,回到车上待命。

(2)时刻与行车调度员保持联系:"行调,乘客疏散进展顺利,未出现异常情况。"

9. G 站值班站长

报告行车调度员乘客已全部到达站台,线路已出清:"行调,乘客已全部到达站台,线路已出清。"

10. I 站值班站长

报告行车调度员上行方向的乘客已全部由车内疏散到站台:"行调,上行方向的乘客已全部由车内疏散到站台。"

(六)检修完毕,恢复正常运营

1. 设备维修调度员

接到维修人员消除故障,已将人员全部撤除并办完销点手续后,向电力调度员报告可合闸送电:"电调,故障已消除,维修人员已撤离轨行区并办完销点手续,可合闸送电。"

2. 电力调度员

得知故障消除后向值班主任汇报:"故障已消除,到轨行区的维修人员已撤离,并已办完销点手续,现准备送电。"

3. 值班主任

在证实轨行区出清后,通知控制中心所有调度人员,指示恢复正常运行:"各调,供电故障已消除,马上送电恢复行车。"

4. G 站、H 站、I 站值班站长

采取行动恢复车站正常运作。

(1)组织保洁人员进行善后清理工作。

(2)恢复 AFC 紧急按钮,开启 TVM 及闸门。

(3)启动电梯和自动扶梯。

(4)取下临时事故告示牌。

5. 电力调度员

在取得值班主任同意后,采取遥控合闸恢复全线供电,注意无跳闸现象。证实全线供电恢复正常后通知行车调度员:"行调,G 站—J 站接触网恢复供电。"

6. 行车调度员

(1)得知轨道上无人,且接触网恢复供电后,指示司机启动列车:"2 次、3 次列车,现接触网已恢复供电,可升弓启动列车,缓慢行驶,注意观察。"

(2)通知全线列车司机:"全线列车,G 站—J 站的供电故障已消除,接触网恢复供电,列车行驶按计划进行。"

7. 2 次列车、3 次列车司机

依照行车调度员指示启动列车,恢复行车:"行调,2 次(3 次)列车已启动,工作正常。"

8. 其他列车司机

(1)依照行车调度员指示启动列车,调整行车:"行调,某次列车已启动,工作正常。"

(2)通过车载广播通知乘客恢复正常服务:"各位乘客,地铁故障消除,列车将恢复正常运行。"

9. 值班主任

向高层领导汇报:"某总,G 站—J 站的供电事故已消除,现已恢复列车运行。"

任务四　进行牵引供电分区停电应急处理综合演练

【任务书】

在某城市轨道交通线路运营过程中,K 站—M 站下行牵引供电分区突发失电故障,1207 次列车停在 L 站下行站台,当时在线运行列车如图 5-34 所示,请模仿下列牵引供电设备故障综合演练方案,编写相应的演练方案,并分角色进行配合演练。

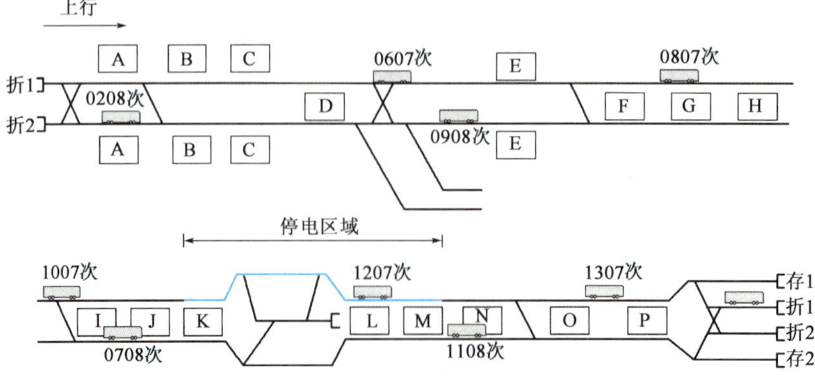

图 5-34　K 站—M 站下行牵引供电分区停电故障示意图

 一 牵引供电设备故障综合演练方案

(一)故障概要

某日 9:00,当某城市轨道交通线路行车间隔由高峰期向平峰期过渡时,E 站—G 站上行接触网跳闸失电,经电力调度员多次重合闸送电不成功,后行车调度员采用扣车、抽线、小交路运行、“拉风箱”运行等方式相结合进行运营调整,9:45 经接触网专业人员抢修,恢复正常送电。

(二)演练经过

9:00 电力调度员监控设备报警:E 站—G 站上行接触网跳闸。

9:00 电力调度员 1 通知值班主任及行车调度员:E 站—G 站上行接触网跳闸。

9:00 电力调度员 2 通知设备维修调度及供电检修人员:E 站—G 站上行接触网跳闸。

9:00 值班主任要求各调加强观察,要求电力调度员进行重合闸送电。

9:01 0506 次列车司机报:0506 次网压为零,无牵引力,列车在 F 站上行站台无法动车。

9:01 行车调度员 1:F 站上行 0506 次降弓,在站待令;后续 0806 次 D 站待令;1404 次 C 站多停 1min。行调 01。(相关列车司机复诵)

9:01 电力调度员 2 重合闸送电不成功。

9:01 电力调度员 1 通知值班主任、行车调度员、环控调度员、设备维修调度员:E 站—G 站上行接触网因故障停电,正在判断故障原因。请行车调度员准备好接触网作业车,在车辆基地待令。请设备维修调度员通知高压供电抢修人员和接触网抢修人员做好抢修准备。

9:02 设备维修调度员通知接触网抢修人员做好抢修准备,通知高压供电抢修人员现场检查 E 站和 G 站牵引变电所设备运行状况。

9:03 值班主任要求行车调度员进行行车调整。

9:03 行车调度员 1:1006 次 A 站晚开 3min,1105 次终到 A 站后在折 2 道待令,1503 次终到 A 站后在折 1 道待令,1404 次、0806 次做好回车辆基地准备,0506 次在 F 站清客后保持降弓状态待令,A 站、F 站做好乘客服务工作。行调 01。(A 站、F 站和相关列车司机复诵)

供电分区故障如图 5-35 所示。

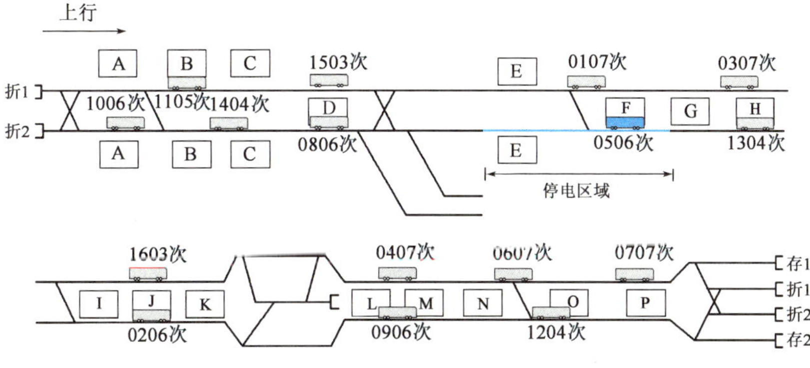

图 5-35 供电分区故障示意图

9:04　行车调度员2:I站—P站上行列车各站多停1min,0906次终到P站后在折2道待令,0407次到I站清客后折返到上行开2502次到P站小交路运行,I站做好乘客服务工作。行调02。(I站及相关列车司机复诵)

9:05　值班主任进行信息通报,行车调度员向全线车站发布晚点信息,要求车站做好乘客服务。

9:06　0407次列车在I站清客,折返到上行,改开2502次列车。

9:07　1503次列车在A站折1道待令,0906次列车在P站折2道待令,如图5-36所示。

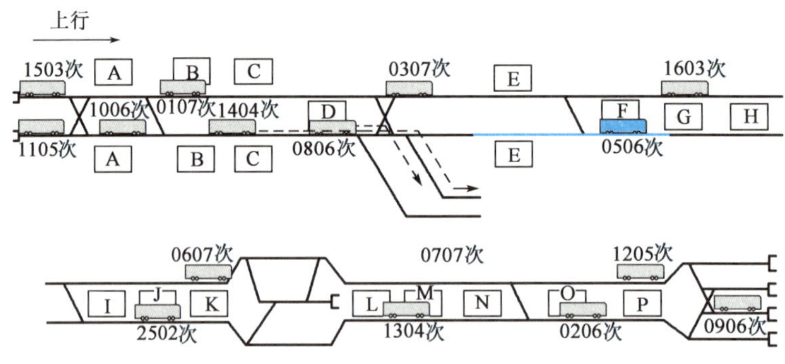

图5-36　行车调整示意图(一)

9:08　行车调度员1:0107次终到A站后站前折返改开1604次回车辆基地,0307次、1006次准备在A站—D站间小交路运行,1404次、0806次回车辆基地,1603次到达D站清客后在D站—I站区间单线双向运行。行调001。(相关列车司机复诵)

9:09　E站报:E站至F站上行区间接触网异常,有物品搭在接触网上。行车调度员1回答要求车站进一步确认异物位置。

9:10　电力调度员1通知供电维修人员:E站至F站上行接触网有异物,具体位置待确认。

9:11　行车调度员2通知车辆基地调度员:准备出动接触网抢修车进行抢修。

9:13　0806次回车辆基地。

9:13　行车调度员2:0607次在I站清客后折返到上行线开2602次到P站小交路运行。行调002。(列车司机复诵)

9:14　行车调度员2:0206次终到P站后改开7101次空驶到K站存车线待令。行调002。(相关列车司机复诵)

9:16　1404次到达D站清客,9:18回车辆基地。

9:17　1603次在D站清客后在D站—I站间单线双向运行,如图5-37所示。

9:18　接触网抢修人员在E站请点下轨行区检查接触网,并挂地线。

9:18　1006次列车到达D站清客后改开2101次列车到A站小交路运行。

9:20　接触网抢修人员报告现场情况:距E站上行线200m处的接触网有其他电缆连接垂落,必须出动接触网检修车。

9:20　1604次列车到达D站,9:22回车辆基地。

9:20　行车调度员2:0707次在I站清客后折返到上行开2702次到P站小交路运行。行调02。(列车司机复诵)

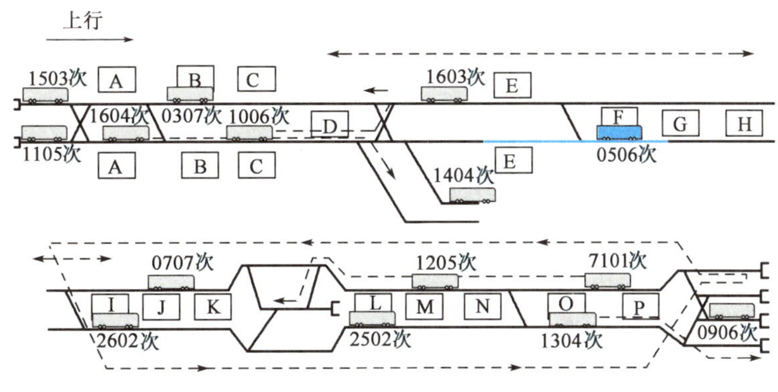

图 5-37　行车调整示意图(二)

9:21　行车调度员 1 通知车辆基地值班员:开行接触网检修车 502 次到 D 站待令。行调 01。(车辆基地调度员复诵)

9:22　行车调度员 2:1304 次终到 P 站后在存 2 道待令。行调 02。(司机复诵)

9:23　接触网检修车 502 次到达 D 站待令。

9:24　行车调度员 1 发布命令:自 9:24 起,封锁 E 站—F 站上行区间,准许 502 次进入区间进行检修作业,作业完毕,返回 E 站上行站台待令。行调 01。(E 站、F 站复诵,502 次司机复诵)

9:25　502 次动车。

9:26　行车调度员 2:1205 次在 I 站清客后折返到上行开 2802 次到 P 站小交路运行。行调 02。(司机复诵)

9:27　7101 次列车进入 K 站存车线,如图 5-38 所示。

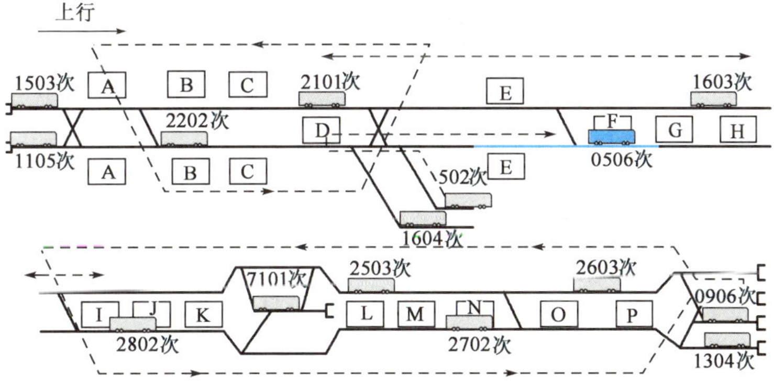

图 5-38　行车调整示意图(三)

自 9:30 起,1105 次、1503 次列车在 A 站待令,0906 次、1304 次列车在 P 站待令,1404 次、0107 次、0806 次列车回车辆基地,1006 次、0307 次列车在 A 站—D 站间小交路运行,0407 次、0607 次、0707 次、1204 次列车在 I 站—P 站间小交路运行,1603 次列车在 D 站—I 站间单线双向运行,0206 次列车停 K 站存车线,0506 次列车停 F 站上行站台。

单线双向运行时,行车调度员要求相关车站值班员注意控制列车进路,及时扣停列车,避免 1603 次列车与小交路运行列车间的冲突,要对进站列车限速 30km/h。

9:45　接触网检修人员报告:接触网检修完毕,具备正常供电条件。接触网检修车 502 次已到达 E 站上行站台待令。

9:46　设备维修调度员询问接触网检修人员故障区段的列车运行要求。检修人员回复:故障区段前 3 列列车限速 25km/h 通过,如无异常,后续列车恢复正常运行。

9:46　值班主任要求电力调度员确认是否具备送电条件。

9:46　经电力调度员确认,故障已排除,人员、工具线路出清,具备送电条件。

9:47　经值班主任、行车调度员同意后对该区域接触网进行恢复送电。

9:49　送电成功,E 站—G 站上行区间恢复供电。

9:50　行车调度员 1:0506 次升弓,检查网压。行调 01。(列车司机回复)

9:51　0506 次列车司机:0506 次升弓完毕,网压正常。

9:52　行车调度员 1:0506 次在 F 站载客,限速 25km/h 到达 G 站后恢复正常运营。行调 01。(列车司机回复)

9:53　行车调度员 1:自 9:53 起,取消 E 站—F 站上行区间封锁,开行接触网检修车 501 次 E 站—D 站—车辆基地,经上行线反向运行。行调 01。(列车司机回复)

9:55　501 次列车到达 D 站上行站台。

9:56　501 次列车进入车辆基地。

9:57　进行运营调整,恢复正常行车,如图 5-39 所示。

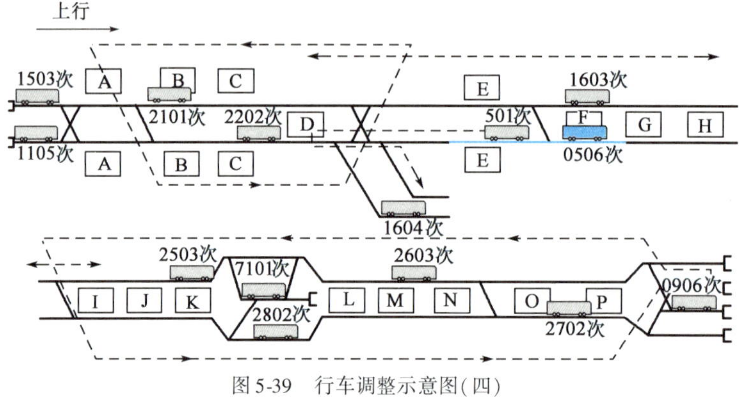

图 5-39　行车调整示意图(四)

(三)演练总结

处理本次故障时,行车调度员采用了扣车、抽线、加开、下线、小交路运行、单线双向运行等多种运营调整方式结合实际情况对单线双向运行区段进行合理拆分,对 F 站接车进路及列车进站速度进行了安全控制,并通知车站加强服务,将故障影响降到最低程度。

二　相关技术文件摘录——某地铁公司接触网事故应急预案

(一)总则(略)

(二)组织体系及职责(略)

(三)应急程序

1. 信息报告

(1)信息通报流程

信息通报流程如图 5-40 所示。

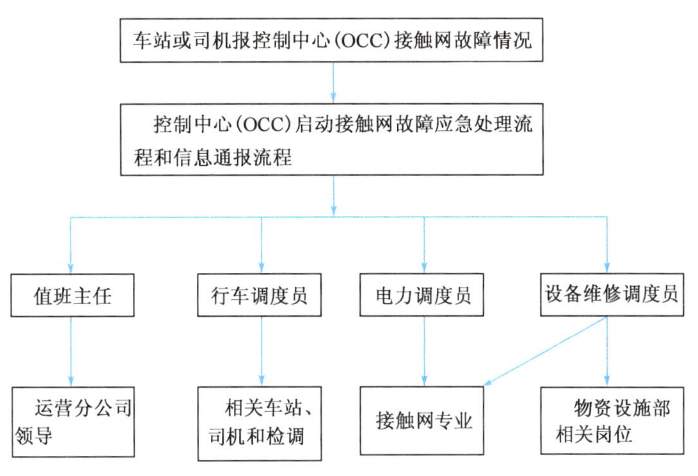

图 5-40　信息通报流程

(2)信息通报内容

①报告人姓名、部门。

②故障发生时间(月、日、时、分)、地点(区间、百米标或股道)。

③故障概况、设备损坏情况及运营影响程度。

④请求救援内容。

⑤其他应说明的内容。

(3)信息通报时限

①列车司机、车站应在发生接触网故障第一时间将故障的地点、位置和是否影响行车等情况通报控制中心。

②控制中心在了解清楚接触网故障的情况后,立即通过短信平台进行突发信息的发送工作;如果对运营产生较大的影响,应通过电话向分公司领导进行故障概况汇报。

③各专业中心主任及接触网专业应在接报后,迅速组织抢修队伍和抢修材料、器具,并随时向控制中心汇报事故抢修的准备情况。

④各列车司机、车站应使用一切可能的通信手段将列车的运行情况和车站服务及接触网设备的受影响情况通报控制中心。

2. 应急响应

(1)先期处置

①当发生接触网故障时,控制中心电力调度员应立即通过 SCADA 系统确认故障区域直流开关运行状态,并通知接触网专业值班人员迅速前往事发地点确认接触网故障情况(影响范围)。

②当接触网发生跳闸失电时,控制中心行车调度员应立即扣停驶往无电区的列车,通过小交路或单线双向运行,最大限度维持运营。

③影响运营时,控制中心报告运营分公司总经理同意后,宣布启动接触网故障应急预案,并进行信息通报工作。

④供电中心、设备中心迅速启动接触网故障应急预案,组织抢险救援队,准备抢险工、器具和材料。

⑤相关车站做好乘客广播和服务工作，确认上、下行通过的列车受电弓运行情况。

⑥列车司机在确保行车安全的前提下，通过各种方法尽量维持列车通过，并做好乘客广播引导。

(2)指挥机构响应

①控制中心在接报后，立即通报分公司领导和相关中心主任，事发车站或司机主动承担起现场故障处理的职责，然后由后续到达现场的职务最高人员接替现场指挥故障处理的职责，迅速判断故障的原因和影响范围，启动相应的设备抢修应急预案，最大限度地维持运营，满足车站服务需求。

②指挥机构成员赶赴控制中心，进行决策和协调有关方面提供支援。

③现场处置机构成员赶赴事故现场，指挥协调各部门的抢修队伍进行故障抢修和提供技术支持。

(3)调度响应

①控制中心在接报后，按照指挥机构总指挥的指令立即启动接触网故障应急预案，命令供电中心、设备中心立即派出抢险队伍。

②行车调度员通知司机尽量维持列车进站停车，通知车站做好乘客服务，相关车站密切关注列车受电弓运行状态。如果接触网故障导致停电需要抢修，即时将故障区间封锁，交给设备维修调度员，由设备维修调度员组织进行故障抢修作业。最大限度地维持不受故障影响区间的运营服务。

③电力调度员密切关注全线直流开关运行情况，并通知接触网专业迅速赶赴事发地点。

④环控调度员协助行车调度员向有关车站发布列车晚点信息。

⑤设备维修调度员立即将故障情况通报各相关中心主任，要求各中心做好应急抢险准备工作，协调应急抢险有关工作。

⑥信号楼调度做好车辆基地接车准备工作，并通知工程车司机做好动车救援准备。

⑦车辆检修调度员密切关注正线所有列车的运行状态，如接报故障立即组织处理。

⑧车站协助司机确认故障情况，并积极配合做好救援工作。

(4)救援队伍响应

接触网抢修队伍的具体响应详见下文“抢修响应”。

其他专业救援队伍的响应详见各相关预案规定。

(5)各级响应时间

①车站或司机在发现接触网故障时，应首先判断是否影响行车，在第一时间内上报控制中心。

②控制中心接报后立即进行运营调整工作，防止事态扩大，并在2min内进行信息通报工作。

③指挥机构和现场处置机构成员应在10min内出动，赶赴指定地点，进行指挥、决策和协调故障抢修工作。

④各相关中心主任根据指挥机构和现场处置机构的要求，立即开展抢险组织工作。

3. 指挥与协调

(1)实行高度集中，统一指挥，逐级负责的原则；分公司相关负责人到达现场后，由到达现场的相关专业归口管理部门职位最高的领导担任现场应急处理负责人(必要时由应急指挥机构指定)，充分了解事发现场情况，被接替者主动汇报事态发展情况，并接受现场指挥的领导。各部门、各中心要听从现场处置机构的领导和分工，各司其职，各负其责，积极参加抢险救援工作。

(2)发生接触网故障时，正在运行的各次列车司机应加强列车运行状态的监控，严格按照行车调度员指令运行。

(3)车站应加强站台通过列车受电弓状态的观察，自觉维持车站内秩序，稳定乘客情绪，积极做好乘客宣传服务工作，保证乘客安全。

(4)接触网抢修人员以“先通后复”的抢修原则进行抢修，尽可能减少中断行车时间，在确保安全的前提下，将对地铁运营的影响降到最低，待晚上运营结束后对故障地点设备进一步进行检修，确保不影响次日运营服务。一切抢修作业凭设备维修调度员的指令并在规定的时间内进行。

4. 安全防护

(1)列车司机在确保行车安全的前提下，通过一切可能的操纵方法驾驶列车通过故障点，确保行车安全。

(2)车站应派出专人带好通信工具，配合接触网专业下轨行区进行抢险作业，两端(相邻)车站行车值班员按行车调度员指令做好防护措施。

(3)接触网专业在进行接触网故障抢险作业时，应严格按照《接触网安全工作规程》做好安全措施，确保人身安全。在运营期间，下轨行区进行抢修作业或应急处理时，应征得控制中心同意，确认通信联系通畅，做好安全防护后，在规定的时间内完成作业，抢修结束后应确保人员、工具和材料出清线路。

5. 相关部门职责

(1)控制中心：当列车无法通过故障点时，组织列车退回发车站或开行救援列车。当接触网进行停电抢修时，组织小交路和单线双向行车，最大限度维持运营。协调有关方面进行抢险作业。

(2)站务中心：维护车站运营秩序和站台安全；发生乘客受伤时，车站值班员应及时拨打 120 急救电话，引导专业医务人员赶赴现场，协助实施现场紧急救护，并按创伤分类协助将伤员运送到各专业医疗中心接受治疗。

(3)供电中心：供电中心立即组织接触网专业抢修队伍，与控制中心电力调度员商定切实可行的抢修方案，力争尽早恢复行车。

(4)设备中心：设备中心成立车辆专业抢救队伍，必要时出动工程车进行救援。

(5)乘务中心：合理组织司机交路，满足应急情况下的行车需要。

(6)安保部：组织治安保卫队伍，配合公安人员维护地铁治安秩序，确保要害部位的安全。

(7)办公室：负责联系、协调抢修车辆等后勤保障。

6. 应急终止

(1)应急终止条件

现场处置机构确认接触网故障处理完毕，具备运营条件。

(2)救援完毕的汇报

现场处置机构指挥向指挥机构汇报接触网故障处理完毕，人员、工具、材料出清抢修现场,接触网具备运营条件。

(3)应急终止命令发布

经指挥机构总指挥批准,控制中心发布接触网故障应急处理终止命令,全线恢复正常运营。

(四)抢修程序

1. 抢修响应

(1)接触网工区接到设备维修调度员或电力调度员事故抢修通知后,立即组织人员抢修。

(2)联系设备维修调度员,并由设备维修调度员按《施工检修管理办法》中规定的程序做好抢修准备。

(3)立即启动相应的分项预案(即相应的B类预案),成立抢修队伍,准备材料、工器具和通信工具。

(4)响应时间要求:由于地铁设备发生故障,导致正线牵引供电分区(接触网)无法带电,将严重影响正线运营。

①对于断线故障,接触网专业成立两支抢修队伍,第一队人员在2min内准备就绪待发,并按控制中心的指令要求,以最快的速度奔赴事故现场,把现场情况通知另一队;另一队以最快的速度,带上尽可能全的抢修工具及材料,迅速赶往事故现场。

②对于接触网附件设备故障,接触网专业抢修人员在5min之内做好相关准备工作,并按控制中心的指令要求,带上尽可能全的抢修工具及材料,迅速赶往事故现场。

2. 现场抢修

(1)抢修组到达现场后立即采取相应安全措施。

(2)抢修组根据事故情况正确分工迅速抢修。

(3)分项目应急处理,如:柔性、刚性分段绝缘器损坏、锚段关节故障、悬挂异物、隔离开关刀片烧损、柔性接触网断线等。

(4)事故抢修完毕,拆除安全措施,汇报设备维修调度员,再由设备维修调度员联系行车调度员、电力调度员恢复供电,准备行车。

(5)事故抢修完毕后,及时向现场处置机构指挥汇报,做好事故抢修记录(详见各B类预案的具体规定),并对事故进行分析,写好事故处理总结。

3. 注意事项

(1)在事故处理过程中,抢修人员必须保持信息畅通。

(2)现场抢修以"先通后复"的原则进行抢修,专人负责,统一指挥。抢修过程应快速、准确、无误。

(3)工区日常备好应急工具、材料,随时可以出发抢险。抢修工器具和抢修材料分别按附录B和附录C执行。

(4)抢修的工具与材料放置于班组抢修料架上,根据事故情况相应提取。

（五）应急保障（略）

（六）调查报告（略）

（七）培训与演练（略）

（八）附则（略）

项目六　大客流的应急处理

【能力目标】

掌握突发性大客流和预见性大客流的应急处理程序。

【素质目标】

通过学习突发性大客流和预见性大客流的应急处理方法，使学生理解大客流是城市轨道交通日常运营工作中最常见的突发事件，牢固掌握应对的方法、手段是运营企业员工的基本职业素养和职责，树立“乘客至上”的服务理念是应对大客流的道德要求。

【学习任务】

1. 理解突发性大客流的应急处理程序。
2. 理解预见性大客流和突发性大客流应急处理的区别。

在城市轨道交通车站的客运服务工作过程中，从乘客进站、购票、过闸机到候车、上车的一系列环节中有可能出现很多突发性的事件，例如电梯故障、自动售票机故障、闸机故障、乘客突发疾病、乘客物品掉入轨行区、车站出现大客流爆满事件等，本项目将选取其中影响范围较大、应急处理牵涉面较广的大客流爆满事件的应急处理过程加以阐述。

大客流爆满事件是指在城市轨道交通运营中由于各种非政治性因素致使城市轨道交通车站在某一单位时间内候车、停留的乘客超过了该站设计许可的客流容量，并有继续增加的趋势，如不采取紧急措施将极有可能发生人员伤亡事故或意外事件。因此，必须快速、果断地处置运营中发生的大客流爆满事件，维护城市轨道交通运营的稳定和秩序，确保城市轨道交通运行与乘客人身安全。在城市轨道交通运营工作中，一般根据事先针对性准备工作进行与否，将大客流爆满事件分为突发性大客流和预见性大客流。

模块一　突发性大客流的应急处理

【任务书】

1. 掌握突发性大客流的定义和引发的原因。
2. 掌握控制中心和车站在突发性大客流时的应急处理措施。
3. 掌握车站出现突发性大客流时的应急处理程序。

突发性大客流是指突然发生的、没有有效行车组织方案的大客流事件。突发性大客流往往由恶劣天气、城市轨道交通设备故障和没有向城市轨道交通运营企业报备的大型社会活动等突发性事件所引起。在处置突发性大客流爆满事件时城市轨道交通运营企业应遵循确保安全、统一指挥、措施有效、合理引导、及时疏散的原则。

城市轨道交通车站对突发性客流初步形成时要及时准确地汇报，相关车站工作人员、司机甚至城市轨道交通工作人员要有突发性大客流的敏感性,发现客流不正常或有突发大型活动时,要及时汇报控制中心,以便调度人员及时采取应对措施。

每个城市轨道交通运营企业在应对突发性大客流时都有一整套的突发性大客流应急处理预案,车站服务有应对大客流的各种措施,控制中心也有多种行车调整的方法供选择,但如何针对客流的不同情况采取灵活机动的运营调整措施,尤其是当突发性大客流和行车设备故障同时发生情况下的应急处理,是判断城市轨道交通运营指挥人员业务能力高低的重要依据。

一 媒体报道

(一)南京35万人免费游园　红山动物园人最多

1. 南京红山动物园迎来17.5万游客

玄武湖、红山森林动物园、莫愁湖、栖霞山、古林公园、燕子矶,南京六大市属园林系统的收费公园,于2008年9月8日免费向市民开放一天。市民游园的热情远远超过了原先的预料(图6-1)。原本只准备了5万张免费门票发放,但为了满足市民需求,最终还是没有限量,完全向市民敞开了公园大门。据统计,加上清凉山、国防园、明故宫三家免费公园,该日九大公园共接待了35万人次。

图6-1　红山森林动物园

2. 地铁:及时疏导,没有大批乘客滞留

汹涌的客流一大早就给地铁运营来了个"下马威":上午8:30,地铁就不得不启动应急预案,开始销售纸票,100多个员工被迫放弃休息而加班。据介绍,地铁的客流高达38万多人次,而红山动物园站更是创下纪录,截至中午12:00,从平时的7000多人次一下飙升至3万多人次。

早上8:00左右,地铁中华门站和安德门站突然开始涌现高峰客流,目的地基本一致:红山动物园站或玄武门站。车站的自动售票机显得不够使用,售票大厅里挤得满满当当。家住中华门附近的徐奶奶是和家人一起带着孩子去动物园玩,可是半个小时过去了,买票的人还没买回来。

为了尽快疏散大客流,地铁除了出售纸票外,还让所有持单程票的乘客不再通过检票机,直接从边门出站,单程票则直接投进回收小筐内。

据介绍,受影响最大的三个站点是中华门站、玄武门站、红山动物园站,"这些站我们共增设了十几个人工纸票销售点。上午 11:00,我们还从迈皋桥停车线抽调了一辆备用列车进行运营,大概到下午 15:00 左右,红山动物园客流才开始回落。”由于应对及时,全线没有出现大批乘客滞留现象。

(二)广州地铁 1 号线故障 18 辆免费巴士应急

1. 烈士陵园站至体育西站受影响一个多小时

2007 年 8 月 8 日中午 12:58,广州地铁 1 号线东山口附近段发生接触网断线故障,从公园前站至体育西路沿线多站有大批乘客被拒入站,双线出现故障超过 20min 后,广州地铁公司在抢修的同时启动了《广州地铁应急公交接驳预案》,开通 18 辆免费巴士应急。市交委客管处和相关公交公司负责营运车辆的调度和运营秩序的维护。下午 14:19 接触网断线修复,恢复正常通车。

2. 现场:站台上挤满等候的市民

下午 14:20,几个记者分别在 1 号线东山口站、杨箕村站、体育西站的几个站口看到,在进站口处的醒目位置,地铁公司摆放的告示牌显示“地铁 1 号线暂时出现电网故障,希望乘客耐心等待或者换用其他交通方式。”站内广播里一遍遍地播放地铁 1 号线出现电网故障的通知。在杨箕村站候车的陈小姐告诉记者:“我本来要去三元里的,下午 13:35 赶到这里,现在是下午 14:20 了,仍未通车。”

下午 14:30,体育西站可买票进站了。记者看到站台上挤满了人(图 6-2),多名地铁职员和保安在此维持秩序。一名乘客对记者说:“我们都买了换乘票,而转坐大巴又太麻烦,只好再等等看。这会儿走了不少了,下午 13:50,站里简直是人山人海。”下午 14:35,一列往西朗方向的列车进站,等待多时的市民一拥而入。因为候车人太多,车上将近满员,所以仍有上百人无法上车。几分钟后又有三班列车分别在间隔时间段到站,等候的乘客才得以上车。

图 6-2 站台乘客等待

3. 事发:窗外一道白光列车急停

乘客小李告诉记者,中午 12:50,他乘坐地铁 1 号线列车从公园前站准备去烈士陵园站,下午 1 时左右列车快到达烈士陵园站了,车身突然剧烈振起来。“就像撞了车一样,刹那间车窗外闪过一道白光,然后车子急停,好多乘客突然间都往前倒。前面车厢好像发生了什么状况,所有乘客都拼命往后面涌。当时的场面好乱,我心里挺害怕的,但又不知道出了什么事,只好跟着别人往后跑。几十秒钟后车子总算停稳了,但是车门没像往常那样对准屏蔽门,而是有些错位,这时我就肯定出问题了。”据现场维修人员称,当时车窗外闪过的一道白光正是接触网断线发生故障时发出的。

小李称,列车停下后,工作人员就在车厢里通知乘客地铁出了故障,暂时停开,乘客需耐心等待或换乘其他交通工具。“所有人都只好在烈士陵园站下了车。见列车迟迟不开通,好多乘客都去退了票。下午 13:35,工作人员来告诉我们,B2 出口有地铁站提供的免费巴士,有急事的乘客可以去那里坐免费巴士。我没什么急事,就一直在那里等,但是等了一个小时 1 号线还是没有通。”

4. 疏通:开通 18 辆免费巴士应急

下午 14:20,在杨箕站地铁出站口附近,记者看到许多乘客在抢的士。刚从出站口出来的张先生告诉记者:“下午 13:40 我来这里搭乘地铁 1 号线去天河北,进站后却听见广播说 1 号线出了故障,建议乘客采用其他交通方式,地铁站工作人员正在疏导乘客,自动售票机也停止服务了,乘客暂时不能进站。我等了一会儿就出来打的士。”其他等的士的人表示,他们在下午 13:00 左右来地铁站,均被拒绝进站。有人反映,地铁公司在烈士陵园站和东山口站提供了免费接驳大巴,但由于地铁固定乘客太多,接驳大巴太少,大量乘客只好换乘其他公交车或的士。

据了解,在故障发生 20min 后,广州地铁公司在抢修的同时启动了《广州地铁应急公交接驳预案》,开通了 18 辆免费接驳公交车应急,各公交公司紧急投入运力,负责不同地区的公交接驳,地铁总公司负责开设乘客上车点、引导乘客乘车及现场维持秩序。接驳公交车在公园前站至广州东方向的各个地铁站点停靠,以确保乘客及时到达预定地点。

5. 应急:20min 后启动公交接驳预案

据地铁公司运营副总经理陈波介绍,《广州地铁应急公交接驳预案》是为了缓解地铁故障所带来的乘客滞留问题,双线出现故障超过 20min 则启动预案,单线无法运行超过 30min 启动应急预案,接驳公交开行的数量和密度要根据当时的时间和客流情况而定。据悉,这是地铁公司第二次启动应急公交接驳预案。

据悉,此次地铁 1 号线故障乘客全部安全到站,没有出现乘客滞留隧道的情况。地铁公司运营副总经理陈波表示,列车在出现故障后还可以凭借惯性滑行一段距离,司机的现场应急能力比较强,列车全部在烈士陵园至体育西各站停车,乘客安全到站,并得到了及时的疏散。此次故障属突发性故障。地铁公司当日加大对 1 号线设备的检修力度,尽最大努力减少同类故障的再次发生。同时,广州地铁对因设备故障对乘客出行造成的不便深表歉意。

二 相关理论知识

(一)突发性大客流的应急处理措施

突发性大客流的应急处理措施根据工作地点的不同一般分为车站的应急处理和控制中心的应急处理。

1. 车站的应急处理措施

(1)车站做好乘客的解释、疏导工作,防止事态的进一步扩大。

(2)密切注意车站情况,及时向控制中心汇报情况,不间断通过广播进行宣传,引导乘客疏散,负责各部门与车站有关人员间的信息传递,做好站台监护,防止乘客跌入站台。

(3)根据控制中心指令,进行客运组织调整如退票、发致歉信、赠票、关闭出入口等,立即停止售票或放缓售票速度,并做好退票及赠票的发放工作,做好票款保护工作。

2. 控制中心的应急处理措施

(1)控制中心当班人员接报后,通过 MMI 核实现场大客流情况信息,依据大客流可能造成的危害程度、波及范围、影响大小、行车中断时间、人员伤亡及财产损失等级,提前作出预警报告,启动应急处置预案,及时调整运营方案,增加列车密度,及时运送乘客。

(2)通过短信平台及时发布相关短信,做好信息汇报,监控客流变化,疏导换乘站可能集中到达的大客流,必要时下达关闭事发区段车站 TVM、换乘枢纽站联络通道,开启 AFC 系统降级模式等指令,及时向路网车站广播、乘客信息系统发布城市轨道交通客流预警信息,广播告示乘客,诱导乘客换乘路网其他线路或地面交通出行。

(3)严重时可下达关闭事发区段车站、停止客运服务指令,及时采取"公交保障预案",并对该方案的具体实施进行监督、协调。

(4)协调相邻线路,采取相应的运营调整措施,必要时要求相关的线路增加或减少运力。

(5)请求公安人员前往突发大客流线路和车站,维持乘客乘车秩序。

(二)突发性大客流的应急处理程序

1. 车站出现大客流

(1)站务人员

发现车站大客流已形成,立即通知行车值班员和值班站长。

(2)行车值班员

向行车调度员报告车站大客流已形成,向城市轨道交通公安通报情况,请求支援。

(3)行车调度员

向值班主任汇报车站客流正在增加。

(4)值班主任

指示行车调度员密切关注车站客流情况,并向领导汇报和相关部门通报。

2. 启动应急预案

(1)值班主任

①与行车调度员确认大客流概况,向各调通报概况。

②启动相应应急方案。

③向有关领导汇报某站大客流已初步形成。

(2)行车调度员

①按照应急预案对全线列车进行运营调整。

②通知全线车站有关列车运营调整情况。

(3)值班站长

指示车站各岗位人员执行车站大客流控制预案。

(4)行车值班员

①通过 CCTV 及站务人员的报告,观察列车乘客涌入或停留在站台、站厅的情况。

②及时向控制中心汇报。

(5)行车调度员

向行车值班员确认大客流的控制情况。

(6)行车值班员

①加强车站广播:

a. 劝请站台候车乘客移到较不拥挤的地段以增加通畅的面积。

b. 劝请乘客不宜在站厅逗留及闲荡。

c. 劝请需要出站的乘客应迅速离开车站。

②及时向值班站长、控制中心汇报。

3. 如果客流继续增加采取限流措施

(1)站务人员

①各站务人员观察已经执行的措施。

②向行车值班员、值班站长报告乘客有继续增加的情况。

(2)行车值班员

向值班站长、控制中心汇报车站客流有继续增加的趋势。

(3)值班站长

①密切监视车站客流的情况,加强与车站各岗位的联系。

②指示站务人员:

a. 携带手提广播到站台维持秩序,设置临时导向、铁马。

b. 确保站台候车的安全及乘客能尽快地上下车。

c. 设立指示牌及隔离设置,以控制客流的方向。

d. 关闭部分入口或进行进出分流来控制乘客进入车站及延长客流疏散。

(4)站务人员

①执行值班站长的指示,携带手提广播到站台维持秩序,设置临时导向、铁马。

②确保站台候车的安全及乘客能尽快地上下车。

③设立指示牌及隔离设置。

④关闭部分入口或进行进出分流。

4. 如果客流控制情况未改善,采取出售纸票等临时措施

(1)站务人员

向行车值班员、值班站长报告乘客客流控制情况尚未改善。

(2)值班站长

向行车调度员汇报客流情况。

(3)行车调度员

向值班主任汇报客流情况。

(4)值班主任

①批准同意使用纸票。

②通知城市轨道交通公安分局到车站现场提供协助,维持公共秩序。

(5)公安人员

在接获值班主任要求调派人员到车站提供协助以维持公共秩序后,迅速安排人员到场协助。

(6)行车调度员

通知沿线各站某站开始售卖纸票,做好边门出站乘客的纸票验收工作。

(7)值班站长

指示客运值班员安排人员出售纸票,站务人员打开边门,做好纸票的检票工作,各站务人员与公安协调,在重点位置部署。

(8)站务人员

①出售纸票,打开边门,执行值班站长所指派的任务,与公安人员协调部署。

②启用手提广播提醒候车乘客维持秩序,确保站台候车乘客的安全。

(9)行车值班员

加强广播,及时将车站客流情况向行车调度员汇报。

(10)行车调度员

制订并执行行车调整方案。

5. 大客流消除

(1)站务人员

向行车值班员、值班站长汇报客流的拥挤程度逐渐缓和直至消除。

(2)值班站长

要求站务人员停止售卖纸票,关边门,撤除指示牌及隔离设置,恢复正常运营服务,并通知行车值班员向行车调度员汇报。

(3)站务人员

执行值班站长的指示,停止售卖纸票,关边门,撤除指示牌及隔离设置。

(4)行车值班员

向行车调度员汇报车站大客流已消除,售卖纸票已停止,车站恢复正常运营服务。

(5)行车调度员

向值班主任汇报车站大客流已消除,售卖纸票已停止,车站恢复正常运营服务。

(6)值班主任

向有关领导汇报大客流已消除,车站恢复正常运营服务。

模块二　预见性大客流的应急处理

【任务书】

1. 掌握预见性大客流的分类。
2. 理解预见性大客流的应急处理原则。
3. 理解早晚高峰和重大活动中控制中心应急处理的方法。

城市轨道交通运营工作中出现的预见性大客流除了日常早晚上下班高峰期出现的大客流外,根据其产生的原因还可具体分为节假日大客流和大型活动大客流两类。

(1)节假日大客流:主要指在国家法定的元旦、春节、劳动节、国庆节等节假日期间,市民出行及游客旅游等造成全线各站客流普遍大幅上升。

(2)大型活动大客流:主要指由于城市轨道交通沿线附近举行大型活动(包括节假日期间举行的大型活动),在活动结束后大量的乘客在较短时间内涌入邻近的城市轨道交通车站乘车,造成车站客流迅速上升。

一 媒体报道

(一)奥运圣火到达南京

2008 年 5 月 27 日奥运圣火在南京传递,按"圣火传递运输组织方案"早高峰开 16 备 2。因圣火传递始点在奥体中心,大量市民一大早就赶赴现场目睹圣火起跑仪式,5:00—7:00 奥体出站客流 5913 人次,7:00—8:00 出站客流达 15843 人次,虽然 8:15 起跑仪式已经结束,但 8:00—9:00 奥体中心出站客流仍达到 6025 人次。火炬传递的终点——鼓楼广场,人山人海(图 6-3),考虑安全因素,根据领导要求,地铁鼓楼站 9:15 开始关站,11:47分开站。

图 6-3　鼓楼广场现场图

象征着和平、友谊、光荣和梦想的奥林匹克圣火经过苏州、南通、泰州、扬州四站传递后,来到江苏传递活动的最后一站——南京。为了亲眼看见祥云火炬的风采,许多市民一早就来到这里。"传递圣火,奉献关爱""弘扬奥运精神,支持抗震救灾""传递平安,传递祝福,传递希望"的标语处处可见,现场气氛热烈祥和,寄托着江苏人民对北京奥运的祝福,对四川灾区的关爱。活动造成了大量的乘客从沿线各站乘坐地铁到圣火传递始点——奥体中心东广场云集,由于交通管制并不允许跟跑,许多市民看完起跑后马上又乘坐地铁赶往圣火传递的终点——鼓楼广场,形成当天持续大客流。

虽然 5 月 27 日当天全线进站客流不多,但是上午奥体站及鼓楼站持续的可预见性大客流还是给地铁运营带来一定影响,由于组织得当,南京地铁顺利应对了又一次大客流的考验。

(二)上海轨道交通 2 号线客流过大　11 个车站实行限流

上海轨道交通 2 号线,因客流太大,自 2010 年 7 月 19 日起部分车站限流。图 6-4 所示为上海轨道交通 2 号线站点示意图(2010 年)。

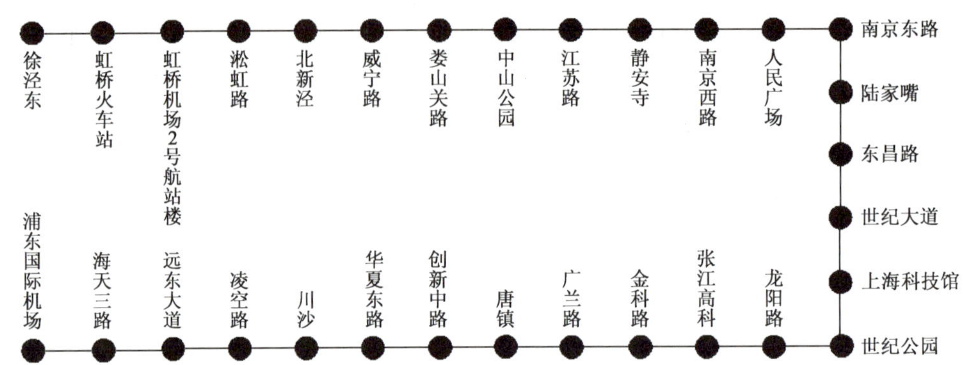

图 6-4　上海轨道交通 2 号线站点示意图(2010 年)

“从今天开始,上海轨道交通将对轨道交通 2 号线 4 座车站(张江高科、东昌路、陆家嘴、江苏路)工作日高峰时段采取计划性限流措施,封闭部分出入口。广兰路等 7 座车站将视情况灵活采取间歇性限流。”这是 2010 年 7 月 19 日上海地铁运营部门宣布的 2 号线高峰时段重点车站限流措施。

10 天前的 7 月 9 日,上海轨道交通日客流量在突破 650 万人次的同时,2 号线也以 130 万人次的日客流量,超过 1 号线成为目前全路网单线客流量最高的线路。2 号线连接浦东、浦西,途经商业、居住、休闲旅游、航空铁路等重要交通枢纽和区域,是目前上海轨道交通网络中最长的线路。近期,随着 2 号线陆续连通上海两大机场和虹桥火车站,客流迅猛攀升,日客流频频刷新最高纪录,超越了此前一直雄踞榜首的 1 号线,成为单线运量最高的轨道交通线路,也被不少网友戏称为“10 年终熬成老大”。

随着客流不断增加,最近在工作日早晚高峰时段,2 号线多座车站均频繁出现客流爆满的现象。张江高科、江苏路等客流较大的车站,也出现了此前 6 号、8 号线常见的乘客长时间“挤不上车”的状况。轨道交通运营部门表示,运营方除不断优化列车运行方案,加强现场客流组织和引导外,为确保乘客安全,决定从 7 月 19 日起,对 2 号线高峰时段重点车站实施限流措施。

据了解,这是上海轨道交通首次在市中心线路内实施限流措施。地铁方面提醒广大乘客,尽可能提前出门,利用网络其他线路绕行,做好相应准备。具体信息可咨询地铁服务热线或查询上海地铁网站,车站及车厢显示屏也将实时发布相关信息。

常态化限流车站 4 个,具体如下。

1. 张江高科站

工作日 8:00—9:00,3 号、5 号出入口只出不进;工作日 17:30—19:00,2 号出入口、5 号出入口间歇性只进不出,3 号出入口只出不进。

2. 东昌路站

工作日 7:30—8:30、18:00—19:30,2 号、4 号出入口关闭。

3. 陆家嘴站

工作日 16:00—运营结束,1 号出入口只进不出;双休日、节假日 14:00—运营结束,1 号出入口只进不出。

4. 江苏路站

工作日 7:30—9:30、17:30—19:00,2 号、4 号出入口关闭。

视情况限流车站 7 个。

高峰时段视情况灵活采取间歇性限流车站 7 个:广兰路、金科路、龙阳路、世纪大道、南京东路、静安寺、中山公园站。

二 相关理论知识

(一)预见性大客流的应急处理原则

预见性大客流的应急处理方法和突发性大客流基本相同,它们的区别主要在于城市轨道交通运营企业能够对大客流进行预测,并有针对性的提前制订预见性大客流运营组织方案,相关应急车辆、设备、人员能够提前到位待命,正确及时地采取各种措施对大客流进行疏导。

对于节假日或大型活动引起的预见性大客流,在制订针对性的运营组织预案时,要遵循以下原则:

(1)根据大型活动组委会要求以及以往经验,做好预见性大客流行车组织方案的编制。对大客流的影响要做好充分估计,对大型活动方案的编制要有预见性,要按高一个等级的要求编制方案,以便实际灵活运用。

(2)针对预见性大客流制订的行车组织方案要及时下发,让相关行车和站务以及后勤保障人员认真学习,做到熟知方案要求。

(3)要保持与大型活动组委会的联系,遇突发情况采取关站关口的措施时可以突破现行规章要求,灵活掌握。

(4)为确保乘客的安全,在大型活动中采取的任何运营调整措施一定要服从安全部门的要求。

(二)预见性大客流的应急处理方法

城市轨道交通车站的运营岗位员工对于预见性大客流的应急处理方法和突发性大客流的应急处理方法基本相同,而控制中心对于预见性大客流的应急处理根据不同的情况制订了一些特殊的应对措施。

1. 早晚高峰控制中心的应急处理方法

(1)值班主任

①加强对列车运行情况和大站客流情况的监视。

②加强 AFC 系统数据的收集。

③视情况组织加开列车。

④视情况通知城市轨道交通公安协助。

(2)行车调度员

①通知车站注意大客流控制。

②通知司机进站加强瞭望,列车如未上满客时,适当延长大客流站停车时间。

③根据值班主任指示,组织加开列车疏导乘客。

2. 节假日、重大活动控制中心的应急处理方法

(1)值班主任

①根据节日性质及重大活动的具体地点、时间,决定在特定车站的存车线预先存放备用车。

②加强 AFC 系统数据收集,根据现场情况决定加开备用车的行车组织方案。

③根据需要调配突击队、机动队员支援大客流的车站。

④通知城市轨道交通公安协助。

(2)行车调度员

①按要求把备用车安排到预定的存放地点。

②通知各站,密切监视客流动态,当接到车站或司机报有乘客上不了车时,报告值班主任。

③执行值班主任加开列车命令,通知司机入站时加强瞭望,注意行车安全,当列车未上满客时,适当延长停站时间。

三 相关案例——南京地铁周杰伦演唱会运输组织方案

2010 年 9 月 30 日,歌手周杰伦在奥体中心体育场举办 2010 大型演唱会,为做好该演唱会的大客流运输组织工作,安全、有序、高效地疏散散场乘客,特制订本运输组织方案。南京地铁线路示意图如图 6-5 所示。

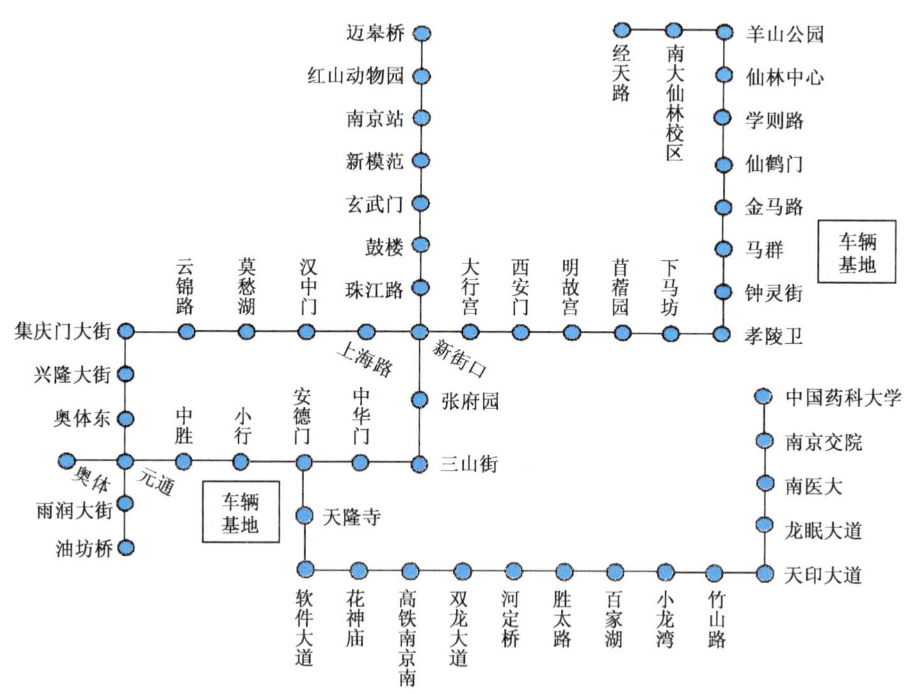

图 6-5　南京地铁线路示意图(2010 年)

(一)指挥架构(略)

(二)客流分析

根据目前了解信息,当场演唱会的现场观众预计 4 万人次,加上商贩散客等,预计有 2 万人次搭乘地铁。演唱会 19:30 开始,22:30 左右结束,客流将在 18:00—19:00 形成出站高峰,22:40—23:10 形成进站高峰。

(三)行车组织

1.1 号线

(1)早高峰结束回库的 1008 次加开至鼓楼存车线备用。19:30 前如开往奥体中心方向的列车出现较大拥挤,控制中心可先加开鼓楼备用车至奥体中心站,如客流依然较大,可加开迈皋桥备用车至奥体中心站,因迈皋桥备用车外部贴纸是南延线列车,控制中心加开时通知沿线车站人工做好广播(车站广播词为:本次开往中国药大的列车改开至奥体中心站,请前往奥体中心的乘客抓紧时间上车)。如迈皋桥备用车有故障,请检修中心及时安排人员检修。

(2)如果鼓楼备用车加开至奥体中心,则备用车在奥体折返线备用;待迈皋桥备用车到来前组织奥体备用车回车辆基地,如两列备用车均没有加开至奥体中心,则回库列车 1624 次在奥体中心折返线转备用。

(3)当天 21:30,3 列车在车辆基地待令(南延线列车亦可),其中一列车于 22:00 在转换轨Ⅲ待令,另两列在库内热备,随时准备出库。前次列车出清转换轨Ⅲ离开基地后,车辆基地信号楼及时组织后续列车在转换轨Ⅲ待令。

(4)当观众开始散场,现场指挥人通知控制中心疏散开始,控制中心及时组织列车自车辆基地不停站加开至奥体中心折返后载客运行至迈皋桥。控制中心做好列车调整工作,确保列车顺利接入共线区段,原则上两列西延线图定车次间只能加开一列加开列车。加开列车自迈皋桥回车辆基地时不载客,自车辆基地西岔区回库(迈皋桥备用车自车辆基地东岔区回库)。

2.2 号线

(1)下午,控制中心根据客流发展趋势,可将晚高峰上线时间提前,同时将晚高峰结束时间推迟,请检修二中心、乘务中心、控制中心、站务中心预先做好准备工作。晚高峰前控制中心加开油坊桥备用车不载客至钟灵街存车线备用,19:30 前如下行方向的列车出现较大拥挤,控制中心可加开钟灵街备用车载客运行至油坊桥折返线备用。

(2)当天 21:30 后 3 列电客车在油坊桥停车场待令,其中一列电客车于 22:00 在转换轨Ⅱ待令,另两列在库内热备,随时准备出库。前次列车出清转换轨Ⅱ离开停车场后,油坊桥停车场信号楼及时组织后续列车在转换轨Ⅱ待令。

(3)当观众开始散场,现场指挥人通知控制中心疏散开始,奥体东站客流明显增加时,行车调度员灵活组织油坊桥备用车上线替开图定列车,及时疏散客流。

(4)在图定车次不能满足客流需要时,控制中心及时组织列车自油坊桥停车场经转换轨Ⅱ至油坊桥上行线不停站加开至奥体东站,载客运行至经天路。疏散期间,控制中心做好列车调整工作,图定车次在油坊桥提前开出,并在奥体东站多停,确保在疏散开始后每列上行列车在奥体东站尽量多载客。

(5)加开列车自经天路折返后就近回马群基地,控制中心组织运营结束后图定回马群基地的列车回油坊桥停车场,确保油坊桥停车场第二天8列车正常出库。

3.其他

(1)控制中心根据现场客流做好末班车继续加开的准备。如末班车开出后仍有大量客流涌入,1号线可组织后续回小行基地列车加开至迈皋桥,如开往中国药科大学的末班车安德门开出后,安德门仍有大量乘客,可加开后续南延线回库车自安德门加开至中国药大;2号线可组织后续自油坊桥回马群基地的列车加开至经天路。

(2)本次客流运输组织对外公布奥体中心站开往迈皋桥及奥体东站开往经天路的末班车为23:00,具体关站时间由现场指挥人根据现场客流情况决定。

(3)演唱会疏散:1号线最后一班加开列车自奥体中心站开出时,控制中心安排2号线一列加开列车自油坊桥开出(或暂扣2号线元通站),确保在2号线元通站和新街口站为1号线提供上行换乘并开往经天路站,安排一列南延线下行列车在安德门站为西延线换乘并开往药科大学站。新街口2号线换1号线通道按正常时刻表时间关闭(除奥体中心、奥体东外,其他车站按正常运营时间停止进站)。

(四)客流控制

(1)新街口站(1、2)、元通站(1、2)在17:00—19:00期间,通过车站广播、LED屏及2号线站台换乘1号线通道前通过工作人员向乘客宣传:"前往奥体中心看演唱会的乘客,可就近选择2号线至奥体东站下车即可到达奥体中心体育场,不必换乘1号线至奥体中心站"。

(2)2号线下行线列车在17:30—19:00期间,司机于西安门站开始至新街口站,每个区间人工广播提醒乘客:"本次列车可直接前往奥体中心体育场,请到奥体东站下车即可"。在奥体东站停车后提醒乘客:"有到奥体中心体育场的乘客请在本站下车"。(重复三遍)

(3)出入口控制(第一道控制)。晚间大客流疏散工作开始后,奥体中心站只开放1号口为进站口,奥体东站只开放2号口为进站口,地面乘客进站秩序请地铁公安和运营人员维持。当站台压力较大,需要对进口进行客流控制时,请地面公安负责人按照运营分公司地面指挥的要求减小入口宽度,对乘客进站速度进行控制。

(4)闸机控制(第二道控制)。正常情况下闸机处不进行客流控制,但需安排引导人员。当站台压力较大,需要站厅闸机处进行控制时,站厅现场指挥命令采取相关措施,减缓乘客进站速度。

(5)站台控制(第三道控制)。站台人员主要维持乘客乘车秩序,对乘客进行乘车引导,站台指挥均衡安排站台各岗位人员数量,与站厅、站台、地面指挥加强信息沟通。

(6)闸机设置。奥体中心站晚上21:30之后,除靠3号、6号出入口各保留一个双向闸机供下行乘客出站外,其余所有双向闸机设为单向进站闸机。

奥体东站晚上21:30之后,靠1号口的双向闸机设为出站闸机,关闭进站功能,乘客进站通过站厅中间两组共8个进站闸机进入。

(7)人员布岗及分工。

①站务中心组织加班人员35人,分别布置在奥体中心站和奥体东站(奥体中心站20

人，奥体东站 15 人），主要负责在应急时出售纸票和维护站台秩序；客运部加班人员17：00 前到达奥体中心站，安保部加班人员 17：00 前到达奥体东站，负责在闸机处引导乘客。

②新街口、鼓楼、大行宫等部分重点车站，提前做好人员安排，加强站台等关键部位的力量，维持乘车秩序，站台乘客拥挤时，可采取关闭部分 TVM、闸机等措施延缓乘客进站速度。

③所有支援人员到达车站后，应首先到各自车站值班站长室报到，由站长安排岗位，然后向所在区域的现场指挥报到，听从现场指挥安排，离开岗位需向现场指挥请假。

④晚间站务中心安排专人在奥体中心观察客流，当奥体中心散场客流明显增加时，立即汇报现场指挥，现场指挥通知行车调度员开始大客流疏散工作。

（8）客流散场后，安德门站在站台和站厅设置专人对换乘南延线的乘客进行疏导，并及时将客流情况向车控室汇报。

（五）票务组织

（1）奥体中心站、奥体东站除正常出售单程票外，同时现场增设临时售票点出售普通纸票来疏散返程客流。

（2）奥体中心站 17：00 开始设置 8 个普通纸票售票点（其中 4 个为售票亭窗口，4 个为临时售票亭），售票亭保留一个补票点。奥体东站 17：00 开始设置 5 个普通纸票售票点（其中 2 号口售票亭 1 个为售票亭窗口，4 个为临时售票亭），2 号口售票亭保留一个补票点。

（3）在当天下午出站高峰时段（17：00—19：30），1 号线下行列车小行站开出后、2 号线集庆门大街站开出后司机应通过广播提醒无 IC 卡的乘客提前购买返程票（司机广播词：前往奥体体育场观看演唱会的乘客请提前购买返程车票），车站应通过广播等宣传，并提前布置好告示、横幅等醒目标志，通告乘客提前购买返程票。

（4）奥体中心站及奥体东出站客流较大时，每个边门安排 3 名人员人工回收单程票，乘客直接从边门出站，持储值票乘客从闸机刷卡出站。

（5）17：00—20：00 时段每隔 30min，票务中心负责将全线、奥体中心站、奥体东站进出站客流及奥体中心站、奥体东站返程票销售情况统计汇总报给控制中心，由控制中心通过短信发给相关领导。奥体中心站、奥体东站对人工回收的单程票要及时进行清点，计入客流统计。

（六）部门分工

（1）客运系统负责大客流疏散工作的运输组织、行车调度指挥、车站乘客引导、乘车秩序维持以及列车驾驶，确保安全、快速疏散大客流；站务中心各站提前做好相关应急备品的检查和布置工作；乘务中心组织司机交路，安排派班，做好列车广播。

（2）票卡系统负责期间的 AFC 设备保障工作。票务中心安排 AFC 维修人员，身着醒目标志服在奥体中心站及奥体东站巡视，保证每组闸机及 TVM 都有一人，大客流期间固定不离开，做好设备保障工作。

（3）车辆系统主要负责当日上线电客车的供车、车辆技术和安全检查，确保车辆运用状态良好。

（4）物资设施系统主要负责设施设备的保障工作，负责行车重点设施设备正常。

(5)安保部主要负责大客流疏散期间的安全保卫工作,及时与地铁公安沟通,请地铁公安在奥体中心站及沿线客流大站加强力量,维持秩序,保证运营安全。检查督促各部门安全措施落实情况,发生事故时,组织救援处理,做好事故的调查取证工作。

(6)办公室做好当晚员工的伙食安排。相关部门、中心将加班人员数量于前一日下班前报站务中心,站务中心汇总后将当晚各部门中心加班人数汇总报办公室。

(七)应急预案

(1)列车司机携带天翼工作手机,确保在无线通信故障情况下,用手机与控制中心保持联系。奥体中心及奥体东上行列车进站以及从上行站台开出时鸣笛,提醒乘客注意安全。

(2)当奥体中心站或奥体东站因AFC设备故障等原因导致站厅明显出现乘客积压,而站台乘客上车速度明显减慢时,由现场指挥决定未购票乘客直接从边门进站,出站补票(1号线默认进站为奥体中心站,2号线默认为奥体东站)。

(3)奥体中心站及奥体东站在20:00前,将应急备品在上行站台统一摆放,并派专人看守、取送;紧急停车按钮事先将锁打开,每个紧急停车按钮设一名专职负责人并配备对讲机。

(4)若奥体中心折返线信号设备发生故障,行车调度员及时安排列车站前渡线折返,乘客由奥体下行站台上客。车站做好乘客引导工作。

(5)检修一中心、二中心各安排一名工程师在控制中心值班,以便在车辆发生故障时,及时指导司机处理故障和协助行车调度员决策。另在奥体中心、奥体东各指派一名维修人员,以便车辆出现异常时能及时进行现场处理。

(6)奥体中心站、奥体东站当晚安排好保洁人员,及时清空站台垃圾桶;在上行站台安排两名固定保洁员,准备干拖把及清扫工具,以随时清理乘客泼洒、遗留站台的水渍、垃圾等。

(7)其他突发情况按《行车组织规则》《控制中心应急处理程序》《车务安全应急处理程序》等规章处理。

四 相关技术文件摘录——某地铁公司突发大客流应急预案

(一)总则(略)

(二)组织体系及职责(略)

(三)应急处置

1.事件等级

根据各车站运能,依据大客流可能造成的危害程度、波及范围、影响大小、行车中断时间、人员伤亡及财产损失等情况,划分为一级、二级、三级3个等级。

(1)一级(Ⅰ)突发大客流是指站台、站厅和出入口都较为拥挤,预计持续超过30min以上,地铁运营秩序受到严重影响,已经或可能造成人员伤亡、财产损失等后果。

(2)二级(Ⅱ)突发大客流是指站台、站厅都较为拥挤,地铁运营秩序受到一定影响,以地铁公司为主能够处置的突发大客流。

(3)三级(Ⅲ)突发大客流是指站台较拥挤,地铁运营秩序未受到较严重影响,通过车站及邻站支援能够处置的突发大客流。

2. 应急处置原则

处置突发性大客流遵循“安全第一、分级控制、合理引导、及时疏散”的原则。

3. 信息报告

(1)报告内容:

①事件发生时间、地点等。

②突发大客流形成原因、规模、已采取的措施。

③人员伤亡、设备损坏情况。

④报告人单位、姓名、岗位。

(2)遇突发性大客流时,按图6-6所示程序进行报告。

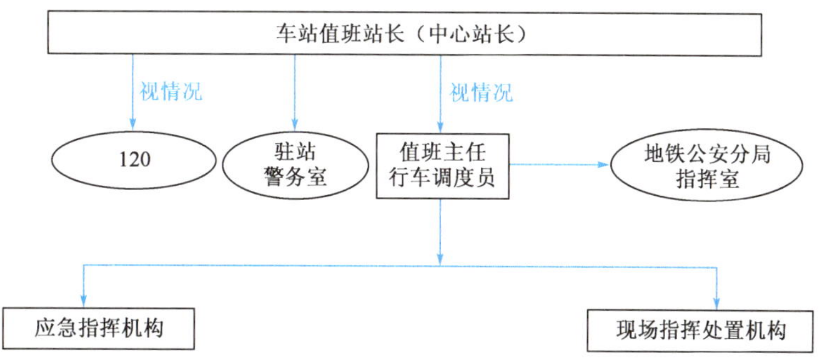

图6-6　突发性大客流报告程序图

4. 应急响应

(1)先期处置

①当发生突发性大客流时,车站要及时了解清楚产生突发客流的原因、规模,可能持续的时间。

②值班站长按照信息报告程序的要求进行汇报。

③车站利用广播系统认真做好宣传,及时组织人员维持秩序,理顺购票队伍,增设兑零点。

④值班站长及时组织驻站各部门员工参与控制客流,同时通知驻站公安,向行车调度员报告,请求组织机动人员支援。

⑤站台拥挤时,值班站长立即委派人员到站台维持候车秩序,先让下车出站的乘客出站,再放乘车的乘客进入站台,控制进站的乘客人数。利用广播宣传,注意站台边缘乘客的动态;向行车调度员请求加开客车运送站台的乘客。

(2)指挥机构响应

当发生三级突发性大客流时,由控制中心主任行使指挥机构总指挥职权。当发生二级突发性大客流时,由控制中心主任向指挥机构报告同意后,启动应急预案,指挥机构和现场处置机构自然成立,成员赶赴指定岗位。当发生一级突发性大客流时,由指挥机构总指挥向总公司领导报告,根据上级领导的指令,启动《城市轨道交通事故应急预案》,具体处置措施按应急预案相应规定执行。

(3)调度响应

①行车调度员接到车站汇报后,立即向当班值班主任报告。通过 CCTV 进行客流监视。

②值班主任了解情况后向当值调度员宣布进入车站人潮处理状态;向发生人潮的车站值班站长了解人潮动向及车站组织方案;视情况决定调整运营。

③环控调度员注意观察客流情况;选择适宜的通风模式运行,增加站内新风量。

④电力调度员加强对各变电所运行情况的检查。

⑤值班主任向运营分公司领导报告。

(4)救援队伍响应

①驻站公安接到车站发生突发性大客流的报告后,按照地铁公安分局指挥室的指令,加强对重点部位的巡视和防范工作;与车站进行有效配合,快速、果断地处置,确保客流得到有效控制。

②站务中心接到车站要求增派人员支援的请求后,迅速组织支援人员立即前往该站支援。

③控制中心接到车站要求增派人员支援的请求后,向指挥机构总指挥报告,视情请求地铁公安警力支援。

(5)各级响应时间

①控制中心接报后做好事件的前期处置,在 5min 内通知指挥机构和现场处置机构成员及相关部门、中心;视情通报地铁公安分局指挥室,按总指挥的指示报总公司值班室和运法处。

②应急指挥机构和现场处置机构成员应立即赶赴各自岗位,组织指挥人潮控制处置工作。

③公司内支援人员在接报后立即出动,赶赴突发大客流车站进行支援。

5. 指挥与协调

(1)现场处置机构到达事故现场后应了解事件的现场情况,迅速查看事故现场,确定影响范围,根据预案的规定,开展人潮控制工作。

(2)根据突发事件应急处理的需要,指挥机构紧急调集人员、物资、交通工具等;必要时,对客流进行疏散或采取只进不出、关站措施。

(3)控制中心值班主任应与现场指挥保持联系,灵活组织备用列车上线或进行必要的运营调整。

6. 安全防护

(1)维护好进出站秩序,避免进、出站客流产生交叉、堵塞通道及发生踩踏事件。

(2)加强站台巡视,做好宣传,维护站台乘客的安全。

(3)加强广播宣传,稳定乘客情绪,必要时张贴宣传告示。

7. 现场救援

(1)处置程序

①车站突发大客流时,各岗位立即按处置程序进行处置。

②客流达到三级标准时，除按处置程序进行处置外，车站应立即按汇报程序进行汇报，由控制中心和站务中心组织其他车站人员立即前往该站支援。

③客流达到二级标准时，除按处置程序进行处置外，车站应立即按汇报程序进行汇报，控制中心应及时报告应急指挥机构和现场处置机构。

④客流达到三级标准时，除按处置程序进行处置外，车站应立即按汇报程序进行汇报，控制中心应及时报告应急指挥机构总指挥。

(2)救援措施

①车站突发大客流后，按照突发大客流影响运营程度、发展情况、紧迫性等因素，车站应立即组织力量，申请启动应急救援队伍(包括各部门、中心驻站员工)，能够在事件初期迅速出动，以准确施救、控制事态、减少损失为目的，开展应急预案的组织救援工作，实现事故发生后各线站反应速度快、响应速度快、行动速度快，把影响运营的损失程度降到最低。

②接到车站客流较大的报告后，行车调度员应对该站进行重点监控，根据实际情况适当延长列车在该站的停站时间，尽快疏运车站客流。

③控制中心应根据实际情况及时组织备用车上线投入运营，缓解车站客流压力，备用车的加开时机和加开方案由值班主任决定。

④客流较多，造成列车在多个车站连续出现延长停站时间的情况时，行车调度员根据现场实际情况及时对列车进行调整，防止列车运行间隔过大，尽量减少对乘客的影响。

⑤需要市有关部门联合处置时，控制中心根据总指挥的指示联系。

⑥若客流太大，严重超越地铁运输能力，由应急指挥机构总指挥下达关闭车站的命令，车站做好关站工作。

⑦在车站客流得到缓解后，行车调度员根据现场实际情况及时调整列车运行，安排备用车下线恢复备用状态，恢复按时刻表行车。

⑧车站做好临时导向标志、告示牌、临时售票亭等客运设施的准备、设置工作。

8. 应急终止(略)

(四)应急保障(略)

(五)调查报告(略)

(六)培训与演练(略)

(七)附则(略)

项目七　火灾的应急处理

【能力目标】

1. 使学生能掌握城市轨道交通运营中列车和车站发生火灾的应急处理程序。

2. 学生能进行城市轨道交通列车和车站火灾应急处理的演练。

【素质目标】

1. 通过学习车站和列车火灾的应急处理方法,使学生深刻认识到火灾事故虽然发生概率较低,但一旦发生造成的后果极其严重,日常工作中的防范和应急处理一样重要。树立人民至上的理念,把保护人民的生命和财产安全放在心中最重要的位置。

2. 通过对比韩国大邱地铁和中国香港地铁火灾事故的应急处理过程,使学生深刻体会到在城市轨道交通应急处理工作中人是第一位的,有高度责任心和职业素养的运营企业员工可以将复杂的突发事件从容处置,缺乏责任心和职业素养的运营企业员工可以让本不复杂的突发事件造成重大伤亡。促使学生逐渐培养一丝不苟、安全至上的职业意识和职业素养。

【学习任务】

1. 按规定程序处理城市轨道交通列车和车站火灾事故。

2. 按火灾事故演练方案分组进行模拟演练。

火灾事故是对城市轨道交通造成影响最严重、危害最大的一类事故。火灾事故主要指在轨道交通路网内各线运营时段车站、列车、区间线路等处突发火灾,危及乘客人身安全。由于城市轨道交通有大量的车站是构筑于地下,受城市轨道交通运营环境的特定性等因素影响,城市轨道交通突发火灾事故时乘客逃生极其困难,造成群死群伤的可能性极大。

历年来国内外发生的火灾类事故如表 7-1 所示。

国内外城市轨道交通火灾事故一览表　　表 7-1

事故时间	事故地点	事故原因	事故后果
1971 年 12 月	加拿大蒙特利尔	列车与隧道端头相撞起火	6 节列车被毁,司机死亡
1972 年 10 月	德国东柏林	火灾	1 座车站和 4 节列车被毁
1973 年 3 月	法国巴黎	人为列车纵火	1 节列车被毁,2 人死亡
1974 年 1 月	加拿大蒙特利尔	电线短路起火	9 节列车被毁
1975 年 7 月	美国波士顿	区间隧道火灾	隧道大火
1976 年 10 月	加拿大多伦多	人为纵火	4 节列车被毁
1978 年 10 月	德国科隆	丢弃烟头起火	伤 8 人
1979 年 1 月	美国旧金山	电路短路起火	死 1 人,伤 56 人

续上表

事故时间	事故地点	事故原因	事故后果
1979年9月	美国费城	变压器起火	伤148人
1980年1月	英国伦敦	丢弃烟头起火	死1人
1980年4月	德国汉堡	座位起火	2节列车被毁,伤4人
1981年6月	俄罗斯莫斯科	电路火灾	死7人
1982年3月	美国纽约	传动装置故障起火	1辆列车被毁,伤86人
1982年6月	美国纽约	火灾	4辆列车被毁
1982年8月	英国伦敦	电路短路起火	1辆列车被毁,伤15人
1983年8月	日本名古屋	变电站起火	死3人,伤3人
1983年9月	德国慕尼黑	电路起火	2辆列车被毁,伤7人
1985年4月	法国巴黎	垃圾起火	伤6人
1987年11月	英国伦敦	丢弃烟头致自动扶梯起火	死31人,伤100人
1991年4月	瑞士苏黎世	机车电线短路起火	伤58人
1991年6月	德国柏林	火灾	伤18人
1995年10月	阿塞拜疆巴库	机车电路故障起火	死558人,伤269人
1999年10月	韩国首尔	火灾	死55人
2001年7月	英国伦敦	列车撞击月台起火	伤32人
2003年2月	韩国大邱	人为列车纵火	死198人,伤146人
2004年1月	中国香港	人为列车纵火	伤14人
2006年7月	美国芝加哥	脱轨起火	伤152人

相关案例

(一)韩国大邱地铁火灾

韩国当地时间2003年2月18日上午9:55左右,第1079次地铁列车上乘坐的大部分是老人和孩子,列车刚在市中心的中央路车站停住,第三节车厢里一名56岁的男子金大汉就从黑色的手提包里取出一个装满易燃物的绿色蜡纸盒,并拿出打火机试图点燃。当他试图点着蜡纸盒的时候,坐在了边上的乘客劝他不要玩火。乘客们的善意劝解显然激怒了金大安,于是立即与乘客发生了争吵,结果那盒液体易燃品立即爆炸成一团火球。3号车厢起火后,火势转眼之间就燃烧到整列6节车厢。

不幸的是,对面的1080次列车也驶进了车站,火势又迅速蔓延到那列列车的6节车厢。更要命的是,1080次列车进站后,由于控制中心在起火后采取断电措施,列车无法继续前行,整个站台漆黑一片。四周火势凶猛,浓烟弥漫,万分震惊的乘客争相逃离这一人间地狱。然而,由于电源突然中断,许多地铁列车车厢门根本打不开,加上地铁列车车窗的玻璃十分坚固,所以不少乘客被活活困在没有自动灭火装置的车厢里,最终被烧死或因浓烟窒息而死。

几分钟之内,浓浓的黑烟从地铁的各个通风口滚滚而出直冲蓝天(图7-1),不知就里的行人和司机被满街的浓烟惊得目瞪口呆,加上交警立即封锁了主要交通干道为火速赶来的消防车和救护车辟出专用车道,以至于整个大邱市的交通陷入了一片混乱之中。随后的5min里,列车紧闭着车门任由乘客们承受烈火、毒烟的煎熬,1080次列车的6节车厢燃起了大火。一位曾担任过列车长的乘客设法打开了4号车厢的车门,随后,约有60多人从4号车厢逃了出来;另一些车厢的乘客,因无法打开车门逃离造成窒息死亡。

图7-1　韩国大邱地铁火灾现场

另外,发生事故的中央路车站应急设施严重不足。火灾发生后电力自动中断,但站内竟没有设置指引出口的紧急照明设施,众多乘客只能在黑暗中摸索逃生。另外,通风口的数量和通风能力也严重不足,事发一个多小时后,地下仍是烟雾弥漫,给消防队员的抢救工作带来很大困难。

大邱地铁火灾最终造成死亡198人,失踪300多人,受伤146人,大邱地铁系统停运8个多月,韩国地铁客流量急剧下降。图7-2所示为大邱地铁火灾中的列车残骸。

图7-2　大邱地铁火灾中列车残骸

面对国内民众的巨大压力,韩国扩大了对此次火灾的调查范围。警方22日决定逮捕纵火犯罪嫌疑人金大汉,并以过失杀人的嫌疑逮捕两名地铁列车司机和4名地铁中央控制室及车站的工作人员。

调查人员开始将注意力放在地铁控制人员的运作程序。事发时,驶入车站的第一列1079次列车起火后,控制人员仍允许崔所驾驶的第二列1080次列车驶入车站。大多数死伤者都是这名司机所驾第二列列车的乘客,而进入车站的第一列列车,大多数乘客都能死里逃生。

据后来公布的地铁运作人员的无线电通话录音,调度人员已提示第二列 1080 次列车的司机“当你驶入中央站时,小心驾驶,那里发生火灾。”

崔将列车驶入车站后,发现黑烟渗入他所驾驶的列车车厢,车上的乘客都被黑烟呛住了,他想方设法要把列车驶出车站,但因为电流中断,列车已不能移动。

据通话录音,崔告诉地铁控制人员“车厢内秩序大乱,许多人被烟呛住了,请采取一些措施!我是否应疏散乘客?我应该做什么?”

但是,地铁调度人员犹豫不决,历时 5min 仍未作出决定。他们可能认为比较好的做法是设法重新接上电流,再将列车移出车站。

崔司机对警方说,他最后决定疏散列车内的乘客并打开车厢的门。一些遇难者在起火的车厢内打手机告诉他们的亲戚,说车厢的门没有打开。

他说,自己曾三次通过扩音器呼吁乘客离开车厢,并等了 10min 才离开列车的。

大邱地铁火灾惨剧发生后,世界震惊,有关专家针对大邱地铁火灾事故进行了全面的分析,总结出以下原因:

(1)列车采用了易燃及燃烧时放出毒烟的材料。

(2)纵火犯使用了汽油这一易燃液体,早期的燃烧很快。

(3)安全疏散引导系统和排烟系统的缺陷。

(4)运营员工的应急能力不足。

(5)安全教育流于形式。

(二)中国香港地铁火灾事故

2004 年 1 月 5 日 9:12,一乘客在地铁 T61 次列车首节车厢内纵火。此时列车正运行于尖沙咀站及金钟站之间。其携带的可燃物包括 700mL 塑料瓶(已破损,烧完)、250g 液化石油气罐(2 个已炸,3 个完好)、2L 塑料瓶(被乘客踢开未引燃,内装稀释剂)、4.5L 塑料容器(被乘客踢开未引燃,内装稀释剂),如图 7-3 所示。

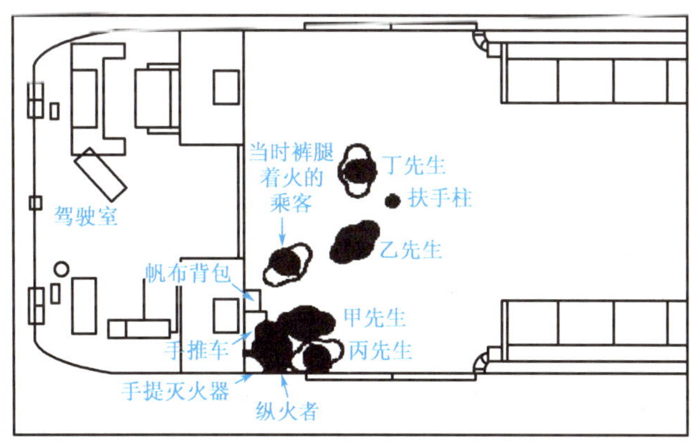

图 7-3　列车平面示意图

9:12　起火列车司机立即报告控制中心,并继续前行至前方站台停稳后马上疏散乘客。

9:16　全部乘客大约 1200 人下车完毕并同时向站外疏散。

9:20　所有乘客均疏散至大厅。

9:23　所有乘客以及租户疏散至车站外面。

9:27　车站所有出入口关闭。

另一方面:

9:12　控制中心接到司机火灾报告,马上阻止其余列车进入该车站;司机继续驾驶列车前行。

9:14　消防部门接到火警。

9:17　列车到达站台,等候的工作人员用灭火器扑灭明火。

9:20　消防人员赶到现场,继续用水灌救。

9:29　火(包括阴燃的火)被彻底扑灭,灌水停止。

9:40　事故发生后仅28min,消防、警局、地铁三方共同确认可以恢复服务。

9:43　事故车站开放所有出入口。

9:46　开放后第一列车到达车站。

此次事故造成轻伤14人,车站停运28min,线路发车密度有所降低,列车一节车厢轻度烧损。

总结分析以上两起火灾事故,香港地铁之所以能够高效处置,使火灾处于可控状态,能够将事故的影响降到最低,有以下五个方面值得我们学习和借鉴:

(1)应急预案完备。

(2)注重演练效果。

(3)警察和消防人员迅速反应。

(4)员工的高度职业化。

(5)消防设施、设备发挥作用。

分析思考:香港地铁员工的哪些做法值得点赞?

模块一　列车火灾事故的应急处理

任务一　分析并理解各种情况下列车火灾的应急处理措施

【任务书】

1. 掌握列车在区间发生火灾时的处理措施。
2. 掌握列车在车站发生火灾时的处理措施。
3. 掌握列车发生火灾时各调度员的应急处理程序。

相关理论知识——各种情况下列车火灾的应急处理措施

城市轨道交通列车一旦发生火灾,由于空间狭小、逃生困难等原因,将对乘客的人身安全和城市轨道交通设备的安全运行造成重大威胁,运营人员必须采取果断措施,最大限度地减轻灾害造成的损失,尽快恢复城市轨道交通正常运营。

列车火灾的抢险工作应坚持"先救人,后救物"的原则,优先组织人员疏散、伤员抢救。通过采取各种抢救措施，最大限度减少因突发事件造成的人员伤亡。

列车发生火灾后，按照火灾影响运营程度、发展情况、紧迫性等因素，车站应立即组织力量，启动应急救援队伍，能够在事件一旦发生时迅速出动，赶赴现场并准确施救，达到控制事态和减少损失的目的。控制中心应根据实际情况组织后续列车不停站通过或扣停后续列车，组织小交路运行。列车司机发现火灾情况后，要充分利用客室广播，做好宣传，稳定乘客情绪，按行车调度员命令组织好行车。

需要强调的是，运行中的列车发生火灾时，无论火势的大小，只要列车没有失去动力，一般情况下司机都应坚持将列车驶入前方车站，尽量避免在区间停车。因为虽然列车停在区间时司机和调度人员也可以采取相应的救援措施，但此时主要以乘客自救为主，仅靠司机一人很难有效地组织乘客疏散和灭火，而专业救援人员也难以迅速抵达现场，再加上乘客的恐慌情绪，很容易造成人身伤亡的严重后果。

(一)列车在区间发生火灾的处理措施

1. 火势较大，列车被迫在区间停车时

(1)司机的处理措施

①列车发生火灾在区间被迫停车后，司机须迅速判明火情，立即报告行车调度员。

②降下受电弓。

③广播安抚乘客，引导其使用灭火器自救，并组织乘客疏散。如火灾发生在前部采取乘客从后端疏散；如火灾发生在尾部时，采取从前端疏散；如发生在中部时，则采取前后两端同时疏散。司机打开车头疏散门，引导乘客疏散，在迅速实施前端疏散后，要尽力判明后端疏散情况，若后端乘客未能疏散时，通过列车广播指引乘客打开后端疏散门，在确保自身安全的前提下设法灭火或者到后端疏散乘客。

④随即前往着火处灭火。

(2)火灾两端车站的处理措施

①行车值班员接到火灾报告后，立即报告值班站长，通知相关岗位人员，将进出闸机设置为紧急模式状态，并开启相应的区间工作照明，做好乘客广播。

②客运值班员接到通知后，立即到车控室协助行车值班员的工作，中央级不能实现时按环控调度员的指示操作 BAS。

③邻近列车的前、后方车站值班站长根据行车调度员指令带领站务人员或车站保安立即进入隧道协助灭火、引导乘客疏散，并做好消防队员的引导工作。

(3)控制中心的处理措施

①行车调度员扣停后续列车，环控调度员启动区间火灾模式。

②通知两端车站疏散乘客，若列车停留区域具备打开侧门条件，值班主任根据现场情况判断是否要求司机打开侧门。

2. 火势较小，列车可以维持进站时

(1)司机的处理措施

①判明火情，并迅速向行车调度员和两端车站报告。

②根据情况，先行采取灭火措施。

③维持运行至前方车站。

④如确认发生火灾,通过广播安抚乘客,引导乘客使用车上灭火器进行灭火。

⑤如火势过大,则停车、降弓、疏散乘客。

(2)车站的处理措施

①行车值班员接到行车调度员的通知,通知站台安全员确认火灾情况后,立即报告值班站长、行车调度员及车站公安室,并拨打119、120电话报告。

②通知相关岗位人员执行列车火灾紧急疏散预案,并广播通知乘客进行紧急疏散。

③将进出闸机设置为紧急模式。

④客运值班员接到通知后,立即到车控室协助行车值班员的工作,中央级不能实现时按环控调度员的指示操作BAS,对消防系统进行监控。

⑤值班站长带领售检票人员立即前往站台与站台安全员共同做好灭火、疏散的准备。售检票人员负责关停扶梯,站台安全员负责列车上的乘客疏散,并使用消防栓(水枪)站在列车停车后相应的位置准备灭火。

⑥售检票人员负责关停站厅出入口扶梯,疏散乘客。

⑦车站保洁员工负责到出入口张贴安民告示,拦截乘客进站,引导消防队员进站的准备工作。

(3)OCC的处理措施

①行车调度员扣停上、下行列车,环控调度员启动区间火灾模式。

②值班主任指令邻近列车和前方车站或后方车站组织工作人员前往火灾列车灭火和协助乘客疏散。

(二)列车在车站发生火灾时的处理措施

1. 司机的处理措施

(1)立即打开车门,降下受电弓。

(2)广播通知乘客疏散。

(3)报告行车调度员火灾现场情况。

(4)车门正常打开后,迅速进入车厢疏散乘客,并前往着火处所确认火灾情况,先行灭火。

(5)加强与行车调度员或事故处理主任联系,并按其指令执行。

2. 车站的处理措施

(1)值班站长、站台安全员和售检票人员于列车停车开门后,立即采取有效措施进行灭火,并负责疏散列车后端车厢的乘客。

(2)行车值班员及时报告行车调度员火灾现场情况,加强与行车调度员联系。

(3)客运值班员操作BAS,启动消防系统。

(4)售检票人员负责在站厅,疏散乘客。

(5)车站保洁人员接到站控室通知后,马上到紧急出口接应消防员,并引导到火灾现场。

3. OCC的处理措施

(1)行车调度员扣停上、下行列车,环控调度员启动车站火灾模式。

(2)值班主任指令邻近列车和前方车站或后方车站组织工作人员前往火灾列车灭火

并协助乘客疏散。

(三)在列车火灾中各调度员的应急处理程序

1. 当列车在车站时

(1)值班主任的处理程序

①接收行车调度员的报告,立即落实具体情况。

②向当值调度宣布:执行列车在车站火灾事故应急处理程序。

③通知各调组织各工种人员灭火救灾。

④视情况拨打119、120电话报告,并通知有关人员在紧急出入口处等候消防或救护队。

(2)行车调度员的处理程序

①确定火点、火情及伤亡情况,报告值班主任。

②指令失火列车所在车站紧急疏散乘客并降弓,调整列车运行。

③需要时(如喷水灭火)通知电力调度员停止该区域的接触网供电。

④通报各站,做好相应措施。

⑤指令车站值班站长将该列车扣停在站内灭火,同时扣停影响灭火的其他列车。

⑥与火灾事故车站的值班站长保持联系,及时掌握现场灭火情况。

⑦视情况组织有限度的列车运营,如小交路运行、反方向运行等。

⑧火灾扑灭后,调整列车运行。

(3)设备维修调度员的处理程序

①接收火灾故障情况报告。

②通知车站内受影响设备的轮值工程师,必要时启动抢修程序。

③报告维修部门相关领导及公司安全监督。

(4)电力调度员的处理程序

①在需要的情况下,根据行车调度员的批示,保证其他列车运行时,可切断相关的接触网电流。

②通知接触网人员配合救火,检查设备状况。

(5)环控调度员的处理程序

①确定列车停靠车站位置及上下行区间。

②确定车站大小系统及水系统自动中止“正常运营模式”,并执行“站台火灾模式”。否则,下令车站中止该车站大小系统及水系统“正常运营模式”,人工执行“站台火灾模式”(包括车站大系统及隧道通风部分)。

③若有必要,启动两个相邻车站靠近事故车站一端的隧道风机并按照同线侧通风排烟模式运行。

④若有列车受困于隧道内,检查相邻车站阻车模式的执行,必要时,锁定执行模式。

⑤随时与事故车站保持联系,及时掌握现场情况。

2. 当列车在区间(隧道)时

(1)值班主任的处理程序

①接收行车调度员的报告,立即落实具体情况。

②向当值调度宣布:执行列车在区间火灾事故应急处理程序。

③通知各调组织各工种人员灭火救灾。

④视情况拨打119、120电话报告,并通知有关人员在紧急出入口等候消防或救护队。

(2)行车调度员的处理程序

①确定火点、火情及伤亡情况,报告值班主任。

②要求司机尽力驾驶列车到达前方站。

③通报各站,扣停有关客车,调整列车运行。

④如列车能够行驶到达前方车站,则执行“列车在车站发生火灾”的灭火处理步骤。

⑤如列车不能够行驶到达前方车站,则组织区间清客,并通知相邻两站值班站长派人引导乘客进站。

⑥通知电力调度员停止该区域接触网的供电。

⑦将后续列车扣停在后方车站,组织不受影响的车站降级运营。

⑧安排备用列车上线接替火灾客车。

⑨火灾扑灭后,调整列车运行。

(3)设备维修调度员的处理程序

①接收火灾故障情况报告。

②通知隧道内受影响设备的维修工程师,必要时启动抢修程序。

(4)电力调度员的处理程序

①根据火灾位置和行车调度员通知及时切断相关区域接触网的供电。

②通知接触网人员配合救火。

③检查设备情况和隧道电缆是否受影响。

④在隧道清客时提醒行车调度员注意接触网情况,还要采取保证乘客不触电措施。

(5)环控调度员的处理程序

①确定停车位置及着火位置、疏散乘客的方向。

②确定隧道通风模式,防止自动执行错误模式。

③若疏散方向为单向,按气流原则(保证人员迎送风方向撤离,背后排烟)组织相邻车站隧道通风系统。

④若疏散方向为双向,首先完成乘客撤离的车站隧道风机执行排烟模式,待全部撤完,两边车站隧道风机全部执行排烟模式。

⑤随时与事故现场联系,及时掌握现场情况。

任务二　进行列车在区间发生火灾的应急处理综合演练

【任务书】

1. 理解下列列车在区间发生火灾的应急处理演练方案编制的原则和基本思路。
2. 按照下列演练方案进行分组模拟演练。

列车在区间发生火灾应急处理综合演练方案

(一)事故概要

在某城市轨道交通线路的运营过程中,0205次列车运行至M站—L站下行区间时,

第2节车厢电路短路发生火灾在区间停车，行车调度员通知各调度员。控制中心及时启动列车火灾应急预案。环控调度员通知110指挥中心，并指挥车站组织灭火。行车调度员通知车站关站，做好人员疏散，组织全线列车的运营调整。电力调度员协助值班主任发短信，并向相关领导电话汇报。40min后火灾被扑灭，恢复正常运营。

（二）演练经过

9:00　司机：行调，0205次04B车有乘客报火情，现已距M站出站600m下。

9:00　行车调度员1：值班主任、环调、电调、设调，0205次司机报在M站下行出站600m出现火情并停下。

9:00　行车调度员2：N站下行扣车，0303次各站多停30s。

9:01　值班主任：行调了解清楚火灾情况后汇报，尽量维持进前方站。

9:01　司机：列车无法动车，火势较大，车厢内有烟雾。

9:02　行车调度员1：值班主任，列车无法动车，火势较大，车厢内有烟雾。

9:02　值班主任：全体调度员，0205次列车已发生火灾，立即启动“列车区间火灾应急预案”，K站上行0102次清客准备折返，K站—P站单线双向运行，M站—L站下行封锁。

9:02　环控调度员：行车调度员，让司机确认是否人为纵火，用广播指导乘客前期灭火。

图7-4为0205次列车火灾示意图。

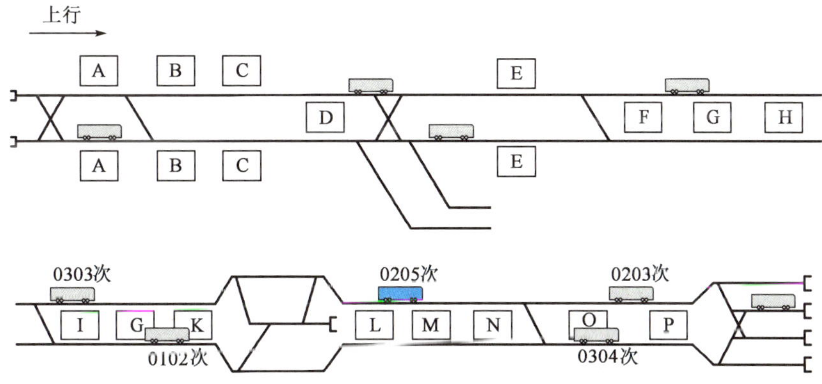

图7-4　0205次列车火灾示意图

9:02　环控调度员：

（1）立即拨打110、120电话，将情况报值班主任。

（2）通知设备维修调度员立即派相关专业人员到现场。

（3）通知M站的站台岗准备手提式灭火器。

（4）把隧道阻塞模式改为“手动下发阻塞”模式。

（5）摄像头调到两站查看现场情况。

（6）L站、M站、K站立即将FAS多线集中控制盘上的“系统封锁”“系统切换”“广播切换”的钥匙打到“自动”位，把区间照明开启。

（7）启动“车头着火”火灾模式。

9:03　环控调度员：命令M站、L站停用电扶梯，开启区间工作照明；并询问现场指挥是哪位。

9:03　M 站、L 站回复:是值班站长。

9:05　环控调度员:再次和“110 指挥中心”联系。

9:05　0205 次司机报告车厢内充满浓烟,紧急开门手柄被乘客打开。

9:06　行车调度员组织 A 站—K 站小交路运行,M 站、L 站关站,0203 次 N 站清客待令,如图 7-5 所示。电力调度员立即合轨电位开关。

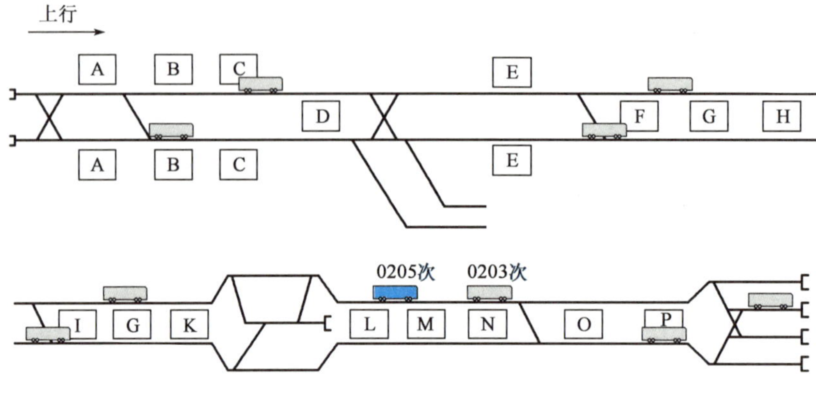

图 7-5　火灾运营调整示意图(一)

9:07　环控调度员:

(1)检查火灾模式执行情况。

(2)与电力调度员确认三级负荷是否已切除。

9:07　值班主任命令列车乘客往 M 站疏散,M 站—L 站下行区间封锁。

9:09　行车调度员通知 M 站、L 站组织疏散,发布封锁命令。

9:11　M 站报:消防队已到站,在了解情况准备下区间灭火。

9:12　环控调度员:值班主任,火灾模式正常启动,现在设备运行正常。

9:12　值班主任:注意监控设备执行情况。

9:13　M 站报:消防队要求接触网停电,下轨行区灭火。

9:13　经值班主任同意,行车调度员将下行列车调整到位之后,通知电力调度员停 K 站—M 站下行接触网电。

9:15　行车调度员此时将列车调整改为 I 站上行清客后小交路运行。

9:15　环控调度员通过无线台呼叫机电人员(环控、FAS、BAS、低压供电),要求他们到现场后检查各自设备运行情况,并协助救灾工作。

此时 G 站—M 站下行接触网无电,I 站—P 站运营基本瘫痪(图 7-6)。

9:23　M 站报有疏散乘客到站台。

9:23　环控调度员询问 L 站是否有烟雾,注意区间有无乘客到站。

9:23　L 站回复:现在烟非常大,已经有向设备房蔓延的趋势, 无乘客到站。

9:23　环控调度员命令 L 站开启站台小系统 K1-3、K2-2 送风模式。

9:26　电力调度员通过短信续报事故处理情况。

9:26　在值班站长指挥下,有大量乘客到 M 站站台。

9:28　公司某领导到车站,现场指挥。

9:30　机电人员回报环控调度员,相关设备已经按照火灾模式要求正常运行。

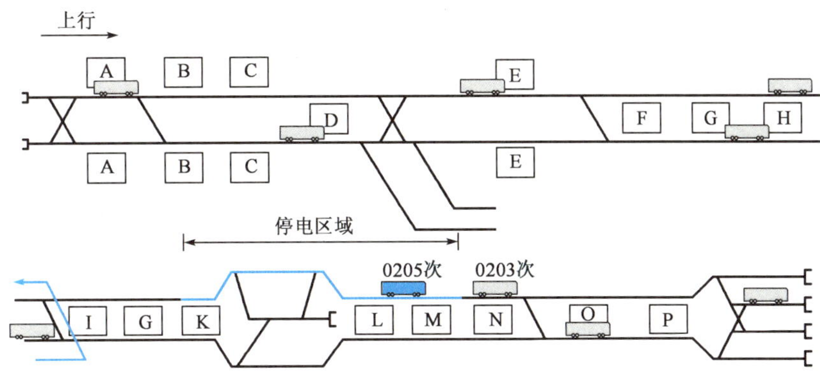

图 7-6 火灾运营调整示意图(二)

9:32 值班主任与两个车站保持联系了解救援情况,要求车站做好引导和乘客广播。

9:32 L 站—M 站区间高水位报警,水泵运行正常。

9:32 M 站报:现场报火已被扑灭。乘客全部疏散到站台,多数人因吸入过量浓烟受伤,消防队在检查现场。

9:33 行车调度员通知全线车站火灾情况。

9:35 M 站报:火灾已经扑灭,正在清理现场。

9:36 M 站报:清理现场完毕,接触网符合送电条件。0205 次由 × ×电路短路引起火灾。

9:36 环控调度员通知 M 站:将多线集中控制盘恢复至正常状态,同时复位防火阀。

9:37 环控调度员通知电力调度员向三级负荷和停电区间送电。

9:38 行车调度员发布解除封锁命令。

9:39 值班主任通知行车调度员用后续列车把 0205 次列车推至 K 站存车线,两个车站准备开站,恢复正常运营,如图 7-7 所示。

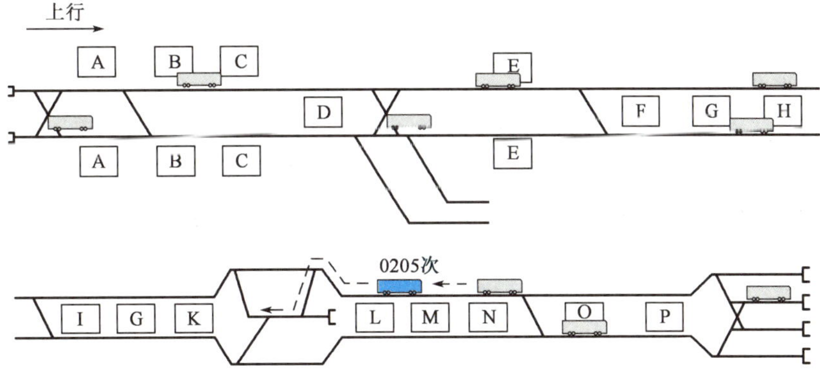

图 7-7 火灾列车救援示意图

9:39 电力调度员发短信。机电人员回复所有防火阀已经复位成功。

9:40 0205 次列车动车,行车调度员通知全线车站恢复正常运营。

(三)演练总结

列车火灾救援中救人是最根本的原则,各位调度员必须在值班主任的领导下密切配合分工协作,尽可能将受困乘客快速疏散到车站,在救援过程中的运行调整必须服从救人和消防灭火的需要。与其他突发事件应急处理不同的是,在列车火灾救援中应以环控调度员为主,由其担当主要指挥工作,行车调度员、电力调度员、设备维修调度员要服从和配合环控调度员的指挥。

模块二 车站火灾事故的应急处理

【任务书】

1. 理解城市轨道交通车站火灾的特点。
2. 掌握站厅、站台发生火灾时的处理措施及其不同点。
3. 掌握城市轨道交通车站火灾时各调度员的应急处理程序。

相关理论知识

城市轨道交通车站人员出入频繁,部分车站的站厅层还设有大量商铺,存在较多不安全因素,由于城市轨道交通车站环境相对封闭,一旦发生火灾将比地面建筑发生火灾更具危险性,在上下班高峰等人员密集时发生火灾更可能造成重大人员伤亡。

城市轨道交通车站火灾的特点可以概括如下:

(1)发烟量大。

(2)温度上升快,且容易形成高温。

(3)安全疏散困难。

城市轨道交通车站火灾中安全疏散不利因素较多,主要有:

(1)车站逃生的出口和路线少且疏散距离较长。

(2)发生火灾时,会造成缺氧,阻碍人的正常呼吸,从而影响逃生行动。

(3)车站内各种可燃物燃烧时产生的大量烟气和有毒气体不仅严重遮挡视线,使能见度大大降低,还会使人中毒。

(4)扑救难度大。

城市轨道交通车站火灾根据火源位置的不同,可分为站台火灾、站厅火灾、设备间火灾等,根据车站的结构形式、防火分区、有无列车着火及列车着火部位(头部、尾部和中部)等的不同,相应的通风排烟模式、人员疏散方式和应急预案也不尽相同。

(一)站厅发生火灾的应急处理措施

1. 值班站长的处理措施

(1)报告行车调度员、环控调度员站厅发生火灾,要求停止本站的客车服务,并请求支援。

(2)担任“事故处理主任”,到现场组织灭火。

(3)火势不大时,组织站台安全员穿荧光背心,到现场灭火。

(4)根据火势,决定是否报告“119”。

2. 行车值班员的处理措施

(1)广播通知车站所有员工发生火灾,并宣布执行紧急疏散计划,按压“AFC”紧急按钮;根据值班站长的指示,报告“119”。

(2)向乘客广播车站发生火灾情况,暂停客车服务,请乘客尽快疏散出站。

(3)列车进站时,向站台广播:请站台乘客抓紧上车,在本站下车乘客,请到下一站下车。

(4)与环控调度员联络在BAS上设置执行相应的排烟模式。

(5)如火势封住某端出入口,则广播通知站台安全员组织乘客从另一端出入口疏散出站。

(6)确认车站残疾人电梯内无人后,通知客运值班员锁闭残疾人电梯。

(7)及时向控制中心行车调度员汇报火灾进一步的发展情况。

3. 客运值班员的处理措施

(1)了解现场,评估火灾情况,通过对讲机立即向值班站长报告。

(2)如火势封住某端出入口,则组织乘客从另一端出入口疏散出站。

(3)听从值班站长指挥参加协助工作。

(4)关闭车站电扶梯。

4. 售票员的处理措施

(1)停止售票,并收好票款、车票。

(2)根据需要到出入口张贴安民告示,拦截乘客进站。

5. 站台安全员的处理措施

(1)指挥护卫拦截进站乘客,指引乘客疏散出站。

(2)组织乘客从站厅未失火的一端疏散。

(3)列车在该站通过时做好站台乘客安全防护。

站厅发生火灾时,运营人员的职责分工如表7-2所示。

站厅火灾中运营人员职责分工表 表7-2

序号	工 作 职 责	值班站长	行车值班员	客运值班员	站台安全员	售检票员	其他人员
1	发现火灾,向值班站长报告和试图灭火		√	√		√	√
2	报告行车调度员发生火灾及请求支援	√	√				
3	宣布执行疏散计划	√					
4	按环控调度员指示设置相应排烟模式		√				
5	关掉广告电源,按停扶梯		√	√			
6	担任“事故处理主任”,指挥灭火	√					
7	向行车调度员报告火灾情况		√				
8	指引乘客疏散出站		√	√			√
9	张贴安民告示,拦截乘客进站			√		√	√
10	引导消防队到火灾现场	√					√

(二)站台发生火灾的应急处理措施

1. 值班站长的处理措施

(1)广播通知车站所有员工站台发生火灾,宣布执行紧急疏散计划。

(2)担任"事故处理主任",到现场组织灭火。

(3)火势不大时组织员工穿好荧光背心救火。

2. 行车值班员的处理措施

(1)报告行车调度员车站站台发生火灾,要求停止本站客车服务,并请求支援。

(2)向乘客广播车站发生火灾情况,按压"AFC"紧急按钮,暂停客车服务,请尽快疏散出站。

(3)按环控调度员命令执行相应的排烟模式。

(4)确认车站残疾人电梯内无人后,通知客运值班员锁闭残疾人电梯。

(5)及时向控制中心行车调度员汇报火灾进一步的发展情况。

(6)及时向控制中心环控调度员汇报火灾模式运行情况及现场排烟效果。

3. 客运值班员的处理措施

(1)通知停止售票。

(2)做好临时告示,引导乘客疏散。

(3)关闭所有 TVM。

(4)关闭车站电扶梯。

4. 售票员的处理措施

(1)停止售票并收好票款、车票。

(2)到出入口张贴安民告示,拦截乘客进站。

5. 站台安全员的处理措施

(1)指挥护卫拦截进站乘客,指引乘客疏散出站。

(2)组织乘客从站台未失火的一端疏散到站厅。

(3)列车在该站通过时做好站台乘客安全防护。

站台火灾运营人员职责分工如表 7-3 所示。

站台火灾中运营人员职责分工表 表 7-3

序号	工作职责	值班站长	行车值班员	客运值班员	站台安全员	售检票员	其他人员
1	发现火灾,向值班站长报告和试图灭火		√	√	√		√
2	报告行车调度员发生火灾及请求支援	√					
3	宣布执行疏散计划	√					
4	按环控调度员指示设置相应排烟模式		√				
5	关掉广告电源		√	√			
6	担任"事故处理主任",指挥灭火	√					
7	向行车调度员报告火灾情况		√				
8	关停扶梯		√				√
9	指引乘客疏散出站		√	√	√		√
10	拦截乘客进站					√	√
11	引导消防队到火灾现场	√					√

(三)在车站火灾中控制中心的应急处理程序

1. 当站厅发生火灾时

(1)值班主任的处理程序

①向当值调度宣布:执行车站火灾事故应急处理程序。

②制订应变措施,要求各调组织各工种人员做好灭火救灾的支援工作。

③视情况拨打119、120电话报告,并通知有关人员在紧急出入口处等候消防或救护队。

④指示事发现场的值班站长执行火灾模式。

⑤协调各调工作并监督处理进度。

(2)行车调度员的处理程序

①确定火点、火情及伤亡情况。

②指令失火车站紧急疏散乘客,通报各站。

③视情况组织列车在火灾车站只上客不下客或不停站通过火灾车站。

④必要时,为救援人员从邻站进入火灾站站台提供运输帮助。

⑤通报火情,要求各站按规定执行相应票务模式。

⑥火灾扑灭后,恢复正常运营。

(3)设备维修调度员的处理程序

①接收火灾故障情况报告。

②通知相关维修轮值工程师,安排处理设备善后工作。

(4)电力调度员的处理程序

①通知变电所值班人员注意设备运行。

②必要时切断相关的电流。

③保证排风系统的电源供应。

(5)环控调度员的处理程序

①确定着火车站及着火具体位置。

②确定该车站自动中止大小系统及水系统正常运营模式的命令。如果火灾发生在站厅公共区,确定站台火灾模式自动执行情况。

③随时与事故车站保持联系,及时掌握现场情况。

2. 当站台发生火灾时

(1)值班主任的处理程序

与站厅火灾值班主任处理程序相同。

(2)行车调度员的处理程序

①确定火点、火情及伤亡情况并报告值班主任。

②指令失火车站紧急疏散乘客,通报各站,并扣停接近列车,组织退回发车站。

③如来不及扣停列车,则组织列车不停站通过火灾车站。

④必要时通知电力调度员停止该区域的供电。

⑤通报火情,要求各站按规定执行相关票务模式。

⑥火灾扑灭后,恢复正常运营。

(3)设备维修调度员的处理程序

与站厅火灾设备维修调度员处理程序相同。

(4)电力调度员的处理程序

①通知变电所值班员注意设备运行。

②在需要的情况下,可切断相关的牵引电流。

③通知接触网人员配合救火。

④保证排风系统的电源供应。

(5)环控调度员的处理程序

①确定着火车站及着火具体位置。

②确定该车站自动中止大小系统及水系统正常运营模式,启动相邻站最近端隧道通风部分进行排烟。如果火灾发生在站台公共区,确定站台火灾模式自动执行(包括车站大系统和隧道通风部分)。

③若列车受困于隧道内,检查相邻车站阻车模式的执行情况,必要时对模式进行锁定。

④随时与事故车站保持联系,及时掌握现场情况。

项目八　恶劣天气与自然灾害的应急处理

【能力目标】

掌握各种恶劣天气与自然灾害条件下维持城市轨道交通运营的基本方法。

【素质目标】

通过学习各种恶劣天气和自然灾害的应急处理方法，使学生牢固树立“安全第一，乘客至上”的思想，在任何情况下都把保障乘客人身安全放在各项工作的首位，熟练运用各种运营调整手段保证灾害情况下的乘客安全疏散。

【学习任务】

学习并理解各种恶劣天气与自然灾害条件下运营人员采取的应对措施。

【任务书】

1. 掌握城市轨道交通运营中恶劣天气的分类。
2. 理解恶劣天气与自然灾害中各部门的应急处理方法。
3. 理解不同恶劣天气与自然灾害时各运营岗位员工的应急处理措施。

一　相关理论知识

对城市轨道交通系统的正常运营可能造成不良影响的恶劣天气与自然灾害主要包括强风、雷击、暴雨、冰雪、大雾、高温、地震等。强风可能使车站及区间设备变形倒塌；雷击可能影响供电设备正常运行，使接触网失电；大雾会影响司机瞭望，无法按正常速度行驶；暴雨会使得道床排水不畅造成水淹钢轨，还可能引发路基下沉、护坡倒塌等；冰雪可能使道岔转不到位，造成列车无法折返；高温可能会使钢轨出现胀轨跑道现象，还可能会有员工中暑或病患乘客在车站晕倒；出现强风、暴雨、冰雪时，乘客会长时间滞留车站，运营结束时无法清站；地震更是有可能带来列车脱轨，线路、站房等基础设施损毁等严重后果。因此如何克服恶劣天气与自然灾害的影响，确保城市轨道交通在各种不利条件下的安全运营，是城市轨道交通运营人员必须面对的问题。

按照恶劣天气对运营的影响程度，一般可将其分为一级和二级。

一级恶劣天气：是指对运营影响重大，可能造成人员伤亡和设备、设施损坏，影响正常运营的恶劣气候（包括红色冰雪、红色及橙色大风、红色大雾、持续 2h 以上暴雨、-10℃以下霜冻、冰雹）。

二级恶劣天气：是指对运营影响较大的其他恶劣气候（包括黄色及橙色冰雪、黄色及蓝色大风、黄色及橙色大雾、持续 1 ~ 2h 的暴雨、-10 ~ -5℃霜冻、冰雹）。天气颜色预警分类如表 8-1 所示。

天气颜色预警分类 表8-1

天气	预警级别			
	蓝色	黄色	橙色	红色
冰雪	—	预计12h内出现或已出现对交通有很大影响的冰雪,并有可能持续	预计6h内出现或已出现对交通有很大影响的冰雪,并有可能持续	预计2h内出现或已出现对交通有很大影响的冰雪,并有可能持续
大风	预计24h内会出现6~7级大风,并有可能持续	预计12h内会出现8~9级大风,并有可能持续	预计6h内会出现10~11级大风,并有可能持续	预计6h内会出现12级以上大风,并有可能持续
大雾	—	预计12h内,出现能见度≤500m的浓雾,或已出现200~500m内的浓雾,并有可能持续	预计6h内,出现能见度≤200m的浓雾,或已出现50~200m内的浓雾,并有可能持续	预计2h内,出现能见度≤500m的浓雾,或已出现≤50m内的强浓雾,并有可能持续
台风	24h内可能受热带气旋影响,平均风力可达6级以上,并有可能持续	24h内可能受热带气旋影响,平均风力可达8级以上,并有可能持续	12h内可能受热带气旋影响,平均风力可达10级以上,并有可能持续	12h内可能或者已经受台风影响,平均风力可达12级以上,并有可能持续

历年国内外城市轨道交通发生的由恶劣天气与自然灾害引起的事故统计见表8-2。

国内外城市轨道交通恶劣天气与自然灾害事故一览表 表8-2

事故时间	事故地点	事故原因	事故影响
1985年9月19日	墨西哥墨西哥城	地震(8.1级)	地铁侧墙与底层结构出现分离破坏
1995年1月17日	日本神户	地震	5座车站、3km隧道遭到严重破坏,经济损失300亿日元
2001年9月	中国台北捷运	台风	台北捷运高架线路长时间停运
2003年5月26日	日本仙台	地震	仙台地铁全线停运
2007年7月17日	中国重庆轻轨	雷击	供电设备破坏、部分区间断电、部分线路停运达7h
2007年8月8日	美国纽约地铁	雨水倒灌	多条地下线被淹,19座车站受淹关闭,纽约地铁系统瘫痪5个多小时
2008年4月9日	中国上海地铁	10级大风	上海轨道交通3号线限速运营0.5h

(一)恶劣天气与自然灾害中各部门的应急处理方法

在城市轨道交通运营中出现恶劣天气与自然灾害时,运营指挥人员应控制事故区域,快速处置,尽快恢复,减少影响,最大限度地减少人员伤亡和财产损失,保证正常运营。相关人员应及时做好信息汇报,内容主要包括:事故发生时间、地点、影响程度、已采取的措施、后续跟进措施及事故处理的进展等。恶劣天气与自然灾害的基本处理程序如图8-1所示。

1.控制中心的应急处理措施

(1)通知全线列车、车站及相关部门天气情况,并要求车站及司机在线路加强瞭望,注意区间及车站设备情况,要求司机按照规定的速度运行。组织车辆基地做好加开备用车的准备工作。

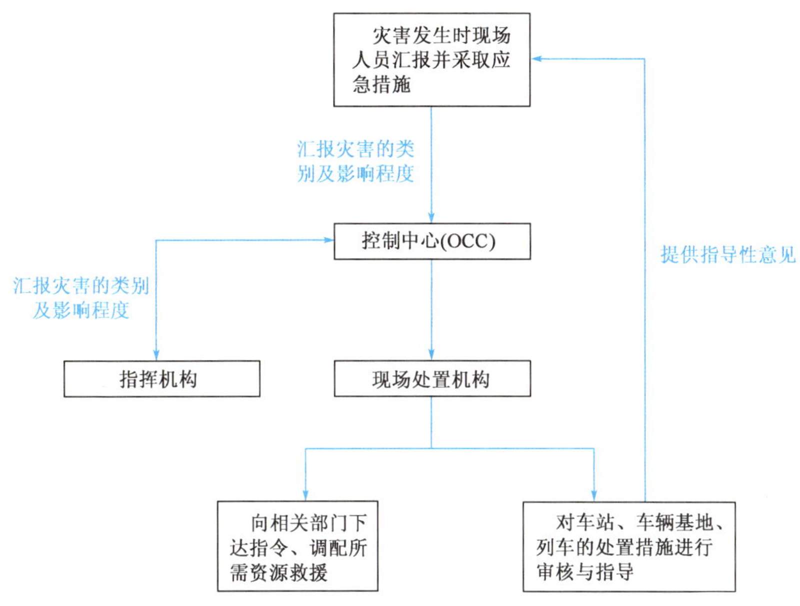

图 8-1　恶劣天气与自然灾害的基本处理程序

(2)通知相关人员赶赴可能出现灾害的车站待命。

(3)通知相关部门派人添乘列车检查设备情况,并做好抢修抢险的准备工作,通知抢险汽车在车辆基地待令。

(4)通知车站及机电人员对环控设备进行监控,密切留意水泵运行情况及区间水位报警情况。

(5)通知供电人员加强对地面主变电所及牵引变电所的巡视,密切注意暴雨、雷电对地面线路接触网的影响。

2. 车站的应急处理措施

(1)与控制中心加强联系,严格执行行车调度员命令。

(2)随时与现场保持联系,掌握现场动态,及时向控制中心汇报现场最新动态。

(3)做好乘客服务工作,采取广播、现场解释及引导等各种措施,稳定乘客情绪,维持现场秩序,尽力保证乘客安全。

(4)协助现场处置机构全力进行救援抢险工作。

(5)遇恶劣气候能见度不足 140m 时,站台安全员应在确认后一单元列车车门完全关闭且无夹人夹物后,向司机显示“好了”手信号。

3. 司机的应急处理措施

(1)遇恶劣气候,当能见度不足 140m 时,司机必须鸣笛进站,并将现场情况及时汇报行车调度员。

(2)按行车调度员命令,地面车站及高架站运行的列车,进站之前改用 SM 模式驾驶,进站限速 35km/h。

(3)与站台安全员加强联系,列车发车前,须确认站台安全员显示“好了”手信号。

4. 其他部门的应急处理措施

(1)各部门应及时召集相关人员,准备好抢险工具及备件,适时启动相关预案。

(2)加强对各自场所设施的检查力度,发现问题及时整治。

(3)根据现场实际,停止相应的危险作业。

(4)遇35℃以上高温时,按行车调度员命令,工务部门每隔2h派人添乘列车巡查一次,如发现有胀轨迹象,应立即汇报行车调度员发布限速25km/h命令,如发现已经出现胀轨现象,应立即汇报行车调度员发布停止运营的命令。

(5)遇雨雪冰冻天气,按行车调度员命令,由供电部门在运营前安排人员对接触网等相关设备进行检查。如冰冻无法铲除,应立即汇报行车调度员发布停止运营的命令。

(6)遇10级及以上大风时,相关部门应立即汇报行车调度员发布停止运营命令。

(二)不同恶劣天气与自然灾害的应急处理措施

1. 发生地震时

(1)运营指挥人员的应急处理原则

地震灾害发生后的应急处理工作应遵循高度集中、统一指挥的原则。各单位、各部门要听从指挥和分工,各司其职,各负其责。在具体工作中要抓住主要矛盾,做到“先全面,后局部;先救人,后救物;先抢救通信、供电等要害部位,后一般设施”。

地震灾害发生后,控制中心应根据当时震感及各站上报的震情及时汇总,做出准确判断,报有关领导决策;发布局部或全线停运命令,安排疏散乘客、救援遇险列车、抢修设备等事宜。

由于通信、供电等原因,控制中心无法指挥时,各站长、值班站长有责任担当指挥和做好自救工作。在震情消失后,运营指挥人员应根据需要和设备损坏情况,在确保安全的情况下,尽快开通线路,恢复局部线路运营。

(2)各岗位人员应采取的自救和救援措施

一旦发生地震,沉着镇静,果断逃生、救护乘客是最重要的原则。

车站工作人员应就近选择桌下、床下、墙角等较安全的位置紧急避险。而后,积极开展疏导乘客、救护伤员及组织乘客自救互救工作。

设备值班人员应关闭正在操作的设备,切断身边的电源,就近选择较安全的位置,紧急避险。

当班的列车司机,应立即采取紧急措施制动车辆,减少车辆自身动能与地震能量叠加,地震过程中若发现列车受损、接触网断线及照明中断,应使用应急照明查明周围的情况,采取有效的措施与控制中心或邻站值班站长联系,报告情况,以求得救援和行动指令。在孤立无援的最困难条件下,列车司机是组织该列车所载乘客避险逃生的负责人,应立即采取一切可能的措施安抚乘客,组织乘客有步骤、有组织地脱离险境。

行车调度员、电力调度员、变电站、变电所值班人员等关键岗位人员,就近选择较安全的位置紧急避险后,还要坚守岗位,立即进入抗震抢险救灾状态,采取一切可能措施减少地震损失。同时着手调查和收集管辖范围内人员、设备、设施损失情况,速将险情及初步救援方案向有关领导汇报。

2. 因洪水和暴雨导致区间线路出现积水时

(1)控制中心的应急处理措施

①随时了解积水和列车运营状况。

②通知各部门启动暴雨预案,做好防暴雨工作。

③必要时向车站发布相关的运营服务信息。

④接报险情报告,及时通知各部门,根据情况要求派出抢险队。

⑤通知相关影响的车站做好乘客服务工作。

⑥必要时下达关闭不具备安全运营条件车站的命令。

⑦组织具备运行条件的区段维持运营。

⑧必要时,通知公交接驳。

(2)车辆基地的应急处理措施

①及时向行车调度员汇报车辆基地的最新水位状况。

②如有影响到车辆出入车辆基地的情况,立刻报告行车调度员。

③组织具备车辆运行条件的区段行车,保证正线运营用车。

④发现或接到险情报告,立即通知相关人员或分部抢险队赶赴现场处理。

(3)车站的应急处理措施

①及时向行车调度员汇报车站受暴雨影响的情况。

②做好防暴雨工作。

③加强出入口的巡视,注意出入口地面的积水情况。

④密切监视车站的水位状况。

⑤做好聚集在车站及出入口避雨的乘客的疏散工作。

⑥必要时调集站务、机电、保洁等驻站人员做好抗洪准备。

⑦若发现或接报水灾等险情后,确认现场情况,及时报告行车调度员,封锁现场。

⑧及时关水阀,并通知机电值班人员紧急处理。

⑨必要时疏散站内乘客,向行车调度员请求关闭车站及负责关闭车站的工作。

⑩协助抢险人员进行处理。

(4)其他部门的应急处理措施

①根据情况召集抢险队员,准备好抢险工、器具及备件,随时待命。

②特大暴雨时,除特殊原因外应停止室外作业。

③物资部门及时制订有效的防范措施,保护好部内的物料,加派人员值班,配合各部门及时补充应急物资的需求。

④发现或接报因排水不畅造成水浸车站、钢轨等其他险情,根据情况及时向控制中心请求对线路限速或请求停止某段(或全部)线路的运营,相应部门立即带领相关抢险队赶赴现场处理,及时将现场情况向控制中心报告。

3.地面、高架线路出现大雾天气时

(1)控制中心的应急处理措施

①随时了解雾情和列车运营状况。

②通知各部门启动大雾气候预案。

③必要时向车站、司机发布相关的运营服务信息,如列车驾驶模式的变更、列车速度的限制等。

④接报险情报告,及时通知各部门,根据情况要求派出抢险队。

⑤通知相关受影响的车站做好乘客服务工作。

⑥必要时下达关闭不具备安全运营条件车站的命令。

⑦组织具备运行条件的区段维持运营。

(2)车辆基地的应急处理措施

①及时向行车调度员汇报车辆基地的最新雾情。

②如有影响到车辆出入车辆基地的情况，立刻报告行车调度员。

③组织具备车辆运行条件的区段行车，保证正线运营用车。

④发现或接报险情报告，立即通知相关人员或分部抢险队赶赴现场处理。

⑤配合其他抢险工作。

(3)车站的应急处理措施

①及时向行车调度员汇报车站受大雾影响的情况。

②做好相应的服务工作。

③若发现或接报险情后，确认现场情况，及时报告行车调度员，封锁现场。

④协助抢险人员进行处理。

4. 出现强风天气时

(1)控制中心的应急处理措施

①必要时向主管领导汇报，请求下达停止地面车站运营服务命令，组织具备运行条件的区间维持运营。

②向车站发布相关的运营服务信息。

③通知相关影响的车站做好顾客服务工作。

④若发现或接报险情报告，及时通知各部门，根据情况要求派出抢险队，组织安全运营。

(2)车辆基地的应急处理措施

①组织车辆基地各类车辆避风。

②若发现或接到险情报告，立刻确认设备情况，及时采取应急措施。

③根据情况通知车辆基地抢险队，赶赴现场处理。

④配合其他抢险工作。

(3)车站的应急处理措施

①车站接到行车调度员的关站命令后，立刻执行关闭车站程序，退出运营服务。

②各车站实施防风应急措施。

③根据情况关闭管辖的广告灯箱电源。

④及时向行车调度员汇报车站、线路的最新情况。

⑤若发现车站出入口被强风破坏等险情，及时封锁现场，根据情况关闭受影响的出入口，并报行车调度员备案，协助抢险人员处理。

5. 冬季线路出现积雪时

(1)控制中心的应急处理措施

①随时了解积雪和列车运营状况。

②通知各部门启动冰雪气候预案，做好防冻工作和运营前的准备工作，如检查信号、道岔的工作状态、轨道的积雪情况、接触网的状态等。

③必要时向车站、司机发布相关的运营服务信息，如驾驶模式的变更、列车速度的限制等。

④接报险情报告，及时通知各部门，根据情况要求派出抢险队。
⑤通知相关影响的车站做好乘客服务工作。
⑥必要时下达关闭不具备安全运营条件车站的命令。
⑦组织具备运行条件的区段维持运营。
⑧必要时，通知公交接驳。
(2)车辆基地的应急处理措施
①及时向行车调度员汇报车辆基地的最新冰雪情况。
②如有影响到车辆出入车辆基地的情况，立刻报告行车调度员。
③组织具备车辆运行条件的区段行车，保证正线运营用车。
④发现或接报险情报告，立即通知相关人员或分部抢险队赶赴现场处理。
⑤配合其他抢险工作。
(3)车站的应急处理措施
①及时向行车调度员汇报车站受冰雪影响的情况。
②做好防冻工作。
③加强出入口的巡视，注意出入口地面的冰雪情况。
④必要时调集站务、机电、保洁等驻站人员做好防冻工作。
⑤若发现或接报冰冻等险情后，确认现场情况，及时报告行车调度员，封锁现场。
⑥必要时疏散站内乘客，向行车调度员请求关闭车站及负责关闭车站的工作。
⑦协助抢险人员进行处理。

6. 出现高温天气时

(1)控制中心的应急处理措施
①随时了解高温变化情况。
②通知各站做好防高温、防火灾的措施。
③必要时向车站发布相关的运营服务信息。
④及时通知各部门，根据情况要求派出抢险队。
⑤通知主变电所及牵引变电所值班人员做好防高温、防火灾的措施。
⑥密切注意高温对接触网的影响。
⑦必要时，组织人员加强对线路的检查，防止出现钢轨胀轨、跑道的现象。
(2)车辆基地的应急处理措施
①根据情况，组织人员检查各类车辆，防止出现行车安全隐患。
②通知各分部做好防暑降温、防火灾的措施。
③配合其他抢险工作。
(3)车站的应急处理措施
①做好防暑降温、防火灾的措施。
②备好必要的中暑药物。
③做好聚集在车站避暑的乘客的疏散工作。
④配合其他抢险工作。
(4)其他部门的应急处理措施
①及时了解运营和设备的运作情况，做好降温散热应急措施。
②加强不耐高温的设备(如蓄电池)，特别是关键设备的维护。

③根据情况召集抢险队员,准备好抢险工、器具及备件,随时待命。

④做好防暑降温应急措施。

⑤在环境温度超过40℃时,除特殊原因外应停止室外作业。

⑥发现或接报突发事件,根据情况及时向控制中心请求对线路限速或请求停止某段(或全部)线路的运营,相应部门立即带领抢险队赶赴现场处理,及时将现场情况向控制中心报告。

二 相关案例——某地铁线路受台风影响事件

2005年8月某日,某市的地铁1号线受台风影响导致一段线路被水淹,造成列车运行中断,其间行车调度员通过小交路、单线双向运行等方式维持了线路的正常运营。

(一)事件描述

3:25 行车调度员发现I站—J站上行区间内有一节红光带,通知检修调度员、车站值班员进行查看。此时M站—P站上行区间正在封锁施工,封锁区间内有一列轨道车作业,如图8-2所示。

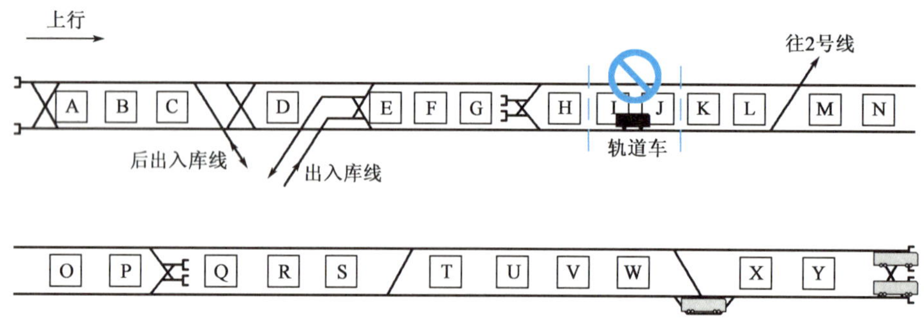

图8-2 区间积水导致线路中断

3:30 轨道车施工结束销点。行车调度员解除区间封锁,令轨道车至J站上行待命。

3:36 行车调度员安排J站值班员跟施工轨道车至I站—J站上行区间查看区间积水情况。

3:55 J站值班员通过对讲机告知该区间内有严重积水,积水深度达腰,环控调度员要求车站手动开启区间泵进行抽水。

4:00 J站值班员报区间泵抽水无效果,水位无明显下降。施工轨道车司机来电告知,轨道车由于排气管进水目前迫停区间,请求救援。

4:08 行车调度员对工务、通号、客运、车辆调度发布抢修命令。同时要求全线各地下车站派人对区间线路进行巡检。

4:35 除I站—J站外,其他车站均报区间内无明显积水情况。

4:49 I站—J站下行区间也出现红光带,行车调度员要求车站派人至现场进行确认。

4:52 J站来电报下行红光带为积水引起。

4:52 行车调度员向全线车站发布列车调整运行方案:A站—H站小交路运行,L站—Y站小交路运行,I站、J站、K站封站不办理客运作业,H站—L站启动公交应急预案。调整方案如图8-3所示。

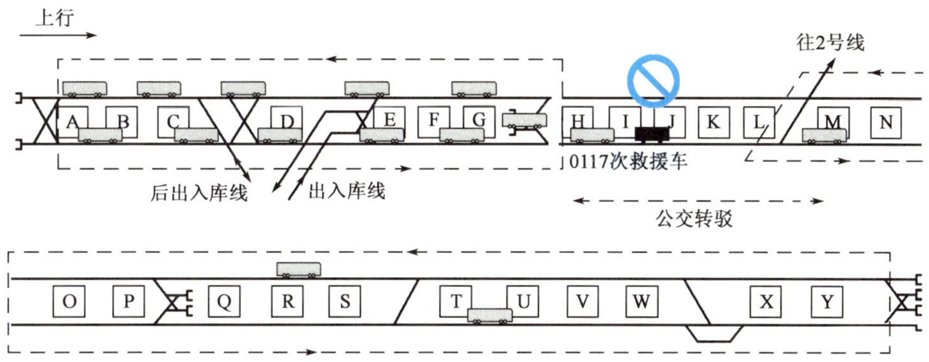

图 8-3　运营调整方案示意图

在运营调整过程中，行车调度员利用 E 站出库线发出载客列车 5 列，其中 1 列为携带转换车钩的 0117 次救援车，停 I 站上行站台外，1 列停 H 站折返线待命；利用 E 站入库线发出空车 1 列由下行线反向运行至 H 站；利用后出库线发车 6 列，共计 12 列车投入 A 站—H 站小交路运行；Y 站 3 列过夜车正向运行至 M 站下行站台后经由 M 站渡线反向运行至 L 站上行站台载客运行，执行 L 站—Y 站的小交路运行。

5:30　行车调度员对 1 号线、2 号线全线车站乘客导向系统发布相关信息，并通知车站进行确认。同时通知 3 号线、4 号线换乘站进行广播。

5:40　客运调度员通知 1 号线、2 号线全线车站目前 1 号线线路运行状态，要求进行车站广播等客运组织工作。

6:12　I 站—J 站下行区间红光带消失，行车调度员与现场联系得知积水已退至轨面下，要求人员撤离下行区间。

6:25　行车调度员令 H 站折返线备车限速 20km/h 运行至 L 站下行站台载客，后利用间隔又安排 4 列车投入 M 站—Y 站区段小交路运行。

这 4 列车中，2 列是由 H 站下行空车反向运行至 M 站下行后经 M 站渡线折至 L 站上行载客；另外 2 列是 H 站下行空车反向运行至 P 站后经折返线折返至 P 站上行载客。

7:22　行车调度员再次调整运营方案：A 站—H 站小交路运行（6 列车），H 站—L 站利用下行线进行单线双向运行（1 列车），L 站—Y 站小交路运行（8 列车），调整后的情况如图 8-4 所示。

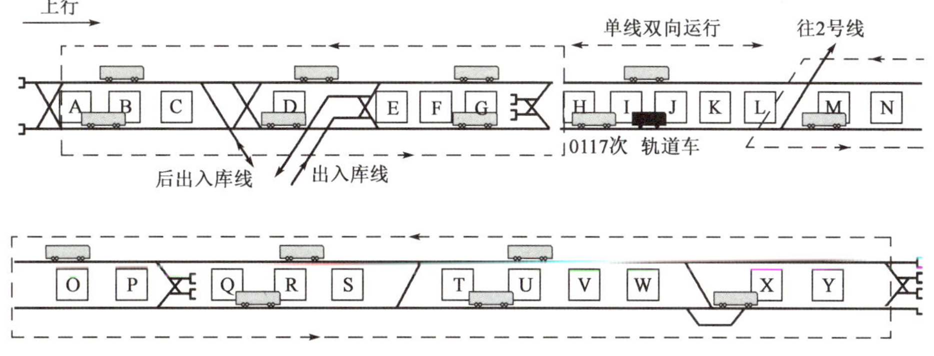

图 8-4　运营调整后情况示意图

9:23　I 站—J 站上行区间红光带消失，行车调度员与现场联系得知 I 站—J 站上行积水已退至轨面下，行车调度员命令 0117 次救车到 I 站—J 站上行区间救援轨道车。

9:36　两车连挂完毕动车反方向运行至 H 站折 4 线。

9:49　连挂车运行至 H 站折 4 线停运。

9:50　全线恢复正常运行。

（二）经验总结与问题分析

（1）调度员发现隧道区间出现红光带时，能及时通知通号调度处理，并根据事态发展及时发布抢修命令，为相关单位组织抢修赢得时间；在判定区间积水引起红光带后，能同时布置全线各地下车站展开对区间线路的巡检，排除了其他区段发生险情的可能。

（2）确定区间积水列车无法运行时，调度员及时发布了运营调整方案，利用 Y 站的三列过夜车维持北段小交路运营，南段小交路则根据开通车站数，适量地投入运营列车，确保了非事故区段的列车运营。

（3）及时启动公交应急预案，并发布命令通告各车站，利用信息屏告知乘客，尽可能地减小事故影响。

（4）调度员能及时让列车通过先行恢复的 H 站—M 站下行反向运行，以补充北段运营列车数，随后 H 站—L 站利用下行线进行单线双向载客运行，H 站—L 站作为衔接站，将南北两个小交路连接，最大限度地恢复运营，显示出调度员在事件处置中良好的全局观。

（5）在台风、暴雨、高温期间，调度员要加大对现场设备巡视、检查工作的监督力度，对重点注意事项向值班员做出布置，明确要求（如水位报警巡查等）；对现场发生的故障要有敏感性，对区间红光带、触网跳闸、区间积水、设备进水等现象尽早发现，尽快发布抢修命令，及早处理。

（6）由于轨道交通路网已初具规模，对于类似线路中断事件，可根据路网条件，发挥导乘指向系统的作用，组织乘客利用换乘站换乘其他线路，绕开故障区段，“曲线”式到达目的地。

（7）可适时安排列车由 L 站下行载客至 A 站，该车过 H 站后，再由 H 站折返列车经由 H 站下行线反向载客至 L 站，可提高乘客便捷度，减少清客次数，但需控制节奏，以免影响南段小交路运行。

三　相关技术文件摘录：某地铁公司恶劣气候列车运行组织应急预案

（一）目的（略）

（二）编制依据（略）

（三）适用范围（略）

（四）事故类别（略）

(五)应急处置

1. 信息报告

(1)汇报原则

①迅速准确、简单明了、逐级上报。

②协作单位并举。

③控制中心负责信息的收集和传递。

④司机发现时应立即报告行车调度员;车站或车辆基地发现时,由车站值班站长或车辆基地信号楼调度员立即报告行车调度员;其他岗位人员发现时,也应立即报告行车调度员。

⑤因恶劣天气造成的设备损坏、人员伤亡等,现场处置机构立即报告设备维修调度员和120急救中心;无法直接报告时,向就近的车站或车辆基地信号楼调度员报告。

(2)信息报告内容

①发生时间(月、日、时、分)。

②发生地点。

③事件概况及原因。

④人员伤亡及设备设施损坏情况。

⑤是否需要救援。

⑥报告人姓名、岗位、职务等。

(3)信息报告流程

信息报告流程如图8-5所示。

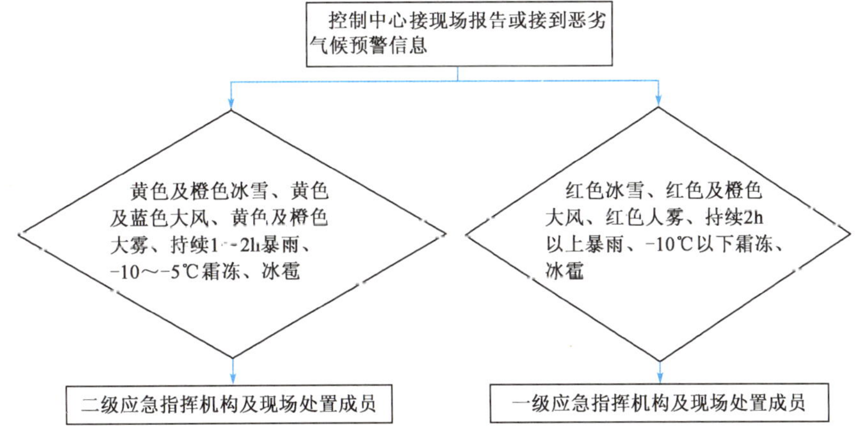

图8-5 信息报告流程图

2. 先期处置

(1)当遭遇恶劣气候影响运营时,车站(高架及地面)应做到

①各岗位要按照分工加强对各自负责区域的检查和巡视,发现危及运营安全情况时,立即向控制中心行车调度员、设备维修调度员汇报。

②值班站长要立即赶赴现场了解情况,并组织人员、物资进行先期处理。

(2)司机应做到

遇恶劣气候影响司机瞭望或危及运营安全时,司机立即向行车调度员汇报。特殊地段(出入基地、进站、曲间弯道)操纵列车,应采取减速运行、加强瞭望等安全措施,确保列车运营正常。

3. 应急响应

(1)指挥机构响应

①控制中心根据气象预报的预警信息,立即向分公司领导和有关部门、中心通报,当大雾、暴风、雨、雪、严寒等恶劣天气来临时,提供不同等级的预警、预报。

②控制中心根据各类天气的影响程度和相应级别向运营分公司领导报告,经同意后指挥机构和现场处置机构自然成立。

③指挥机构和现场处置机构成员接报后,立即赶赴各自岗位。

(2)调度响应

①根据气象部门的天气预报信息或接到车站恶劣气候报告后,立即汇报值班主任,并密切关注现场局势和列车运营状况。

②对现场恶劣气候条件下的防范措施进行检查、指导,及时向车站发布运营信息。

③执行指挥机构指令,对不具备安全运营条件的车站下达关闭命令,启动公交接驳方案。

④组织具备运行条件的区段维持运营。

(3)救援队伍响应

①运营现场需加派人员时,由指挥机构指令人力资源部组织人员到场支援。

②如恶劣气候造成设备设施损坏需临时抢修时,按照《恶劣气候设施保障预案》执行。

(4)各级响应时间

①基层单位遇恶劣天气应立即向行车调度员报告,并采取初步措施保障列车运营安全和运营时刻表的兑现。

②控制中心接气象部门恶劣天气警报信息,应于5min内向各相关部门通报预计发生时间、严重程度及安全事项;接基层单位恶劣气候报告后,应于5min内报告运营分公司领导,并实时监控现场事态发展。

③指挥机构及现场处置机构成员接报后,在10min内出发赶往指定地点。

④救援队伍接到增援通知后,在10min内出发赶往现场。

4. 现场组织

(1)现场指挥

①成立现场指挥、处置小组。

②组长:客运部负责人。

③副组长:站务中心负责人、控制中心负责人、乘务中心负责人。

④成员:相关车站站长、当班值班站长、列车司机。

⑤现场指挥、处置小组成员到达现场前,在车站由发生站值班站长、在车辆基地由信号楼调度员、在区间由司机担任现场第一处置负责人。

⑥现场指挥、处置小组成员到达现场后,由现场指挥、处置小组成员中职务最高者担任现场指挥。

(2)组织协调

①现场指挥应做好与地铁公安执勤民警及相关部门的协调与配合工作。

②在现场的地铁员工，要服从现场指挥机构的统一指挥，尽一切能力参与抢险救援工作。

5. 现场救援

(1)处置程序

处置流程如图 8-6 所示。

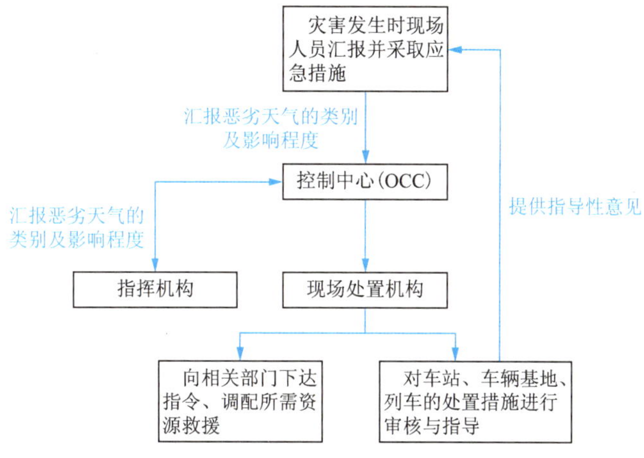

图 8-6 处置流程图

(2)救援措施

①指挥机构：

a. 根据现场情况及时启动相应预案。

b. 加强与现场指挥机构的联系，负责信息的收集和传递。

c. 尽量采用固定折返进路，尽量减少道岔转换次数，必要时采取降级运营模式，以保证人身安全和列车运行的安全。

d. 组织具备运行条件的区段维持运营。必要时下达关闭不具备安全运营条件的车站命令，启动公交接驳方案。

e. 按照《行车组织规则》的规定，尽量保障列车运营时刻表的准确兑现。

f. 积极协助相关部门调集抢险物资。

g. 掌握全分公司生产动态，努力保证其他工作的正常进行。

②车站：

a. 与控制中心加强联系，严格执行行车调度员命令。

b. 随时与现场保持联系，掌握现场动态，及时向控制中心汇报现场最新动态。

c. 做好乘客服务工作。采取广播、现场解释及引导等各种措施，稳定乘客情绪，维持现场秩序，尽力保证乘客安全。

d. 协助现场处置机构全力进行救援抢险工作。

e. 遇恶劣气候，能见度不足 140m 时，站台保安应在确认后一单元列车车门完全关闭，并无夹人夹物后，向司机显示"好了"手信号。

③司机：

a. 遇恶劣气候，能见度不足 140m 时(以站台距离为参照物)，司机必须鸣笛进站，并将现场情况及时汇报行车调度员。

b. 按行车调度员命令,地面车站及高架站运行的列车,进站之前改用 SM 模式驾驶,进站限速 35km/h。

c. 与站台安全员加强联系,列车发车前,确认站台安全员显示的"好了"手信号后动车。

④其他部门:

a. 各部门应及时召集相关人员,准备好抢险工具及备件,适时启动相关预案。

b. 加强对各自场所设施的检查力度,发现问题及时整治。

c. 根据现场实际,停止相应的危险作业。

d. 遇 35℃以上高温时,按行车调度员命令,工务中心每隔 2h 派人添乘列车巡查一次,如发现有胀轨迹象,应立即汇报行车调度员发布限速 25km/h 命令;如发现已经出现胀轨现象,应立即汇报行车调度员发布停止运营的命令。

e. 遇雨雪冰冻天气,按行车调度员命令,由供电中心在运营前安排人员对接触网等相关设备进行检查。如冰冻无法铲除,又遇 5 级及以上大风,应立即汇报行车调度员发布停止运营的命令。

f. 遇 10 级及以上大风时,相关部门(中心)应立即汇报行车调度员发布停止运营命令。

6. 应急终止

(1)应急终止条件

现场恶劣气候已经好转,影响列车运营安全或运营效率的自然不可抗拒因素消除,现场设备、设施正常运转。

(2)救援完毕汇报

各部门救援完毕后,报告现场处置机构,现场指挥报告指挥机构总指挥。

(3)应急终止命令发布

应急终止命令由指挥机构总指挥根据现场情况决定,由控制中心发布。

(六)应急保障(略)

(七)事故分析报告(略)

(八)培训与演练(略)

(九)附则(略)

四 相关案例——2021 年郑州地铁 5 号线"7·20 事件"

(摘自《河南郑州"7·20"特大暴雨灾害调查报告》
国务院灾害调查组 2022 年 1 月)

7 月 20 日,地铁 5 号线 04502 次列车行驶至海滩寺站——沙口路站上行区间时遭遇涝水灌入、失电迫停,经疏散救援,953 人安全撤出、14 人死亡。调查认定,这是一起由极端暴雨引发严重城市内涝,涝水冲毁五龙口停车场挡水围墙、灌入地铁隧道,郑州市地铁集团有限公司和有关方面应对处置不力、行车指挥调度失误,违规变更五龙口停车场设

计、对挡水围墙建设质量把关不严,造成重大人员伤亡的责任事件。查明的主要问题:

1. 应对处置不力。未及时采取预警响应行动,7 月 19 日至20 日,气象部门多次发布暴雨红色预警后,郑州地铁集团有限公司未按有关预案要求加强检查巡视,对运营线路淹水倒灌隐患排查不到位;在20 日 15:09 五龙口停车场多处临时围挡倒塌、16:00 地铁5 号线多处进水的情况下,郑州地铁集团有限公司没有引起高度重视,没有领导在线网控制中心(OCC)和现场一线统一指挥、开展有效的应急处置,直到 18:04 才发布线网停运指令,此时列车已失电迫停。郑州地铁集团有限公司应对处置管理混乱,未执行重大险情报告制度,事发整个过程都没有启动应急响应,18:37 乘客疏散被迫中断,但直到 19:48 地铁运营分公司才向郑州地铁集团有限公司值班处报告,400 多名乘客已被困车厢 1 个多小时,严重延误了救援时机。

2. 行车指挥调度失误。20 日 17 时左右涝水冲倒停车场出入场线洞口上方挡水围墙、急速涌入地铁隧道后,因道岔发生故障报警,列车在海滩寺站被扣停车,在没有查清原因、不了解险情的情况下于 17:46 又放行。17:47 水淹过轨面后,司机按照规定制动停车,但 OCC 主任调度员在未研判掌握列车现场险情的情况下,指令列车退行,约 30 米后列车失电迫停,导致列车所在位置标高比退行前所在位置标高低约 75 厘米,增加了车内水深,加重了车内被困乘客险情。

3. 违规设计和建设施工。一是擅自变更设计。郑州地铁集团有限公司为了物业开发将五龙口停车场运用库东移 30 米、地面布置调整为下沉 1.973 米布置,使停车场处于较深的低洼地带,导致自然排水条件变差,不符合《地铁设计规范》相关规定,属于重大设计变更,但未按规定上报审批。二是停车场挡水围墙质量不合格。停车场围墙按当时地面地形“百年一遇内涝水深 0.24 米”设计,经调查组专家验算“百年一遇”应为 0.5 米。建设单位未经充分论证,用施工临时围挡替代停车场西段新建围墙,长度占四成多,几乎没有挡水功能;施工期间,又违反工程基本建设程序,对工程建设质量把关不严,围墙未按图做基础。三是五龙口停车场附近明沟排涝功能严重受损。明沟西侧因道路建设弃土形成长约 300 米、高约 1 米至 2 米带状堆土,没有及时清理,阻碍排水。有关单位违规将部分明沟加装了长约 58 米的盖板,降低了收水能力。

分析思考:作为地铁员工,遇到类似事件应该怎么办?

项目九　路外伤亡和公共安全事件的应急处理

【能力目标】

掌握各种路外伤亡和公共安全事件的应急处理措施。

【素质目标】

1. 通过学习各种路外伤亡事件的应急处理方法,既让学生认识到路外伤亡事件对城市轨道交通正常运营秩序的严重影响,也让学生感受到在处理过程中对伤亡者的人道关怀,帮助学生树立尊重生命、关爱生命、敬畏生命等生命观,进一步增强安全意识和责任意识。

2. 通过学习各种公共安全事件的应急处理方法,使学生牢固树立"日常防范重于应急处理"的思想,自觉养成细致认真、注意细节的生活和工作习惯。

【学习任务】

学习并理解各种路外伤亡和公共安全事件的应急处理措施。

城市轨道交通的车站、区间线路在运营过程中有时会出现路外伤亡或突发公共安全事件的情况,这给运营中的线路带来停运、车站关闭等较大的影响,严重影响了城市轨道交通线路的正常运营秩序,也会给乘客的出行带来极大的不便。因此,每个城市轨道交通运营企业的员工都必须熟练掌握路外伤亡和公共安全事件的各项应急处理措施,尽可能地将其对运营工作的影响降到最低。

城市轨道交通线路运营过程中出现的路外伤亡一般包括两种情况,一种情况是指乘客在车站由于自杀或捡拾物品等其他原因从站台跌落轨行区造成路外伤亡;另一种情况是闲杂人员进入区间线路,也极有可能造成路外伤亡。这两种情况无论是否已经造成人员伤亡,都会对运营工作造成较大的影响,运营人员必须迅速处理事故,尽快使受阻线路恢复正常运营。

需要强调的是,路外伤亡的责任应由伤亡者自己承担,这是因为城市轨道交通线路是专供列车行驶的道路,有着明确的"专属路权",外来人员进入城市轨道交通线路发生伤亡事故明显与运营企业无关,城市轨道交通工作人员在路外伤亡处理中的主要职责是配合公安人员处理善后,尽快开通运营,维持正常的客运秩序。

公共安全事件是指在城市轨道交通的车站或列车上发生毒气、爆炸等严重危害广大乘客和工作人员人身安全的事件。这类事件虽然发生的概率很低,但由于一旦发生危害极大,城市轨道交通工作人员对突发公共安全事件的应急处理措施也必须熟练掌握。

路外伤亡事件和公共安全事件应急处理的共同特点是,在事件处理过程中运营部门员工只是配合有关部门的工作,不起主导作用。由于这类事件可能带来的严重后果,城市轨道交通运营部门员工在日常工作中必须保持高度的警觉,及时发现可疑情况并迅速向有关部门汇报,便于其采取防范措施;同时,还要做好自身的安全防护,避免不必要的伤害。

模块一 车站路外伤亡的应急处理

【任务书】

1. 要求学生了解车站发生路外伤亡的原因。
2. 要求学生理解车站发生路外伤亡时应急处理的原则。
3. 要求学生掌握路外伤亡事件中各运营岗位人员的应急处理措施。

一 相关理论知识

我国各城市的城市轨道交通车站在运营中,都经常发生乘客跌落轨行区的事件,这类事件即使没有造成人身伤亡,也会对正常的运营工作造成极大的影响。例如正线会中断行车;车站的乘客无法正常上车;列车上的乘客无法正常下车;有时为了工作需要还会采取关站、对列车进行清客等措施。

对于乘客跌落轨行区的原因也是多种多样,最常见的是乘客自杀,而且越是经济发达、生活压力大的城市,这种现象越常见。除此之外,造成乘客落轨的原因还有很多。例如乘客为捡拾掉落在轨行区的物品自行跳入;乘客因轨行区光线暗淡踏空跌入;乘客在客流高峰期被别人挤入;乘客在站台边沿好奇张望不慎掉入;乘客在站台边沿蹲下候车时,突然站立后由于眩晕而掉入;乘客在站台找不到厕所,主动跳入轨行区方便等五花八门的原因。某城市轨道交通线路还发生过这样的案例:一乘客在侧式站台候车时弄错了上下行方向,在列车进站时他竟然跳下站台,企图跨越线路到对面站台上车,幸亏进站列车司机紧急制动才防止了一起人身伤亡事故的发生。由此可见,要想完全避免这类事故的发生是难以做到的,城市轨道交通运营人员能够做到的就是一旦发生乘客跌落轨行区的情况,立即采取果断措施加以处理,力求将事故对运营工作的影响降到最低。

防止乘客跌落轨行区的最根本措施是加装屏蔽门(或安全门),但由于各种原因,国内的城市轨道交通线路还有相当一部分没有安装屏蔽门(或安全门),因此,预防工作的重点还是要放在加强候车秩序的管理上。另外城市轨道交通运营部门需要加强与新闻媒体的沟通,要求其在报道类似事件时不要片面追求新闻的真实性,而要对容易引起效仿的自杀行为弱化处理,这也是新闻媒体社会责任感的体现。

除了加装屏蔽门(或安全门)外,国内城市轨道交通运营企业为防止乘客落轨所采取的措施还有以下一些:

(1)在客流较大站,增加站台工作人员和保安。

(2)增加站台摄像头,避免监控死角。

(3)列车进站时,站台工作人员在站台紧急停车按钮(ESB)处随时待令。

(4)列车进站时,司机加强瞭望,随时准备按压紧急停车按钮。

(5)增加站台醒目的安全宣传标语。

(6)向市民宣传落轨的负面影响和应对措施。

(7)开展一些列车轧人的实际演练。

(一)路外伤亡应急处理原则

城市轨道交通运营人员在处理路外伤亡事故中必须遵循“属地管理、各负其责、优先抢救伤者、尽快恢复运营”的原则。

在发生路外伤亡后,事发车站的值班站长是事故前期处置负责人,他主要负责事故的前期处置,并向上级和公安部门进行信息通报。通报的内容包括:发生地点、时间;列车车次、报告人姓名;伤亡者性别、大概年龄、伤势情况、伤亡者具体位置、已采取的措施及运营受影响的情况等。在上级部门的领导到达后值班站长将现场指挥权进行移交,所有运营相关人员都必须接受现场指挥者的指挥。

侧式站台车站发生路外伤亡,调度员要及时封锁相邻线路,必须将邻线后续列车扣在后方车站或令其站外停车,同时还要与车站保持密切联系,督促下线处置人员抓紧处置、出清线路,尽快动车恢复运营。

(二)路外伤亡事件中各运营岗位人员的应急处理措施

1. 行车调度员的处理措施

(1)制订运营调整方案,及时与现场沟通。

(2)侧式站台车站发生路外伤亡,现场处置人员下线路勘查前,封闭另一侧线路,防止邻线列车伤人。

(3)将现场处置的关键节点通报有关车站,指导全线做好信息发布和疏导工作。

(4)接车站值班站长恢复运行的请示后,下达恢复运行的指令,并报公安指挥中心。

(5)下达有关预案的指令。

2. 值班站长或现场指挥者的处理措施

(1)事发后即为事故前期处置责任人,全权负责事故前期现场处置工作,公安人员到达现场后,指令有关人员配合民警展开有关工作。

(2)组织人员抢救伤者,疏散围观乘客,协助警方保护现场,维护现场秩序,协调各相关部门工作,并组织人员做好客运组织调整工作。

(3)带领站务员并携带必要的处置工具(如对讲机、照相机、手电筒等)至事故现场确认伤亡者位置,对事发现场进行拍照,拍照内容包括伤亡者的姿势、被肢解的器官、肢体散落情况等。

(4)组织人员迅速将死伤者移至站台,若在移动有困难的情况下,可将死伤者移至不会造成列车再次挤压的位置,确认工作人员撤离线路后,通知司机移动列车对位进行上下客作业,待列车驶离后再移动死伤者至站台隐蔽处。

(5)事故现场处置结束后,速报行车调度员请求恢复运行。

3. 列车司机的处理措施

(1)续报事态发展情况并保持与行车调度员现场处置情况的信息沟通。

(2)对列车内乘客进行安抚性广播宣传,稳定乘客情绪。

(3)帮助值班站长和公安人员寻找伤亡者,密切配合现场勘查人员前期调查和证据收集。

(4)接受现场指挥人员动车指令,并及时将信息传递至行车调度员。

(5)接受公安机关就事故的进一步勘验和调查,并如实反映所知情况。

4. 行车值班员的处理措施

(1)及时向行车调度员汇报情况,并通知120急救中心至现场抢救。

(2)根据《运营非正常时间的广播规定》对车站内乘客进行不间断广播宣传。

(3)通过监视器密切注意车站动态,与有关部门保持联络,负责各部门与车站有关人员间的信息传递。

(4)根据行车调度员指令,调整运营方案和传递客运组织方案。

5. 站务员的处理措施

(1)接受现场指挥命令,及时抢救伤者或处置死亡者尸体。

(2)做好站台监护,防止围观乘客跌入道床。

(3)保护现场,挽留目击证人(或请目击证人留下联系电话、住址或办公地址)。

(4)工作人员下站台进行现场勘查前,按压站台上相应的紧急停车按钮,以确保现场工作人员的人身安全。

6. 公安人员的处理措施

(1)接警后快速赶赴事故现场,立即进行现场勘查检验、取证工作,同时划定警戒线,将无关人员劝出警戒线外。

(2)现场勘查取证完毕,会同站务人员将尸体或伤者清出线路。

(3)会同车站工作人员共同做好事故目击证人的取证工作。

(4)若120急救中心医护人员确认当事人已死亡,应出具殡葬证明,并及时联系殡葬部门接尸。

(5)判明事故性质,出具事故调查结论和伤亡鉴定结论,协助善后处理工作。

二 相关案例——某地铁线路乘客跳轨事件处理经过

某日18:11,0523次以ATO模式进F站下行站台前,司机发现有一个30多岁的男乘客从离头端墙约30m处跳下轨道,司机立刻按压紧急停车按钮,车站发现后也及时按压了紧急停车按钮,列车在离站台约70m处停下,后该乘客自行爬上站台。

18:11　行车调度员发现车站按压紧急停车按钮后,立刻询问车站和司机是否撞到乘客,车站回答已经爬上站台,乘客无受伤。

18:12　线路出清后司机对标停车。

18:13　行车调度员指示前行1205次列车在A站多停2min,减轻换乘客流压力。

18:14　0523次列车在F站开出,延误153s,如图9-1所示。

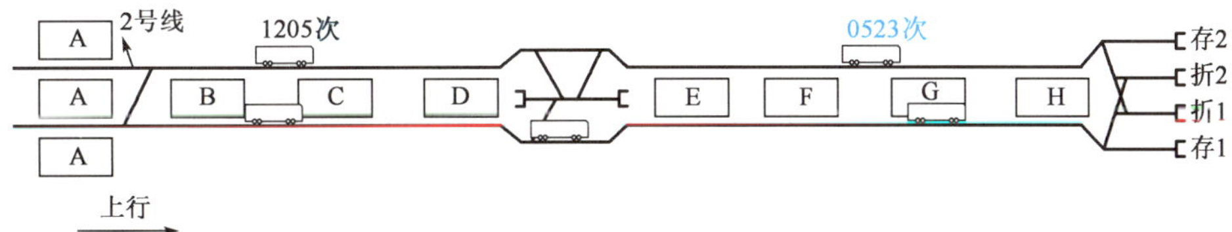

图9-1　乘客跳轨事件示意图

经了解,该乘客是帮同伴捡掉下站台的手机,跳轨乘客没有受伤。列车停站后跳轨乘客及其同伴上了0523次列车,F站的值班员发现后也跟着上车,列车到E站后将他们带回F站,找到3个目击证人(跳轨乘客的同伴),车站对他们进行了教育并按规定罚款200元。

三 媒体报道

(一)男子跳轨撞地铁 地铁停运10min

2005年4月13日下午15:40左右,广州地铁1号线列车在驶至芳村站时,车未到站突然紧急刹车,数百乘客被紧急疏散,列车在站台停顿10多分钟。稍后紧随列车在其他站台陆续受到影响。广州地铁宣传部有关负责人向记者证实确有此事,导致停车原因是一男子被撞所致,目前,广州地铁公安分局已经介入调查此事。因事发时不是乘车高峰期且事件处理及时,未出现大批乘客滞留现象,列车很快恢复正常。

1. 站台派来紧急支援人员

昨日下午17:00,记者赶到广州地铁芳村站,只见行驶的轨道站台边,多名工作人员正在紧急撤除红色的警戒线,现场没有发现乘客滞留现象。但问起列车紧急停靠之事,站台上的工作人员,均无一例外地表示,自己是突然被从其他站台调及过来支援的,不了解情况。一名工作人员对记者说,他原先在坑口站工作,半小时前突然接到电话,说是到芳村站支援,具体什么原因并不清楚。

2. 列车未到站突然紧急停车

广州市民史先生、蔡先生、张先生等现场目击人向记者讲述了当时的情况:下午15:40左右,地铁1号线列车徐徐开进芳村站口,但就在列车车头还未驶到正常车位,距停靠点相距2节车厢距离时,列车突然出现紧急刹车,接着就停滞不动了。正准备下车的乘客还没明白是怎么回事,车厢内的车灯开始忽明忽暗的闪动,稍后就有数盏灯被熄灭,再接着空调突然关闭,车内空气变得令人窒息。紧接着,列车广播紧急通知,“列车临时停车,请乘客不要搬动列车上的紧急逃生门阀……”

因为车门未打开,车内的一百多名乘客开始有些慌乱,不停地向车窗外张望、呼喊。约5min后,列车最前端的两扇车门才徐徐打开,但第三车厢之后的车门却依然关闭,在车厢外工作人员的指挥下,乘客们统一由最前端仅开的两扇门下车。

3. 警员到现场拉起警戒线

市民史先生说,当他下车时,亲眼看到车头的一块挡风玻璃整块凹了下去,并出现大片裂痕,但并没有破碎。车头前,2名警务人员正从纵深的坑道内向上爬,1名警务人员刚刚爬到站台边,2人手上都带着白色手套,还持有手电筒,似乎正在调查什么。站台上,数十平方米的区域,被拉起红色的警戒线,沿线站满警察和工作人员。

4. 农讲所站列车突然停靠

市民王先生则向记者讲述了自己在农讲所站遭遇的一幕:同样下午15:40左右,王先生从体育中心乘地铁1号线前往芳村坑口站,当车将行至农讲所站时,列车广播突然不停地发出紧急通知“因特殊原因,本趟列车决定退出服务……并要求所有乘客下车”。

果然当车行至农讲所站时,乘客们被要求全部下车。因为该次列车从天河站一路驶来，大多是上的乘客，下车人员较少，且大多数乘客是要到公园前站转乘地铁2号线的，因此车上的乘客多达数百人。但列车并没有立刻开走，而是在站台上停了下来。5min后，列车车门再次打开，乘客陆续上车，在停滞10min后，终于顺利开动，但在稍后的多个站台停靠点，时间都比往常略有延长。

5. 地铁证实男子被撞导致

记者随后致电广州地铁宣传部，有关负责人表示确有此事，事故原因是昨日下午15:40，芳村站地铁轨道上，突然发现一名男子被撞倒，但被撞原因不明，男子立即被"120"送往医院。

目前广州地铁公安分局已经介入调查此事，具体情况要待公安部门调查结果出来后，才能告知。

负责人说，因为事发时列车处于运营低峰期，平均6min15s才有一班列车行驶，车上乘客也不是太多，加之事件处理及时，只停了很短的10min。因此，事件没有引起乘客的滞留现象。两趟列车受到轻微影响，有14名乘客办理退票手续。

（二）地铁公司狠抓防范　避免乘客落轨

新街口地铁站，下午14:00左右，一名满脸通红的男子走到了站台边沿，脚尖伸出了站台，侧着身体张望了一下。"请您退到黄线以后"，保安发现后，马上提醒乘客。据他说，乘客一般都很好奇，特别是外地的喜欢站在黄线伸出头张望，珠江路发生的压人事故，虽然不在这个站发生，但他们都接受过公司的安全教育，反复强调人防措施，可总有乘客不听劝告。

晚17:30，晚高峰时期到来时，人头攒动的新街口站站台上，数名保安被淹没在人群中。当一侧地铁快要进站时，人群开始朝站台边上移动，有一两名乘客将身体探过了黄线，张望开过来的地铁列车，这时保安会大声地提醒……

"老虎都有打盹儿的时候，要做到零事故是很困难的。"一名地铁工作人员说，最高峰时，他们每站安排了4个保安和其他人员值勤，随时提醒乘客注意安全。

一名保安反映，人多的时候，保安也只能夹在人群中，全靠一张嘴提醒乘客。但如果真有人掉下去，他们也难以从拥挤的人群中快速挤过去，即使立即按下紧急停车按钮，有时也来不及。所以，最重要的还是市民自己提高安全意识，站在黄线后候车，在地铁进站前不应蹲在黄线边上，以防突然站起时晕厥掉入铁轨。另外，有东西落入铁轨时，不应自行捡拾，而是第一时间通知地铁工作人员。

提到选择在地铁自杀的行为，地铁工作人员表示，这种自杀方式的负面影响很大。被动落轨还可用提醒安全来防止，主动跳地铁就让人防不胜防了，靠人力防止乘客落轨是不太可能的。

模块二　区间路外伤亡的应急处理

【任务书】

1. 了解区间发生路外伤亡的原因。
2. 掌握外来人员进入区间时的应急处理措施。
3. 掌握区间发生路外伤亡时的应急处理措施。

一 相关理论知识

如果说由于自杀等原因在车站可能会出现路外伤亡还好理解的话,那么站间区间怎么会有人进入并引起路外伤亡呢?对于这个问题要从两方面来分析原因。

首先,除了城市轨道交通维修养护人员在得到行车调度员批准并办理相关手续后可以进入区间线路作业外,站间区间是不应该出现其他外来人员的。由于不是所有城市轨道交通车站都装有屏蔽门(或安全门),这就为闲杂人员进入区间创造了条件,这里所说的闲杂人员主要指由于好奇等各种原因从车站自行进入区间而又没被车站工作人员阻止的乘客,同时也指由于疏忽未经请示就私自进入区间执行任务的城市轨道交通工作人员,因为他们在行车调度员和列车司机不知情的情况下进入区间,对正常行车产生的影响和闲杂人员是一样的。某地铁公司就曾经发生过一起警察未经请示就擅自进入区间处理道床伤亡事故而被列车撞死,继而引起全线停运的恶性事件。

其次,外来人员进入地下和高架线路的可能性不大,但对于地面线路,虽然在建设时沿线都安装了全封闭的护栏进行围挡,但由于无人值守,还是无法杜绝闲杂人员进入区间的事件发生。

(一)外来人员进入区间时的应急处理措施

(1)列车司机、站务人员等城市轨道交通运营企业员工发现有外来人员进入区间线路时,必须立即通过各种方式向调度员汇报。

(2)行车调度员接到外来人员擅闯区间的报告后,必须立即通知事发区间两端车站派人员封堵站台出口,地下车站还要同时打开区间照明。

(3)行车调度员通知车站派两人添乘后续列车,列车以 ATP 手动方式限速 20km/h 进入事发区间查看,发现擅闯人员后立即停车,并将人带上列车客室送至下一车站处理。

(4)如果第一列车未能找到擅闯人员,则后续第二、第三列车分别限速 20km/h、45km/h 继续查找,若仍未发现异常情况,行车调度员可取消事发区间的列车限速,但仍要求相关车站加强对该区间站台出口的巡视。

(5)如事发区间属于地面或高架线路,或有贯通门等特殊情况,外来人员有可能侵入邻线限界时,调度员还要对邻线做类似的安排和处置。

由于在实际工作中时常发生外来人员进入区间的情况,各地城市轨道交通运营企业的调度人员在实践中也逐步积累起处理此类事件的一些经验,可以基本概括如下:

(1)行车调度员应做到灵活调度,在确保行车安全前提下,在多种方法中择优而行,尽快取消限速,恢复运营。

(2)由于外来人员很可能对城市轨道交通设备造成损坏,因此在恢复正常运行后,行车调度员要通知车站安排相关人员检查车站的设备区;运营结束后再安排相关人员进入区间检查区间泵房、线路和其他设备是否有异常。

(3)在安排添乘人员时可以考虑从相邻车站就开始安排添乘,这样即可以减轻事发区间两端车站的工作压力,又可以扩大搜索范围,提高工作效率。

(4)安排添乘人员时,如果确认外来人员为女性,最好在两名添乘人员中安排一名女性,方便进入区间带人时出现不必要的麻烦,造成更大的延误。

(5)如果外来人员上车后不配合城市轨道交通人员工作,为确保行车安全,应将其带离司机室。

(二)区间发生路外伤亡时的应急处理措施

一旦在区间发生路外伤亡事件,由于远离车站,现场只有司机这一名工作人员,因此处理的难度显然要大于车站发生同类事件。为了减少对运营的干扰,尽快开通线路,在区间发生路外伤亡事件的处理比车站发生同类事件简化了工作程序。

(1)区间内发生路外伤亡时,事发列车司机应立即停车并向行车调度员报告,如果有可能司机应将被撞人移至驾驶室,按行车调度员指令将被撞人带至指定车站交值班站长。

(2)如果司机独自移动被撞人有困难,可将被撞人移至不会造成列车再次挤压的位置,并向行车调度员报告处理情况后驾驶列车离开。行车调度员应安排相关车站派人添乘后续列车到事发地点将被撞人抬至驾驶室并带至前方车站。

(3)如果列车已越过被撞人且一时无法找到被撞人,司机在报行车调度员后,按其指令以低于15km/h速度行至前方站,行车调度员应令相关车站指派人员会同民警添乘后续列车以低于15km/h的速度前行搜索,至事发地进行勘查,发现被撞人后迅速将其抬至驾驶室并带至前方车站,尽快恢复运行。

(4)有现场处置人员下线路勘查时,调度员应做好相应区间安全防护措施,命令邻线列车进入相关区间须加强瞭望、限速通过,确保现场处置人员的人身安全。

(5)任何人进入区间线路处置事故前必须得到行车调度员的许可,并报告进入区间的人员数量,严禁不经请示擅自进入区间。现场处置完毕出清线路后需及时向行车调度员汇报,行车调度员下达恢复运行的指令并通报各相关部门。

二 相关案例——某地铁外来人员侵限事件

(一)事件经过

某日,某地铁线路发生一起外来人员侵入区间线路事件,运营人员按照预案要求进行紧急处置,基本没有对行车造成太大影响。

16:22 中央ATS显示I站下行紧急关闭动作,0236次列车下行进站迫停,司机回复未发现异常情况,行车调度员通知车站确认情况,相关列车扣车,发布短信,报COCC。

16:24 I站回复有一名小偷跳下线路往H站方向逃逸,报COCC及公安指挥室。人员侵限示意图如图9-2所示。

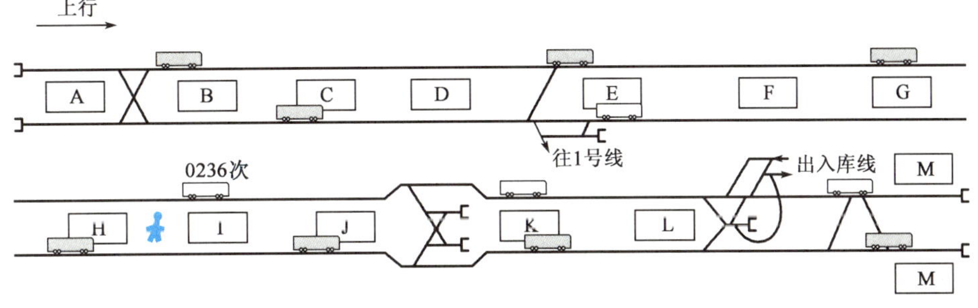

图9-2 人员侵限示意图

16:25　0236 次列车司机根据车站指令进站对位停车,行车调度员通知 I 站确认情况后,站控复位下行紧急关闭。

16:27　0236 次列车在 I 站下行上下客结束,改手动 ATP 限速 20km/h 进入区间巡视,因此时紧急关闭尚未恢复,该车以切除 ATP 的手动驾驶模式动车出站,行车调度员续报 COCC 及发布短信。同时安排 0208 次列车在 H 站上行改 ATP 手动限速 20km/h 运行至 I 站上行恢复。

16:33　两车司机均回复区间未发现有人。行车调度员安排上、下行后续列车(下行:0213 次列车、0210 次列车;上行:0214 次列车、0216 次列车)分别按 20km/h、45km/h 进入区间巡视。运营调整如图 9-3 所示。

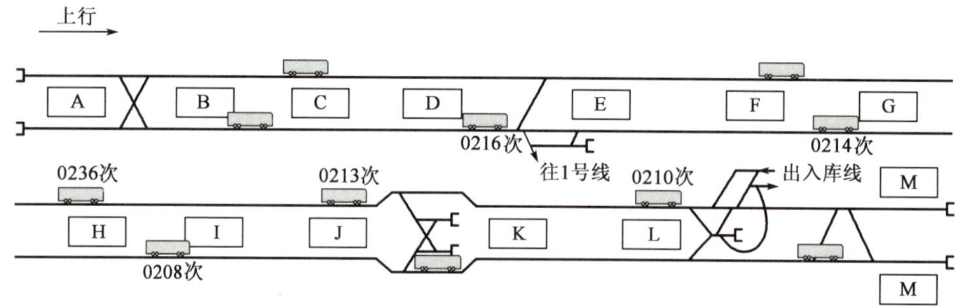

图 9-3　运营调整示意图(一)

16:35　I 站报下行紧急关闭按钮无法复位,行车调度员向通号调度发布抢修令。

16:52　经上下行各 3 列车巡视均未发现侵限人员,后续列车恢复正常运行,行车调度员续报 COCC 及发布短信。

16:57　经通号处理 I 站下行紧急关闭按钮修复,复位该站紧急关闭后列车恢复正常运行。

17:34　上行 0247 次列车在 H 站上行司机报看到线路上有一人往 I 站方向逃逸,因车站暂无人登乘,安排 0247 次列车司机改 ATP 手动限速 20km/h 进入区间巡视。运营调整如图 9-4 所示。

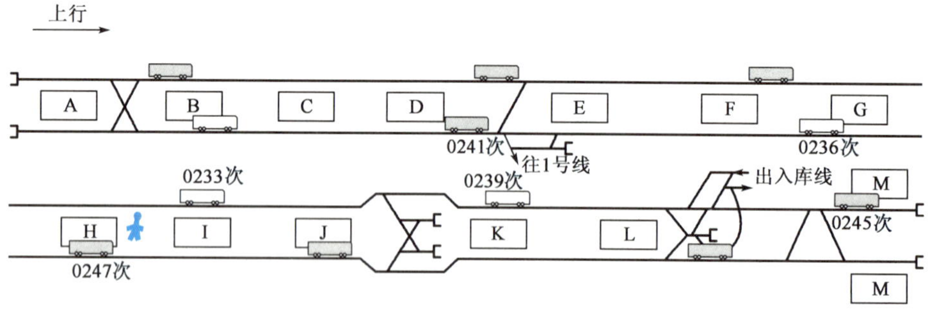

图 9-4　运营调整示意图(二)

17:39　0247 次列车司机报在百米标 221 处发现该人,但列车已越过该区段,行车调度员通知后续上行 0236 次列车、0241 次列车、下行 0233 次列车、0239 次列车、0245 次列车分别限速进入区间巡视,均未发现该人,后续列车恢复正常运行,报 COCC。

18:20　下行 0238 次列车司机报 2 名警察登乘列车至百米标 221 处下线路找人,仍未发现该人,后 2 名警察登乘上行 0207 次列车返回 I 站,报 COCC。运营调整如图 9-5

所示。

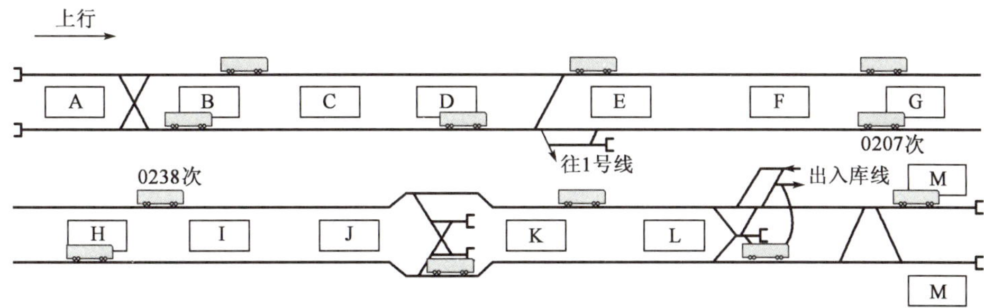

图 9-5 运营调整示意图(三)

(二)经验总结与问题分析

(1)16:27 起安排 H 站—I 站上下行各 3 列车按规定速度进入区间巡视,相邻两站派人守护站台端头,符合预案要求。

(2)17:34 起再次发现区间有人侵入,期间安排民警登乘列车进入区间找人,对相关列车应明确告知,确保下区间人员的人身安全。

(3)区间有人侵入的情况下,遇区间贯通道的应安排上下行各 3 列车进行限速巡视,同时通知两端车站派人封堵车站隧道口,未发现异常情况后续列车可恢复正常运行,但仍要求车站加强站台监护,一旦发现异常便于立即采取措施。

三 媒体报道——小偷行窃后慌不择路逃入地铁隧道造成停运事故

2007 年 8 月 24 日下午 16:50 左右,广州地铁 1 号线公园前站发生一起小偷跳进地铁隧道逃跑致使列车停止行驶的事件,逃跑的小偷 7min 后在农讲所站被地铁护卫员抓获,地铁列车随后恢复正常行驶。

(一)公园前站 跳进隧道逃往农讲所站

2007 年 8 月 24 日下午 17:00,记者在公园前站站台候车时,站内突然发出广播称“前往广州东站方向列车服务将暂停!”之后就有几位公安干警在地铁工作人员的带领下走进 1 号线站台,迅速地跑进往广州东站方向的地铁隧道内。记者当时在站台上见到,站台上显得比平常拥挤了许多,显示列车到站时间的显示器已经没有了时间显示,地铁工作人员正在紧张地维持秩序。候车的乘客在站台上议论纷纷,“听说有人在地铁站里抢手机,被发现后马上跳进轨道向地铁隧道里面逃跑。”一名乘客告诉记者,刚才有两名男子在站台内扭打,其中一个大叫“捉小偷啊! 有人偷手机!”在地铁护卫员赶来时,小偷马上就跳进隧道里逃跑了,现在警察正在往里面追。

(二)农讲所站 小偷未爬上站台即被抓

5:02 一批乘客涌进地铁站。这时,地铁 0920 次列车驶进站内。因为行车间隔延长的缘故,在公园前站上车的乘客特别多。停车时,迫不及待的乘客“哗”的一下子挤了进去,但这趟列车在到站后按照指示并没有马上开出。

几分钟后,传来了逃进隧道的小偷已经在农讲所站被抓住的消息,这时,刚才进入隧道追小偷的警察回到站台后就走进了地铁列车驾驶室，列车驶向农讲所站。

5:06　在确认所有人员已经走出隧道后，站内停止发出暂停服务广播，列车开始恢复营运，但为了恢复正常发车间隔，进站的前3趟列车都会在站内停留5min后才开出。

5:15　地铁服务全面恢复正常。

（三）地铁公司　为保安全地铁停止行驶

广州地铁总公司有关人士接受记者采访时说，昨天下午16:50左右，地铁1号线公园前站站台内有一名小偷企图偷走一名男乘客的手机，在被男乘客发现后，穷凶极恶的小偷企图强行抢走手机，两人顿时在站台内扭打起来。正在站台执勤的地铁“红色贝雷帽”护卫员在听到男事主的大声呼叫后立即抢上前来，准备与事主一起合力制服小偷。见势不妙的小偷马上将手机往地上一扔，趁势跳进往东站方向的地铁轨道内，撒腿往地铁隧道深处狂奔。护卫员见状马上用对讲机通知了总台，通过地铁控制中心将信息发往1号线全线每个车站，在通知护卫员留意的同时将案情向地铁公安分局做了汇报，并且让正在线上营运的地铁列车停止进站，以保证隧道内人员的安全。

随后，接到控制中心通知的地铁公安干警与护卫员一起进入了地铁隧道，迅速地朝着小偷逃跑的方向追去。不久后，一路狂奔的小偷在逃到农讲所地铁站还没有爬上站台，就被守候已久的护卫员抓获并移交给赶来的公安干警。

模块三　公共安全事件的应急处理

【任务书】

1. 掌握突发公共安全事件应急处理中现场的安全防护措施。
2. 掌握突发公共安全事件时各运营部门的先期处置措施。
3. 掌握突发爆炸、毒气事件时各运营部门的现场处置措施。
4. 掌握车站和列车针对公共安全事件的预防措施。

一　相关理论知识

城市轨道交通车站、列车突发的公共安全事件主要指恐怖分子施放毒气、引爆炸弹等恐怖袭击活动，由于城市轨道交通车站（特别是地下车站）和列车都是人员密集、疏散困难的场所，一旦发生这类事件，很容易造成群死群伤的严重后果。世界各地的恐怖分子也正是看到了城市轨道交通设施的这个特点，近些年来在城市轨道交通车站和列车上制造了一系列骇人听闻的公共安全事件。其中，比较著名的事件有1995年3月20日日本东京地铁发生的沙林毒气事件，2005年2月6日俄罗斯莫斯科地铁发生的列车爆炸事件。2005年7月7日英国伦敦地铁发生的车站连环爆炸事件等。这些事件在给城市轨道交通所在城市民众的生命财产安全带来重大损失的同时，也给各国其他城市的城市轨道交通运营管理部门敲响了警钟。

城市轨道交通的车站或列车一旦发生公共安全事件，工作人员应遵循“反应迅速、报告及时、密切配合、全力以赴、疏散乘客、排除险情、减少损失、尽快恢复运营”的原则，尽可能地降低事件的损失，保障人民群众的生命财产安全。

需要特别强调的是，我国城市的城市轨道交通车站和列车虽然没有发生过严重的恐怖袭击事件，但近年来国际国内恐怖主义分子的活动日益猖獗，城市轨道交通工作人员切不可掉以轻心，必须在日常工作中严格执行各项规章制度，做到防患于未然。

（一）公共安全事件应急处理中的安全防护

（1）发生爆炸事件后，现场工作人员应先疏散乘客，抢救伤员，保护事故现场，同时配合公安人员设定警戒区域，控制其他人员接近爆炸区域，控制人员进入车站，必要时经指挥机构同意，关闭出入口。

（2）发生毒气事件后，现场工作人员应佩带好防毒面具，通过广播宣传，要求所有人员立即用湿毛巾、衣服捂住口鼻，按照车站工作人员指引的方向向站外疏散，现场工作人员要维持好疏散秩序，在出入口设立警戒线，禁止闲杂人员进入车站。

（二）公共安全事件的先期处置措施

（1）公共安全事件发生后，由事件发生地负责人及先期到场的公安人员，负责组织乘客疏散等前期处置工作，尽力保护现场、维持秩序，保持与应急指挥机构的联系，及时续报事故信息。

（2）事发地车站值班站长、列车司机立即报告控制中心和驻站民警，控制中心报城市轨道交通运营企业领导、相关部门负责人和公安指挥室。在收到情况汇报后，指挥机构和现场处置机构成员分别赶赴各自岗位，组织应急抢险工作。

（3）控制中心根据接报的现场事件影响程度，立即向指挥机构和现场处置机构通报信息；接到指挥机构命令后，向各调度宣布进入紧急状态，同时向全线列车司机、各车站及车辆基地信号楼发布信息。设备维修调度员通知相关专业救援队前往现场进行救援。

（4）各专业救援队伍应在接到设备维修调度员救援通知后，立即由队长带领部分队员赶赴现场；根据救援队长的指挥，后续队员携带相应的抢险救援器材迅速赶赴现场。

（三）公共安全事件的现场处置措施

1. 车站发生爆炸事件时

（1）车站的处置措施

①行车值班员立即开启闸机紧急运行模式，做好车站广播和视频监控。

②值班站长带领车站工作人员组织乘客向站外疏散，安排客运值班员和售检票员看守车站出入口，设置警戒线，禁止闲杂人员进入车站，引导公安和消防队员进入车站并听从指挥。

③如有人员受伤，行车值班员要及时报 120 急救中心，确认无危险情况时，对伤员进行必要的包扎处理。

④必要时经指挥机构同意，关闭车站出入口。

（2）控制中心的处置措施

①环控调度员检查各车站的建筑设备自动化系统（BAS）、监视系统（FAS）、排风模式是否正常。

②电力调度员检查确定供电系统是否正常。

③行车调度员检查并确认该车站是否具备行车条件，调整全线行车方式，通报全线司

机及车站，并随时了解事故现场情况，协助处理有关事宜。

（3）其他部门的处置措施

公安人员对现场进行处置，车站工作人员配合工作。抢修人员在车站出入口附近待命。当现场处置结束后由现场指挥通知各专业抢险人员进入车站开展抢修工作。

2. 车站发生毒气事件时

（1）车站的处置措施

①车站行车值班员立即开启闸机紧急运行模式，做好车站广播和视频监控。

②所有工作人员立即佩带好防毒面具，值班站长带领客运值班员、售检票员组织乘客向站外疏散。

③安排人员看守车站出入口和风亭排风口，设置警戒线，禁止闲杂人员进入车站和靠近出入口及排风口。

④引导公安和消防队员进入车站进行抢险并听从指挥，必要时经指挥机构同意关闭车站出入口。

⑤如有人员受伤，行车值班员及时报120急救中心。车站工作人员在确认无危险的情况下将伤员抬到站外。

（2）控制中心的处置措施

①环控调度员检查并确认车站监视系统、排风模式是否正常。

②行车调度员通知全线司机及各车站，组织行车方式的调整，根据总指挥的授权，发布全线行车调整的命令，并保持与事件现场的联系。

3. 列车发生爆炸事件时

（1）列车能够继续行驶时

①列车在运行中发生爆炸时，司机获悉后，应尽可能将列车运行到前方车站。

②到达车站后，司机打开所有车门，用列车广播通知所有乘客立即离开车厢。

③车站开启闸机紧急运行模式，工作人员组织乘客向站外疏散。

（2）列车无法继续行驶时

①若列车无法行驶停于区间时，列车司机按"区间乘客疏散应急预案"组织乘客疏散。

②司机根据爆炸地点决定疏散方向，通报行车调度员开启相应的通风模式，相邻车站工作人员做好接应准备，并引导公安人员进入区间进行现场处置。

③现场处置结束后，行车调度员组织救援，将事故车退出运营。

4. 列车发生毒气事件时

（1）司机的处置措施

①列车在运行中发生毒气事件时，司机获悉后，立即佩带好防毒面具，并向行车调度员报告事件信息，将列车维持运行至前方车站。

②做好乘客广播，要求乘客捂住口鼻，远离事件车厢。

（2）控制中心的处置措施

①行车调度员通知前方车站疏散车站乘客。

②环控调度员检查和调整隧道、车站通风模式，并通知全线列车司机和各车站做好应急处置准备。

③必要时，控制中心可以根据实际情况，由总指挥授权发布车站停运和全线停运的调度命令。

(3)车站的处置措施

①前方车站工作人员接报列车发生毒气事件后，行车值班员立即开启闸机紧急运行模式，并开启车站相应防灾广播。

②所有工作人员立即佩带好防毒面具，值班站长立即组织本站乘客向站外疏散。

③事故列车到达车站后，按车站发生毒气事件的有关规定组织处置。

(四)公共安全事件的预防措施

1. 车站的预防措施

①值班站长和行车值班员、客运值班员、站台安全员等车站工作人员要认真履行岗位职责，注意观察进站乘客的动态，并按规定要求认真巡视站厅及各出入口，发现可疑的爆炸、毒气物品或在车站逗留、形迹可疑的人要对其进行盘问并及时报告车站驻站民警。

②站台安全员在严格执行岗位职责的同时，要密切留意乘客携带物品的情况，发现乘客带有可疑爆炸、毒气物品要立即询问和进行相应的检查，必要时制止其上车并及时通知值班站长。

③车站所有工作人员要提高警惕，加强对墙角、垃圾桶等隐蔽部位的检查，发现可疑爆炸和毒气物品要及时通知车站值班站长并引导乘客远离该区域。

④车站行车值班员接到可疑爆炸和毒气物品报告后立即通知站区民警到现场检查确认。乘客携带物品经检查确认为非危险物品的，可允许其乘车。如检查确认为危险物品的，或不能完全确认但怀疑为危险物品的，立即封锁现场，并设置隔离带，由公安人员按专业程序处置，并做好人员的疏散工作。

⑤车站工作人员应每天对车站进行全面检查，发现可疑爆炸和毒气物品，及时报告驻站民警。车站进出口或票亭显著位置应悬挂严禁携带“易燃、易爆、有毒物品”进站乘车标语或标志，并定时向乘客派发相关安全宣传材料。

⑥车站对进站施工人员携带物品应检查有无易燃、易爆、有毒物品，施工许可使用的氧气、乙炔及其他易燃易爆品应在施工完毕后及时带走，不得允许在车站滞留。

2. 列车的预防措施

①运营列车在每天运营结束后，司机和站台安全员负责检查确认车上有无乘客遗留物品。如发现可疑物品立即与行车调度员联系，进行妥善处理。

②列车在每天日常清洁时，检修中心要防止无关人员上车。列车在每天参与运营上线前，司机负责检查确认车辆的安全。

二 相关案例

(一)东京地铁沙林毒气事件

1995年3月20日上午7:50，日本东京地铁内发生了一起震惊世界的投毒事件(图9-6)。事件造成12人死亡，约5500人中毒，1036人住院治疗。事件发生当天，日本政府所在地及国会周围的几条地铁主干线被迫关闭，26个地铁站受影响，东京交通陷入一片混乱。这一事件给刚刚经历了阪神大地震的日本社会和公众又蒙上了一层阴影。

图9-6 毒气事故现场图

1. 背景资料

发动袭击的是名为奥姆真理教的新兴宗教组织,因着松本沙林毒气事件及坂本堤律师一家杀害事件等面临被取缔,于是其追随者决定袭击日本的政治心脏,向政府先行报复。受袭的3条地铁均经过日本政治机关密集的霞关(大量政府部门的总部所在地、邻近皇宫)及永田町(国会、首相府及执政党自由民主党的总部)。

2. 事件经过

由林郁夫和新实智光两人组成的小组负责袭击地铁千代田线A725K列车。林郁夫于绫濑车站登上由常磐缓行线绫濑站开出,直通千代田线往代代木上原站的A725K列车的第一车厢,之后于新御茶之水站戳穿装有沙林毒气的容器并离开。此列车造成2人死亡,231人重伤。林被判无期徒刑。

由横山真人和外崎清隆两人组成的小组负责袭击地铁丸之内线B801列车。横山真人于上午7:39在新宿站登上丸之内线往池袋站的B801列车的第5车厢。及后于四谷站在装有沙林毒气的容器戳穿一个洞。列车到达池袋站后折返继续运行至新宿站,中途于本乡三丁目站曾有站长自行用地拖清理,回到新宿站后再次折返。散布沙林后1h40min(9:27),该列车才于国会议事堂前站停驶。由于只戳穿一个洞,虽然是5列"有毒列车"中最后被发现的一列,但只造成约200人重伤,未造成死亡。横山于1999年被判死刑,外崎则判无期徒刑。

由丰田亨和高桥克也两人组成的小组负责袭击地铁日比谷线B711T列车。丰田亨在上午7:59登上日比谷线由中目黑开出往东武动物公园站的B711T列车的第一车厢,之后在惠比寿站戳穿装有沙林毒气的容器并离开。乘客在行驶三站后的神谷町站陷入恐慌,部分人被即时送往医院,列车第一车厢的乘客被疏散。最后列车在霞关站停驶。此事件造成1人死亡,532人重伤。丰田被判死刑,负责接应的高桥克也被判无期徒刑。

由林泰男和杉本繁郎两人组成的小组负责袭击地铁日比谷线A720S列车。林泰男于上午7:43在上野站登上日比谷线北千住站开出往中目黑站方向的列车,而后在秋叶原站戳穿装有沙林毒气的容器并离开。因林泰男在容器上戳穿了多个洞,乘客即时受到沙林的影响。在下一站(小传马町站)有乘客将容器踢出车厢,此举导致在站台上等候列车的4名乘客即时死亡，但部分具挥发性的沙林液体仍然留在车上。列车行驶5站后，有人按动紧急按钮，列车被紧急制动于筑地站停车，列车车门开启后大量该列车的乘客及等候列车的乘客昏倒于站台上。此事件造成8人死亡，超过2475人重伤，为死伤最严重的。林被判死刑，杉本被判无期徒刑。

其余营团地下铁（现东京地下铁）中，银座线、东西线及半藏门线也有伤者。

3. 事件后续

东京地铁毒气事件发生后，警方立刻封锁了富士山脚下的奥姆真理教总部，对奥姆真理教采取了行动。3月22日，2500名警察和自卫队防化部队包围了上九一色村的奥姆真理教设施，用焊枪打开了三座大库房，发现各种化学药品和仪器，俨然是一座化学工厂。药品中有制造沙林的初级原料，还有600多个比煤气罐大得多的金属密封桶，里面装着可以稀释沙林的溶剂和其他化学制品。日本警察厅下令在全国搜捕奥姆真理教教主麻原彰晃。警方发现了麻原的行踪后，于5月16日派遣几百名头戴钢盔、全副武装的警察奔赴上九一色村抓捕麻原。警察用焊枪烧开奥姆真理教总本部的大门，进行全面搜查。当搜查人员拆开第六奥姆真理堂二层与三层之间只有一尺高的密室厚板时，发现麻原正藏在这个密室之中。日本警视厅以杀人和杀人未遂罪逮捕了奥姆真理教教主麻原彰晃，同时还袭击了该教在全国的130多个据点，抓获40多名头目和教徒。警方发现有足够证据证明东京地铁沙林事件系奥姆真理教所为。

4. 事件影响

日本东京地铁沙林事件造成12人死亡，约5500人中毒，1036人住院治疗。事件发生的当天，日本政府所在地及国会周围的几条地铁主干线被迫关闭，26个地铁站受影响，东京交通陷入一片混乱。这一事件给刚刚经历了阪神地震的日本社会和公众又蒙上了一层阴影。2004年2月27日，东京地方法院对制造东京地铁沙林事件的奥姆真理教教祖麻原彰晃进行一审宣判，以杀人罪、拘禁罪、非法制造武器罪等13项罪行的“首谋”罪名判处麻原死刑。

（二）伦敦地铁发生恐怖爆炸

英国当地时间2005年7月7日早上8:59，伦敦6座地铁车站和至少3辆双层大客车在人流高峰期遭爆炸袭击。爆炸造成至少50人死亡，千人受伤。多辆公交车被炸毁，所有地铁全部停驶，交通全面瘫痪。

1. 事件经过

9:15　英国铁路警察称伦敦金融区附近的利物浦街站发生爆炸。

9:25　警方称“有伤者”在伦敦金融区。

9:27　伦敦交通局称伦敦地铁爆炸是因为高压线事故。

9:33　目击者称伦敦地铁在“高压电事故”后停运。

9:41　伦敦北部传来第二宗地铁爆炸案发生的消息。

9:47　一辆由Stagecoach营运的30路巴士发生爆炸，据目击者透露，当时有人在车上引爆炸弹。

9:53　地铁运营公司宣布伦敦地铁停运。警方宣布，接到爆炸报告的地点有临近利物浦大街地铁终点站的奥德门车站，伦敦北部的Edgware路和国王十字圣潘克拉斯站，金融区附近的老街站和伦敦中心临近大英博物馆的罗素广场站。

10:14　新闻媒体报道一辆公共汽车在伦敦中部爆炸。

10:24　伦敦警察厅正式承认伦敦发生“连环爆炸”。

10:25　警方确认有巴士爆炸案在罗素广场附近地区发生。

10:33　警方确认伦敦中部最少发生3起巴士爆炸案。

10:45　警方怀疑巴士爆炸是由炸弹引起。

10:46　目击者对天空电视台说在塔维斯托克广场听到两次爆炸。

10:46　警方称在爆炸中有严重人员伤亡,但没有确认死亡数字。

10:47　伦敦内政大臣称伦敦爆炸案造成“惨重伤亡”。

11:01　英国首相布莱尔称这次连环袭击事件为恐怖袭击,他将赶回伦敦处理善后事务。

17:46　BBC报道警方表示至少150重伤。另皇家伦敦医院接数了208名伤者,其中10人重伤、6人危殆;圣玛莉医院接收38人,其中17人重伤、7人危殆;Great Ormond Street医院接收22人;大学学院医院接收了约50人;皇家自由医院有55人求诊,多为轻伤;佳氏及圣多马医院接收了8位伤者。

17:58　伦敦警方表示至少有33人死亡,大约有300人受伤,其中14人重伤。

18:23　BBC报道37人死亡,700多人受伤。

2. 事件原因

一个自称是“欧洲圣战组织基地秘密小组”组织宣称,对7日在伦敦发生的连环爆炸事件负责。据路透社援引意大利安莎通讯社的报道,这个组织自称为“欧洲基地圣战秘密组织”,其在网站上发布声明称这起事件是为报复英国参与对阿富汗及伊拉克的军事行动。该组织警告意大利和丹麦从伊拉克和阿富汗撤军,但其真实性尚未确认,但这一论坛上过去发表的声明都是真实的。阿拉伯国家负责监控恐怖主义组织网络的消息人士告诉BBC说,此次爆炸案很可能又是“基地组织的手笔”,因为此次爆炸案与去年发生在西班牙马德里的爆炸案手法非常相似,这同时也暗示了此次事件很可能又是基地组织所为。伦敦警察厅厅长表示,他相信此次连环爆炸案可能是大型恐怖主义组织发动的袭击,他同时还暗示说,警方此前有在爆炸发生现场找到爆炸残留物。

附录一　城市轨道交通运营常用词汇表

序号	缩写及词汇	定　义
1	ATC	列车自动控制(Automatic Train Control)
2	ATP	列车自动保护(Automatic Train Protection)
3	ATO	列车自动驾驶(Automatic Train Operation)
4	ATS	列车自动监控(Automatic Train Supervision)
5	CCTV	闭路电视监视(Closed Curcuite Television)
6	PIIS	乘客导向系统(Passenger Information and Indication System)
7	DTI	发车时间显示器(倒计时器)(Departure Time Indicator)
8	FAS	火灾报警系统(Fire Alarm System)
9	BAS	环境控制自动化系统(Building Automation System)
10	AFC	自动售检票系统(Automatic Fare Collection System)
11	TVM	自动售票机(Ticket Vending Machine)
12	LOW	微机联锁区域操作员工作站(Local Operation Workstation)
13	LCP	局部控制台(Local Control Panel)。设于站控室控制台上,设有扣车、取消扣车、紧急、取消紧停、灯泡测试等按钮,与 ESB 相连通
14	MMI	ATS 的人机接口(Man Machine Interface)
15	OCC	城轨运营调度中心(Operating Control Center)
16	OTN	开放的传输网(Optical Transport Network)
17	RTU	远程终端单元(Remote Terminal Unit)
18	SCADA	供电管理自动化系统(Scan Control Alarm Database)
19	GATE	闸机
20	SICAS	西门子计算机辅助信号联锁系统(Siemens Computer Aided Signaling)
21	ESB	为了及时处理意外或临时事故而设置在车厢里的乘客报警按钮
22	FAO	全自动运行系统(Fully Automatic Operation System)
23	GoA	列车运行等级(Grade of Automation)
24	AM	列车自动驾驶模式(Automatical Train Operating Mode)
25	FAM	全自动驾驶模式(Fully-Automatical Train Operating Mode)
26	STO	有人驾驶的半自动化运行模式(Semi-automatical Train Opration)
27	MVB	多功能车辆总线(Multifunction Vehicle Bus)
28	TCMS	列车控制及监控系统(Train Control and Monitor System)

续上表

<table>
<tr><th>序号</th><th colspan="2">缩写及词汇</th><th>定　　义</th></tr>
<tr><td>29</td><td colspan="2">ICU</td><td>逆变器控制单元(Inverter Control Unit)</td></tr>
<tr><td>30</td><td colspan="2">BCU</td><td>制动控制单元(Braking Control Unit)</td></tr>
<tr><td rowspan="11">31</td><td rowspan="11">驾驶模式</td><td colspan="2">非全自动运行线路司机驾驶列车一般有五种驾驶模式:ATO、SM(Supervised Manual Mode)、RM(Restricted Manual Mode)、AR(Automatic Reversal)、URM(Unrestricted Manual Mode)</td></tr>
<tr><td>ATO</td><td>列车自动驾驶模式</td></tr>
<tr><td>SM</td><td>ATP 监督下的人工驾驶模式</td></tr>
<tr><td>RM</td><td>限制人工驾驶(25km/h)模式</td></tr>
<tr><td>AR</td><td>无人自动折返驾驶模式</td></tr>
<tr><td>URM</td><td>非限制人工驾驶模式(最高限速 65km/h,原线路限速在 65km/h 以下的,按原限速运行)</td></tr>
<tr><td colspan="2">全自动运行线路列车运行一般分四种模式</td></tr>
<tr><td>DTO</td><td>有人跟车的自动化运行模式(Driverless Train Operation)</td></tr>
<tr><td>UTO</td><td>全自动无人驾驶模式(Unattended Train Operation)</td></tr>
<tr><td>FRM</td><td>全自动限制驾驶模式(Fully-automatic Restricted Train Operating Mode)</td></tr>
<tr><td>CAM</td><td>后备蠕动模式(Creep Automatic Mode)</td></tr>
<tr><td>32</td><td colspan="2">ESB</td><td>站台紧急停车按钮(Emengency Stop Button)。设于站台柱墙上和站台监控亭,与站控室内 LCP 控制台上的紧急及切除停车报警按钮相连通,当发现行车不安全时,可立即按压控制客车紧急停车</td></tr>
<tr><td>33</td><td colspan="2">刚性接触网</td><td>将传统断面的接触网导线镶嵌在铝合金汇流排上,再悬挂于轨道上方给列车传输电能的架空线路</td></tr>
<tr><td>34</td><td colspan="2">柔性接触网</td><td>在轨道上方由接触线、承力索、馈线、架空地线等组成并向列车传输电能的架空线路</td></tr>
</table>

附录二　城市轨道交通运营主要调度命令格式

1. 开行工程车进行施工或故障抢修作业

(1)加开工程车

①因××单位/车间施工(维修)需要,准(车辆基地至)××站至××站上(下)行正线加开××次,返程××站至××站加(至车辆基地)开××次。

②××次车辆基地(××站)开×时×分。

③××/××次凭地面信号显示行车。

④××次到××站上(下)行线待令。

(2)工程车进入封锁线路作业、中途折返

①自发令时起,××站至××站上(下)行正线线路封锁。

②准××次进入该封锁线路并往返运行。

③××次作业完毕到××站上(下)行线待令。

(3)开通线路

自发令时起,前发××号令取消,××站至××站上(下)行正线线路开通。

2. 救援命令

(1)救援列车加开命令

①因××次在××站上(下)行线(××站—××站上(或下)行线××km+××m)故障请求救援,准××站(车辆基地)—××站上(下)行线加开××次到××站上(下)行线(××站—××站上(或下)行线××km+××m)担任救援工作,连挂××次后,推送到××站(车辆基地)[或返程××站—××站上(下)行线开××次到××线(车辆基地)]。

②××次由××次(××+××)担任。

③注意防护信号和安全。

④××次到××站上(下)线待令。

(2)封锁命令

①自发令时起,××站至××站上(下)行正线线路封锁。

②准××次进入该封锁线路进行救援工作。

3. 限速命令

(1)根据××部门的要求,自发令时起至另有通知时止,××站至××站上(下)行线(××km+××m~××km+××m,轨道区段××),限速××km/h运行。

(2)各次列车司机加强瞭望,注意安全,出现问题及时采取措施,及时与行车调度员联系。

4. 开行调试列车

(1)因××部门调试需要，准车辆基地至(××站)至××站上(下)行正线加开××次，××站至×× 站上(下)行线加开××/××次、××/××次，××站至××站(至车辆基地)开××次。

(2)各次列车按信号显示及调试负责人的指示动车。

(3)××次到××站上(下)行线待令。

5. 采用或停止站间电话闭塞法

(1)采用站间电话闭塞法

①因××站联锁设备故障，自发令时起，××站至××站上(下)行正线实行站间电话闭塞法组织行车。

②列车凭车站发车指示信号动车。

(2)停止使用站间电话闭塞法

自发令时起，前发××号令取消，××站至××站恢复正常信号行车。

附录三　城市轨道交通运营行车调度员日常调度用语

1. 同意施工请点时，行车调度员对车站

“作业代码××，作业单位：××。作业地点：××—××(车站)上/下行区间。同意××(作业代码)计划请点作业。施工承认号××，同意作业时间：×时×分—×时×分，行调×××(工作号)。”

2. 不同意施工请点时，行车调度员对车站

“作业区域不具备安全条件，××(作业代码)作业等行调通知。”

3. 同意施工延迟销点，行车调度员对车站

“同意××(作业代码)施工作业延迟到×时×分销点。行调×××(工作号)。”

4. 办理施工销点时，行车调度员对车站

“同意××号(施工承认号)施工销点，销点时间：×时×分。行调×××(工作号)。”

5. 扣车

(1)行车调度员扣车时，对车站：“××站，××次行调扣车，行调×××(工作号)。”

(2)行车调度员扣车时，对司机：“××次司机，××站行调扣车，行调×××(工作号)。”

6. 取消扣车

(1)行车调度员对车站：“××站，上/下行取消扣车，行调×××(工作号)。”

(2)行车调度员对司机：“××次司机，××站上/下行取消扣车，行调×××(工作号)。”

7. 列车不停站通过

(1)行车调度员对车站：“××站，××次上/下行不停站通过，做好广播。”

(2)行车调度员对司机：“××次司机，××站上/下行不停站通过，做好广播。”

8. 列车增加停站时间，行车调度员对司机

“××次，××站(或至××站)多停××秒。行调×××(工作号)。”

9. 紧急停车，行车调度员对司机

“××次司机，立即紧急停车。行调×××(工作号)。”

10. 车站接收控制权情况下，授权操作安全相关命令，行车调度员对车站

“××站，按规定操作××××(安全相关命令)，注意安全。”

11. 加开列车

(1)行车调度员对车站:“××站上/下行—××站上/下行加开××次,正常载客(不载客),行调×××(工作号)。”

(2)行车调度员对司机:“××站上/下行—××站上/下行加开××次,正常载客(不载客),行调×××(工作号)。”

12. 抽线时行车调度员通知车站

“××站—××站,××次抽线,各站做好广播。”

13. 通知司机RM模式动车时

“××次司机,确认地面信号(进路安全)RM动车,行调×××(工作号)。”

14. 采用URM模式监控运行时,行车调度员对车站

“××站,××次由你站派出URM监控员添乘。命令号×××,行调×××(工作号)。”

15. 观察线路,接触网状态需限速时

“××次司机,××站—××站上/下行线,该手动驾驶,限速××km,注意观察线路、接触网状态。行调×××(工作号)。”

16. 备用车司机上下站台时,行车调度员对车站

“××站,备用车司机上下站台,做好防护。”

17. 同意轨行区拾物品时。行车调度员对车站

“××站,做好防护拾物品,出清线路立即汇报行调。”

18. 站前折返时

(1)行车调度员对车站:“××次到达以后,站前折返,做好乘客服务。”

(2)行车调度员对司机:“到达××站后,立即清客,站前折返。”

19. 组织小交路时,要求车站办理进路时

“××站,××次到达以后,由你站负责排路,将列车组织到上/下行站台(线)。”

20. 清客救援

第一步

对故障车:

(1)行车调度员对车站:“××次故障,××站上/下清客。行调×××(工作号)。”

(2)行车调度员对司机:“××站清客,做好被救援准备。行调×××(工作号)。”

对救援列车:

(1)行车调度员对车站:“××次,××站上/下清客,准备救援。行调×××(工作号)。”

(2)行车调度员对司机:“××站清客,准备救援××站上/下的××次。行调×××(工作号)。”

第二步

(1)行车调度员对车站:“××次在××站上/下故障,后续的××次连挂好后,牵引/推进至××地点,行调×××(工作号)。”

(2)行车调度员对司机:“清客完毕后,改开××/××次,连挂故障车后,牵引/推进至××地点,行调×××(工作号)。”

附录四　城市轨道交通车站、列车广播发布标准用语

一　行车设备故障（指发生供电、信号、列车、轨道等影响行车的设备故障）

（一）事件发生超过 1min

事件发生超过 1min，故障列车司机根据实际情况发布故障信息，其他受影响的列车司机、车站人员按调度提供的信息发布相应故障信息。

1. 列车自动广播

（1）一旦出现临时停车的情况：

“尊敬的各位乘客，现在是临时停车，请您稍候，不便之处，敬请原谅。”

（2）列车清客到站广播：

“各位乘客请注意，由于设备故障，本次列车将退出服务，全体乘客请下车，给您带来的不便，我们深表歉意。”

（3）限速行车低于 25km/h 并超过一个区间：

“各位乘客请注意，由于设备故障，现在实行限速行车，不便之处，敬请原谅。”

（4）不停站通过广播：

“各位乘客请注意，由于特殊情况，本次列车将不在下一站停靠，有在该站下车的乘客，请选择其他站下车，下车后与工作人员联系，不便之处，敬请原谅。”

2. 车站自动广播

车站自动广播信息情况如附表 4-1 所示。

行车设备故障时车站自动广播信息情况表　　附表 4-1

信息名称	内　　容	播放时机	播放地点	播放频率
列车晚点广播	各位乘客请注意，本站开往××方向的列车将有延误，请您稍候，不便之处，敬请原谅	列车延误3min 时	站台	每隔 1min 播放一次
列车不停站通过时本站广播	各位乘客请注意，本次开往××方向的列车将不停站通过，请您在黄色安全线内耐心等候下一趟列车，谢谢合作	列车不停站通过时	站台	列车到站 1min 前开始反复播放至列车通过
列车清客广播	各位乘客，由于设备故障，本次开往××方向列车将退出服务，有急事的乘客，请改乘其他交通工具。出站时请听从工作人员的指引，已购票的乘客在本站票亭退票或更新 IC 卡，不便之处，敬请谅解	列车在本站需清客时	站厅 站台	反复播放

附录四　城市轨道交通车站、列车广播发布标准用语

(二)事件发生超过10min

事件发生超过10min,控制中心应当根据抢修信息向车站传达目前故障信息及维修进度,预计故障维修所需时间,列车司机及车站开始按控制中心提供的信息向乘客发布事件处理信息。

1. 列车人工广播

(1)临时停车持续的情况:

“尊敬的各位乘客,供电(信号、列车、轨道)故障正在加紧抢修,预计需××min可恢复行车。不便之处,敬请原谅。”

(2)列车清客到站广播:

“各位乘客请注意,由于供电(信号、列车、轨道)故障,本次列车将退出服务,全体乘客请下车,对于给您带来的不便,我们深表歉意。”

(3)限速行车低于25km/h并超过一个区间的情况持续:

“各位乘客请注意,供电(信号、列车、轨道)故障正在加紧抢修,预计需××min可恢复正常运营。有急事的乘客,请改乘其他交通工具。不便之处,敬请原谅。”

2. 车站人工广播

车站人工广播信息情况如附表4-2所示。

行车设备故障时车站人工广播信息情况表 附表4-2

信息名称	内容	播放时机	播放地点	播放频率
列车晚点广播	各位乘客请注意,由于特殊原因,本站开往××方向的列车将有延误,请您稍候,不便之处,敬请原谅	列车延误时	站台	每隔1min播放一次
列车不停站通过本站广播	各位乘客请注意,由于特殊原因,本次开往××方向列车将不停站通过,请各位乘客耐心等候下一趟车,谢谢合作	列车不停站通过时	站台	列车到站1min前开始反复播放至列车通过
列车清客广播	各位乘客,由于特殊原因,本次列车将退出服务,有急事的乘客,请改乘其他交通工具。出站时请听从工作人员的指引,已购票的乘客在本站票亭退票或更新IC卡,不便之处,敬请谅解	列车在本站需清客时	站厅 站台	反复播放
列车不停站通过其他站广播	各位乘客请注意,由于特殊原因,开往××方向的列车将暂时不停站通过××站,请到××站的乘客在其他站下车,或改乘其他交通工具,不便之处,敬请原谅	列车不停站通过时	站厅 站台	反复播放

二 行车险情(指行车线上、列车上发生火灾、爆炸、乘客人为伤亡事故等)

(一)列车人工广播

1. 出现列车上有乘客报警时

“报警乘客请注意,报警系统已启动,列车马上进站,将有工作人员协助处理。”

2. 列车发生险情需要两端疏散

“各位乘客请注意，由于发生险情，请不要惊慌，依照指示进入驾驶室并打开疏散门离开列车，步行前往车站，请注意安全。”

3. 列车发生险情需要后端疏散

“各位乘客请注意，由于发生险情，请不要惊慌，依照指示进入列车尾部驾驶室并打开疏散门离开列车，步行前往车站，请注意安全。”

4. 列车发生险情需要前端疏散

“各位乘客请注意，由于发生险情，请不要惊慌，依照指示进入列车头部驾驶室并打开疏散门离开列车，步行前往车站，请注意安全。”

（二）车站人工广播

行车险情时车站人工广播信息情况如附表 4-3 所示。

行车险情时车站人工广播信息情况表 附表 4-3

信息名称	内容	播放时机	播放地点	播放频率
列车晚点广播	各位乘客请注意，本站开往××方向的列车将有延误，请您稍候，不便之处，敬请原谅	列车延误3min 时	站台	每隔 1min 播放一次
列车不停站通过本站广播	各位乘客请注意，本次开往××方向列车将不停站通过，请您等候下一趟车，多谢合作	列车不停站通过时	站台	列车到站 1min 前开始反复播放至列车通过
列车延误 10min 以上	各位乘客请注意，由于特殊原因，本站开往××方向的列车将晚点到达，请耐心等候。有急事的乘客，请改乘其他交通工具。出站时请听从工作人员的指引，已购票的乘客在本站票亭退票或更新 IC 卡，不便之处，敬请谅解	列车延误 10min 以上时	站厅 站台	反复播放
全线停运广播	各位乘客请注意，由于特殊原因，全线列车将暂停服务，请乘客改乘其他交通工具。出站时请听从工作人员的指引，已购票的乘客在本站票亭退票或更新 IC 卡，不便之处，敬请谅解	发生紧急情况必须全线停运时	站厅 站台	反复播放

三 车站险情（指车站发生火灾、爆炸、乘客人为伤亡事故等）

（一）车控室信息发布

当车站工作人员发现或接报火灾、爆炸等紧急险情时，车控室应当立即启动以下信息发布程序，如附表 4-4 所示。

车控室信息发布情况表 附表 4-4

信息名称	内容	播放时机	播放地点	播放频率
列车晚点广播	各位乘客请注意，本站开往××方向的列车将有延误，请您稍候，不便之处，敬请原谅	列车延误3min时	晚点车站站台	每隔1min播放一次
列车不停站通过本站广播	各位乘客请注意，本次开往××方向列车将不停站通过，请您等候下一趟车，多谢合作	列车不停站通过时	站台	列车到站1min前开始反复播放至列车通过
险情疏导广播	各位乘客请注意，由于车站出现紧急情况，请各位乘客保持镇静，听从车站工作人员指挥，迅速离开本站。所持车票7日之内可到各站办理相关票务手续	车站发生火灾、爆炸等紧急情况时	站厅 站台	反复播放

（二）列车司机信息发布

控制中心根据实际情况及有关程序规定，确定处理方案，列车司机根据控制中心提供的信息发布以下信息：

1. 临时停车

"各位乘客请注意，由于××站发生险情，现在实行临时停车，不便之处，敬请原谅。"

2. 列车清客

"各位乘客请注意，由于××站发生险情，请全体乘客在××站下车，不便之处，敬请原谅。"

3. 不停站通过

"各位乘客请注意，由于发生险情，本次列车将不停站通过××站，请到××站的乘客提前下车，不便之处，敬请原谅。"

（三）控制中心信息发布

控制中心应当根据实际情况通知其他车站，进行列车不停站通过、列车晚点等信息的发布，如附表4-5所示。

控制中心信息发布情况表 附表 4-5

信息名称	内容	播放时机	播放地点	播放频率
列车不停站通过时其他站广播	各位乘客请注意，开往××方向的列车将暂时不停站通过××站，请到××站的乘客在其他站下车，或改乘其他交通工具，不便之处，敬请原谅	车站发生火灾、爆炸等紧急情况时	站厅 站台	反复播放

参考文献

[1] 林瑜筠. 城市轨道交通概论[M]. 北京:中国铁道出版社,2021.

[2] 林瑜筠.城市轨道交通信号[M].北京:中国铁道出版社,2010.

[3] 黄德胜,张巍.地下铁道供电[M].北京:中国铁道出版社,2009.

[4] 林瑜筠.城市轨道交通运输设备[M].北京:中国铁道出版社,2008.

[5] 王立松.铁路行车技术管理[M].北京:中国铁道出版社,2008.

人民交通出版社股份有限公司　轨道与航空出版中心
高职交通运输与土建类专业系列教材

一、公共基础课

土木工程实用应用文写作(第3版)(朱　旭) ………………………………………… 39.8元

二、专业基础课

1. 工程力学(上)(王建中) …………………… 34元
2. 工程力学(下)(王建中) …………………… 24元
3. 土木工程实用力学(第3版)(马悦茵) ……… 49元
4. 工程制图与识图(牟　明) ………………… 28元
5. 工程制图与识图习题集(牟　明) ………… 20元
6. 工程地质(任宝玲) ………………………… 29元
7. 工程地质(彩色)(沈　艳) ……………… 39元
8. 工程测量(第3版)(冯建亚) …………… 48元
9. 土木工程材料(第3版)(活页式教材)(赵丽萍　何文敏) ………………………… 89元
10. 混凝土结构(李连生) ……………………… 35元
11. 钢筋混凝土结构(胡　娟) ………………… 39元
12. 土力学与地基基础(第3版)(靳晓燕) ……… 49元
13. 施工临时结构检算(第2版)(李连生) ……… 32元
14. 工程材料(盛海洋) ……………………… 53元

三、专业课

(一)铁道工程/高速铁道工程技术专业

1. 铁道概论(第2版)(张　立) …………… 35元
2. 铁路线路施工与维护(第二版)(方　筠) …… 46元
3. 高速铁路路基施工与维护(第2版)(安　宁) ……………………………… 65元
4. 高速铁路轨道施工与维护(第2版)(方　筠) ……………………………… 55元
5. 隧道施工(第3版)(宋秀清) …………… 55元
6. 桥梁工程(付迎春) ……………………… 46元
7. 铁路工程施工组织(吴安保) …………… 27元
8. 铁路工程概预算(吴安保) ……………… 25元
9. 铁路工程概预算(第二版)(樊原子) …… 42元
10. 施工内业资料整理(徐　燕) …………… 29元
11. 无砟轨道施工测量与检测技术(赵景民) …… 29元
12. 工程材料试验与检测(夏　芳) ………… 38元
13. 铁路机械化养路(汪　奕) ……………… 38元
14. 道路与铁道工程试验检测技术(第二版)(白福祥　韩仁海) ………………………… 45元
15. 混凝土(钢)结构检算(第2版)(丁广炜)…… 38元
16. 施工企业财务管理(孔艳华) …………… 44元

(二)城市轨道交通工程/地下与隧道工程技术专业

1. 城市轨道交通工程概论(张　立) ……… 32元
2. 城市轨道交通工程(安　宁) …………… 38元
3. 地下铁道(毛红梅) ……………………… 35元
4. 地铁盾构施工(张　冰) ………………… 29元
5. 隧道施工(第3版)(宋秀清) …………… 55元
6. 盾构构造与操作维护(毛红梅) ………… 45元
7. 地铁车站施工(战启芳) ………………… 30元
8. 高架结构(刘　杰) ……………………… 34元
9. 工程材料试验与检测(夏　芳) ………… 38元
10. 城市轨道交通工程施工组织与概预算(王立勇) ………………………………… 86元
11. 城市轨道交通工程测量(钱治国) ……… 39元
12. 施工内业资料整理(徐　燕) …………… 29元
13. 地下工程监控量测(第2版)(毛红梅) …… 45元
14. 隧道施工质量检测与验收(第2版)(毛红梅) ……………………………………… 52元
15. 工程机械(第2版)(卜昭海) …………… 45元
16. 混凝土(钢)结构检算(第2版)(丁广炜)…… 38元
17. 盾构法施工(陈　馈　焦胜军　冯欢欢) …… 49元
18. 隧道工程(盛海洋) ……………………… 53元

(三)道路与桥梁工程技术专业

1. 路基路面施工(叶　超　赵　东) ……… 49元
2. 路基路面施工技术(梁世栋) …………… 42元
3. 桥梁工程(付迎春) ……………………… 46元
4. 公路工程施工组织与概预算(第二版)(梁世栋) ………………………………… 41元
5. 路基路面试验与检测(张小利) ………… 31元
6. 工程材料试验与检测(夏　芳) ………… 38元
7. 施工内业资料整理(徐　燕) …………… 29元
8. AutoCAD2016道桥制图(张立明) ……… 48元
9. 公路工程预算(罗建华) ………………… 33元
10. 建设法规实务(夏　芳　齐红军) ……… 32元

(四)城市轨道交通运营管理/铁道运营管理专业

1. 城市轨道交通概论(叶华平) …………… 35元
2. 城市轨道交通概论(翁　瑶　朱　鸣) …… 45元
3. 城市轨道交通行车组织(费安萍) ……… 39元
4. 城市轨道交通安全管理(第3版)(李慧玲)……… 48元
5. 城市轨道交通应急处理(第3版)(李宇辉) … 49元
6. 铁路客运组织(李　亚) ………………… 39元